La méthode 1 %

Luca Mazzucchelli

La méthode 1 %

Une petite habitude peut changer votre vie

Préface de Pietro Trabucchi

Traduction d'Alice Gallori

Albin Michel

Version originale :

Fattore 1%
Piccole abitudini per grandi risultati

via Fra' Paolo Sarpi 7/A, 50136 Firenze – Italia
www.psicologia.io
www.giuntipsy.it
www.giunti.it

Version française :

Pour Giacomo, Mattia et Elisa,
qui m'ont appris la bonne habitude
de souvent changer d'habitude.

Sommaire

Préambule

Trois ans après la sortie de *La Méthode 1 %* en Italie, j'ai ressenti le besoin d'intégrer à mon ouvrage un certain nombre d'outils et de théories à même d'accroître son pouvoir de transformation.

Une part importante de ces idées et apports a mûri au sein du réseau MindCenter, les centres de psychologie, de psychothérapie et de coaching que je coordonne en Italie. Ces dernières années, des centaines de personnes se sont tournées vers nous afin d'améliorer leurs habitudes et leur mode de vie. L'opportunité de travailler individuellement avec tant de clients nous a permis de transformer nos conseils, qui étaient efficaces pour perfectionner un parcours de changement, en une véritable méthode en huit étapes, destinée à vous faire atteindre les résultats auxquels vous aspirez.

La partie la plus innovante est probablement celle sur les habitudes basées sur les valeurs et le train du changement, qui apportent une détermination renouvelée et une meilleure prise de conscience pour appliquer avec constance et efficacité les comportements favorables au bien-être de chacun.

Nous avons également créé une partie dédiée à la mise en pratique des notions abordées. Outre des exemples et des études de cas, nous avons décidé de partager une version simplifiée de certains protocoles de changement que nous avons mis au point ces dernières années et que les professionnels des MindCenter utilisent pour accompagner l'adoption de nouvelles habitudes.

Dans un monde qui change à la vitesse de la lumière et se fait de plus en plus incertain, il devient prioritaire de réussir à travailler sur soi rapidement et efficacement. C'est seulement ainsi, en effet, que nous pourrons être prêts à relever les nombreux défis qui nous attendent.

Je vous souhaite une belle lecture et une vie merveilleuse. Que la force de la méthode 1 % puisse être toujours à vos côtés.

Luca Mazzucchelli

www.lucamazzucchelli.fr

Préface

C'est pour moi un immense plaisir et un honneur que d'écrire la préface du premier livre de mon ami Luca Mazzucchelli. Tout comme les psychologues, la psychologie est souvent accusée – et pas tout à fait à tort – de n'être que paroles en l'air et de proposer des concepts fumeux, déconnectés de la vie pratique et quotidienne, voire incompréhensibles. Eh bien, ce n'est pas le cas de ce livre. Les stratégies que propose l'auteur afin d'instaurer de nouvelles habitudes positives reposent tout d'abord sur ses expériences directes et concrètes. En quelques années à peine, Luca – ou peut-être devrais-je dire *il dottor Mazzucchelli* – est passé de psychologue inconnu confronté à des boulots précaires à l'un des experts en psychologie les plus célèbres et respectés de toute l'Italie. Comment a-t-il fait ? A-t-il bénéficié de recommandations haut placées ou de contacts politiques ? A-t-il avalé un peu de potion magique ? Rien de tout cela : il a joué sur sa motivation et sur une série d'habitudes gagnantes.

Ce sont les habitudes, en effet, qui permettent de construire les résultats pas après pas, en réalisant des changements tenables et durables. Comment faire ? Mazzucchelli nous l'explique dans les pages suivantes en prenant souvent son expérience directe comme « exemple ». On pourrait dire que l'auteur est le témoin vivant de ses propres méthodes, ce qui peut souvent se révéler agaçant ; après tout, les gens qui se lancent des fleurs ou se posent en modèle nous exaspèrent tous. Ici, ce n'est aucunement le cas, car Luca le fait de manière très amusante, avec beaucoup d'ironie et, parfois, une simplicité désarmante. Rien, dans ses écrits, n'évoque le narcissisme pompeux de certains de nos éminents confrères.

Vu que Luca et moi sommes justement confrères, permettez-moi maintenant quelques remarques plus techniques. L'étude des habitudes fait partie de la psychologie depuis l'époque de John Watson (1878-1958), qui définissait la personnalité comme le produit final de systèmes hiérarchiques d'habitudes. Depuis les origines de la réflexion psychologique, on perpétue une sorte d'opposition entre l'habitude, qui serait ennuyeuse mais efficace, et la motivation, qui serait attirante mais inconstante. Comme si les êtres humains étaient obligés de choisir entre la cigale et la fourmi, entre une routine peu enthousiasmante, qui engendre toutefois quelques résultats, et un feu de paille séduisant mais difficile à contrôler. Luca Mazzucchelli et moi avons souvent échangé sur le sujet, lui en tant qu'expert des habitudes et moi en tant qu'expert en motivation, et nous avons fini par découvrir que ces deux mondes ne sont pas du tout opposés.

Je crois que ce dernier aspect ressort très clairement du présent ouvrage. On a, d'une part, la motivation impromptue, l'impulsion venue de l'extérieur qui dure peu de temps et est donc très instable (la motivation extrinsèque). Mais la motivation intrinsèque est tout autre chose : c'est l'automotivation, celle qui est capable de durer dans le temps et d'agir même quand l'enthousiasme facile s'est évaporé. Comme le sait très bien même le plus motivé des athlètes, il vient toujours un jour où vous sortez de votre lit et n'avez pas envie de vous entraîner. Ce jour-là, la seule chose qui peut vous sauver, c'est votre habitude de travailler dur.

Bonne lecture.

Pietro Trabucchi

professeur à l'université de Vérone,
département de neurosciences

Introduction
Le pouvoir des habitudes

GRENOUILLES, HABITUDES ET CHANGEMENT

Une grenouille saute par hasard dans une casserole que l'on vient de mettre à chauffer à petit feu. Elle nage tranquillement dans l'eau pure et tout juste tiède, dans un environnement agréable. L'eau se réchauffe peu à peu, mais la grenouille la trouve toujours plutôt confortable. Le feu augmente et l'eau devient nettement chaude, un peu plus que notre amphibien ne le voudrait. Toutefois, il fait un petit effort et s'habitue rapidement à ces degrés supplémentaires. Au fur et à mesure que l'eau se réchauffe, la grenouille sent que la température est décidément trop élevée et donc désagréable ; malheureusement, à ce stade, elle est affaiblie et ne fait donc rien pour se sauver. Ainsi, elle endure, endure, jusqu'à ce que l'augmentation de la température finisse par la tuer.

L'histoire de la grenouille bouillie nous rappelle que, lorsqu'un changement est suffisamment lent et progressif, il peut échapper à notre conscience et ne susciter ni réaction ni opposition. Ce qui est paradoxal, c'est que si la grenouille avait plongé dans la casserole lorsque l'eau était déjà arrivée à ébullition, elle aurait immédiatement bondi à l'extérieur ou, du moins, aurait essayé.

Maintenant, réfléchissons à ce qui a tué la grenouille. L'eau bouillante ? La personne qui a allumé le feu ? Non : c'est son incapacité à décider quand sauter hors de l'eau. Cédant à la paresse et à l'habitude, elle a pris le parti de bondir à l'extérieur de la casserole trop tard, quand il n'était plus possible pour elle de se sauver.

Exactement comme la grenouille de ce récit, nous finissons, nous aussi, par nous résigner et nous habituer à des choses qui ne nous font guère de bien, comme les relations insatisfaisantes, les nouvelles dramatiques, les abus répétés, les crises économiques, les compromis, les difficultés de la vie. Au début, on essaie peut-être de se rebeller, on proteste et on s'agite, mais on finit souvent par céder à l'habitude. Je n'entends pas dire par là que s'habituer ou s'adapter est toujours le mauvais choix ; j'entends montrer qu'il existe une alternative au fait de permettre aux autres ou à la vie de nous bouleverser émotionnellement, physiquement, spirituellement et psychologiquement. Cette alternative demande un certain effort de notre part, une action qui n'est probablement ni spontanée ni immédiate, mais qui, sur le long terme, est utile pour préserver notre bien-être. Au début, sortir de la casserole demande un effort et peut même vous déplaire, parce que, tout compte fait, la tiédeur n'y est pas si désagréable. Tandis que bondir à l'extérieur exige beaucoup d'énergie, y compris mentale.

L'histoire de la grenouille nous apprend que, parfois, sans nous en rendre compte, nous restons progressivement coincés précisément dans ce qui nous fait du mal. Pour éviter de telles situations, nous devons apprendre à être vigilants et à réfléchir aux effets de nos choix sur le long terme, afin de comprendre quel est le bon moment pour prendre notre élan, avant qu'il ne soit trop tard.

Ce livre parle d'habitudes : comment abandonner celles qui, sans que nous nous en rendions compte, nous font bouillir à petit feu, mais surtout comment adopter celles qui nous aident peu à peu à améliorer notre vie, en favorisant notre bien-être et l'accomplissement de nos objectifs.

Un livre sur les habitudes : pourquoi ?

Parce que vous êtes principalement, aujourd'hui, le résultat des habitudes que vous avez prises au cours des cinq dernières années[1]. Avez-vous l'habitude de prendre trois repas sains par jour ou de vous approvisionner systématiquement dans les fast-foods ? Avez-vous l'habitude de jouer quatre heures par jour à la PlayStation ou de passer la moitié de ce temps à nourrir votre esprit de livres et de documentaires ? Avez-vous l'habitude d'économiser ou de dépenser ? De trouver le positif dans les crises ou de plonger dans un océan de mélancolie et de pessimisme ? Lorsque vous êtes inquiet, avez-vous l'habitude d'écrire ou vous en remettez-vous à une bouteille de vin ? Dédiez-vous dix minutes à l'exercice physique tous les matins ou fumez-vous un paquet de cigarettes par jour ? Le rendez-vous que vous ne manqueriez pour rien au monde concerne-t-il les chips de l'apéro de 19 heures ou le petit-déjeuner avec jus d'orange pressée de 7 h 30 ?

Ce sont ces actions qui déterminent principalement le type de personne que vous êtes aujourd'hui, mais aussi l'homme ou la femme que vous deviendrez, goutte après goutte. En y réfléchissant bien, la science des habitudes est également en mesure de porter votre regard vers l'avenir :

DANS CINQ ANS, VOUS SEREZ LE RÉSULTAT DES HABITUDES QUE VOUS DÉCIDEZ D'ADOPTER AUJOURD'HUI

L'enjeu est donc de taille. J'espère vous avoir donné une bonne raison de prendre conscience des habitudes qui vous accompagnent et de réfléchir à celles que vous voulez modifier ou renforcer.

Les origines des habitudes

Le mot-clé de cet ouvrage est donc « habitude ». Mais de quoi s'agit-il exactement ? Les habitudes sont notre manière de réagir aux choses,

[1] On me demande parfois pourquoi je parle des cinq dernières années, et non, par exemple, des trois ou dix dernières. De nombreuses habitudes commencent en effet à porter leurs fruits dès quelques semaines ou mois de pratique. Toutefois, j'estime qu'une durée de cinq ans est largement suffisante pour permettre à nos comportements de nous changer en profondeur et de porter des fruits abondants et durables dans notre vie.

justement de manière habituelle, sans y penser[2]. Par conséquent, nous avons tous des dizaines, des centaines et peut-être même des milliers d'habitudes.

Si nous prenons le temps d'observer notre passé, nous découvrirons qu'une très grande partie de nos habitudes est le résultat des enseignements et de l'éducation qui nous ont été inculqués par nos parents. Souvent, les comportements que nous avons observés autour de nous (chez les membres de notre famille, nos enseignants, nos amis), les programmes que nous avons vus à la télévision et les livres que nous avons lus ont été suffisants pour nous faire adopter certaines habitudes. Nous en avons appris d'autres par l'expérience : en prenant conscience des comportements qui nous apportaient du confort et de ceux qui entraînaient des résultats désagréables, nous avons mis en place des habitudes efficaces pour atteindre les situations positives et/ou éviter les négatives. En somme, tout ce qui nous entourait (et nous entoure) a représenté (et représente), dans une certaine mesure, une force capable de modeler chacune de nos habitudes.

Très concrètement, nos habitudes comprennent notre manière de nous exprimer, de gesticuler, de nous déplacer, de manger et d'utiliser le téléphone ou l'ordinateur, sans oublier notre façon de parler en public, nos méthodes de révision ou de travail, la manière dont nous nous présentons aux autres et, plus généralement, notre réaction aux stimuli de notre environnement. Par conséquent, même si nous ne nous en rendons pas compte, notre vie est gouvernée par les habitudes, qui ne sont rien d'autre que des schémas fondamentaux développés et assimilés au fil du temps.

À un certain moment dans la vie, il peut arriver que nous souhaitions, consciemment ou non, acquérir de nouvelles habitudes (par exemple, faire de l'exercice physique, privilégier une alimentation saine, être moins distrait et arrêter de procrastiner ce que nous ne voulons pas faire, méditer, être plus ouvert aux nouvelles rencontres et bien d'autres choses encore). Si adopter de nouvelles habitudes était facile, c'est-à-dire si la volonté d'être sportif suffisait pour aller à la salle de sport tous les jours, je pourrais arrêter d'écrire sur-le-champ. Mais en vérité, créer

[2] Une étude menée par l'université Duke (Caroline du Nord, États-Unis) en 2006 estime que 40 % de nos actions quotidiennes sont le fruit d'habitudes automatiques et non de décisions conscientes. Elle est disponible en ligne, en anglais, à cette adresse : https://bit.ly/Habitsperformance

de nouvelles habitudes de vie, et plus encore les maintenir, est un défi difficile à remporter si l'on n'est pas bien équipé.
En effet, bien que notre vie soit composée d'une énorme quantité d'habitudes, nous devons, chaque fois que nous décidons consciemment d'en prendre une nouvelle, nous « réorganiser » et réorganiser notre esprit, ce qui est plutôt difficile, voire impossible. Toutefois, en découvrant qu'il existe des facteurs précis qui interfèrent avec les habitudes que nous aspirons à prendre, nous pouvons comprendre quels sont les obstacles qui nous ont empêchés de maintenir une habitude dans le temps jusqu'à maintenant. Je me souviens de cette fois où quelques amis et moi étions ultra-déterminés à aller courir une demi-heure par jour : une semaine à peine plus tard, nous ne courions plus que dans une seule direction, celle du canapé et de la télécommande. Parce que si commencer peut être facile, maintenir une habitude est beaucoup plus difficile.
Le fait est qu'une bonne partie des obstacles qui, jusqu'à présent, nous ont empêchés de mettre en place et maintenir une nouvelle habitude sont en réalité de notre propre fait et dépendent de nos vieux schémas mentaux.
En partant de ce postulat, la question des habitudes prend une nouvelle signification : elle peut devenir un laboratoire pour expérimenter, en apprendre plus sur nous-mêmes et comprendre ce qui peut nous faire prendre notre envol.

L'AUTOMATISATION DES HABITUDES

La thèse sur laquelle j'ai bâti cet ouvrage est que le changement à long terme ne passe pas tellement par la recherche de la motivation – élément surévalué dans la majorité des cas, bien qu'il soit effectivement utile –, mais plutôt par l'acquisition d'habitudes qui nous mènent, pas après pas, vers la concrétisation de ce que nous désirons être.

VOUS NE POUVEZ PAS DÉCIDER DE VOTRE FUTUR, MAIS DES HABITUDES QUI LE CRÉERONT

Observez ce qu'il se passe, cycliquement, tous les 31 décembre : des millions de personnes se donnent pour objectif de perdre du poids durant l'année à venir, mais le résultat douze mois plus tard est désolant, puisque la quasi-totalité d'entre elles constatera qu'elle est encore moins en forme qu'avant lorsqu'elle montera sur la balance.

Tout ceci pour dire que l'on aborde bien trop souvent les changements de manière naïve, en attendant la bonne impulsion pour décider d'adopter de nouveaux comportements difficiles à conserver, depuis la modification des habitudes alimentaires jusqu'à l'inscription à la salle de sport pour retrouver la forme, en passant par l'apprentissage d'une nouvelle langue ou le travail sur soi pour améliorer son caractère. Quand la motivation est là, nous avons l'impression de pouvoir obtenir le changement tant désiré en peu de temps. Toutefois, la flambée de motivation magique nous abandonne très rapidement et nous nous retrouvons plongés encore plus profondément qu'avant dans les habitudes de toujours. Voilà pourquoi, si nous voulons vraiment changer de style de vie et pas simplement nous remplir de bonnes résolutions qui tomberont majoritairement à l'eau, nous devons « étudier » la science des habitudes. Nous serons ainsi capables d'identifier les précautions à prendre pour ne pas perdre notre élan initial.

J'irai plus loin : étant donné que la caractéristique des habitudes (qu'elles soient positives ou négatives) est précisément d'être des automatismes, c'est-à-dire d'être mises en œuvre sans qu'il ne soit nécessaire d'y penser, les habitudes plus utiles, celles que nous adopterons une fois que nous aurons compris comment nous y prendre, nous rapprocheront de jour en jour de nos objectifs. Je ne dis pas que ce sera un parcours sans le moindre effort, mais presque.

Dans cet ouvrage, je vais détailler une méthode mise au point grâce à des études et des expérimentations sur le terrain, qui explique comment rendre les comportements réitérables dans le temps et donc les transformer en habitudes.

De plus, en travaillant sur certains facteurs capables de nous faciliter la tâche et en affinant notre discipline mentale grâce à la répétition quotidienne des petites actions que nous voulons renforcer, nous entrerons en contact avec l'automotivation, une source d'énergie bien plus précieuse et fiable que celle promue par les soi-disant formateurs du secteur florissant de la motivation facile et instantanée, passagère et impromptue.

AVEC LA MOTIVATION DES AUTRES, ON NE VA PAS TRÈS LOIN

En effet, la véritable motivation, celle qui mène à de grands résultats, n'est pas la motivation extrinsèque, celle qui vient de l'extérieur, mais l'automotivation, que les psychologues qualifient d'« intrinsèque ». Elle a nécessairement une composante liée à l'autodiscipline et elle s'appuie sur les habitudes[3].

Cet ouvrage aurait pu s'intituler « Habitudes gagnantes », justement pour souligner comment les habitudes – trop souvent associées à un élément négatif, à savoir l'ennui et la répétition non stimulante d'une action – peuvent représenter une force puissante capable de nous accompagner dans la direction voulue. Un tel titre, toutefois, soulevait en moi deux inquiétudes. D'une part, je ne voulais pas tomber dans les promesses faciles et pailletées à la « fais ça et tout ira bien » (l'idée de me présenter comme une sorte de gourou ne me convient pas : j'essaie plutôt d'inciter chacun à trouver des guides intérieurs, y compris grâce à l'apport de réflexions et de recherches provenant du monde de la psychologie). D'autre part, cela n'aurait couvert qu'une partie du contenu de ces pages. Nous parlerons en effet d'un certain nombre d'habitudes dont j'ai constaté l'efficacité pour améliorer ses prestations, mais l'accent est mis avant tout sur la méthode permettant de transformer en habitude n'importe quel type de comportement que l'on considère comme gagnant en fonction de ses objectifs et désirs personnels.

[3] P. Trabucchi, *Opus. Per raggiungere uno scopo la nostra risorsa più grande è l'automotivazione. Ecco come allenarla*, (« Opus. Pour atteindre un objectif, notre plus grande ressource est l'automotivation. Voici comment l'entraîner. ») Corbaccio, Milan, 2018. Ouvrage uniquement disponible en italien.

En revenant sur les idées et les expériences que j'ai recueillies dans ma pratique professionnelle, je me suis rendu compte que la plupart des personnes avec qui je travaillais réussissaient à débloquer le processus d'acquisition de nouvelles habitudes au moment où elles adoptaient la logique 1 %. C'est le premier pas mental nécessaire pour révolutionner son existence, un centimètre à la fois, en partant de l'absence d'action (ne rien faire ou le faire de manière discontinue) et en arrivant à l'action (faire quelque chose chaque jour, pendant longtemps).

Bien. Le moment est venu de projeter votre « révolution ». Tout d'abord, il est toutefois utile de réfléchir au point de départ et d'arrivée : cela vous aidera à comprendre quels comportements automatiser et lesquels ne pas automatiser. En d'autres termes, je parle de votre orientation de vie. Nous le ferons au début du chapitre suivant, après deux précisions importantes.

L'EXPÉRIENCE DE MÈRE NATURE

Pour démontrer que les habitudes sont la manière la plus fiable d'atteindre nos objectifs, intéressons-nous à l'expérience la plus importante jamais menée au monde : l'évolution. L'expérimentatrice est la plus prestigieuse que l'on puisse imaginer : Mère Nature. Son laboratoire : la planète Terre. La durée de l'expérience : des millions d'années.

Si l'on observe le cerveau humain, on constate qu'il se compose de trois parties, qui sont apparues à trois périodes différentes de l'évolution. Le néopallium, ou néocortex, la couche externe du cerveau, n'est présent que chez les primates. Le paléopallium, ou paléocortex, se compose du système limbique et est présent chez tous les mammifères. Enfin, l'archipallium, ou archicortex, le cerveau primitif, se compose du cervelet et du tronc de l'encéphale et provient, à l'origine, des reptiles.

Tandis que le néocortex est le siège de la pensée rationnelle et le système limbique celui des émotions, le cervelet et le tronc représentent la partie dédiée aux instincts. Ils régulent nos fonctions vitales les plus importantes, comme la respiration, les battements cardiaques et la posture. Toutes ces activités ne demandent pas une implication consciente, mais fonctionnent grâce à des mécanismes automatiques. Et ce n'est pas un hasard. Imaginons ce qu'il adviendrait si nous devions mobiliser notre

attention pour respirer : il ne resterait pas beaucoup de concentration pour activer d'autres fonctions. Pire encore, songez à ce qui se passerait après cinq minutes d'inattention : ce serait la mort.
L'expérience de l'évolution semble suggérer que la meilleure stratégie consiste à confier nos objectifs les plus précieux au coffre-fort du cerveau primitif et à les automatiser. Ils se trouvent ainsi dans un lieu plus sûr que le néocortex, toujours susceptible de se tromper (les raisonnements peuvent être déformés par de multiples erreurs d'interprétation), ou que l'inconstant système limbique (le siège des émotions, à qui un caprice suffit pour tout faire exploser).
En bref, automatiser autant que possible certaines actions est la stratégie gagnante. Tout du moins, c'est ainsi que Mère Nature a agi durant des millénaires. Et cela a fonctionné à merveille.

LA MÉTHODE 1 % : UN CADRE THÉORIQUE

Cet ouvrage résolument pratique a pour objectif de vous aider à changer d'habitudes, de manière à en adopter de nouvelles, plus adaptées à vos objectifs et à la personne que vous voulez devenir.

La méthode que je propose a une composante fondamentale : paramétrer votre état d'esprit (ce qu'on appelle le *mindset* en anglais) sur la logique 1 %. Une des plus étonnantes vérités liées au changement est que si l'espèce humaine a, d'une part, absolument besoin d'embrasser le changement pour évoluer, elle a aussi, d'autre part, tendance à y résister. Le phénomène de la résistance au changement est bien illustré par l'application de la notion d'homéostasie, proposée par le physiologiste français Claude Bernard, aux comportements : quand quelqu'un essaie de changer, le système dont il fait partie exerce une force équivalente et contraire afin de maintenir l'équilibre de départ, y compris lorsque celui-ci est inadapté.

PLUS VITE VOUS ESSAIEREZ DE CHANGER, PLUS VITE VOUS RETOURNEREZ À LA CASE DÉPART

Pour mettre en œuvre un changement, il est donc souvent nécessaire d'avoir recours à des expédients qui éludent ou abattent la résistance du système à sa propre évolution. Comprendre comment contourner ces résistances est l'un des plus grands défis auxquels sont confrontés tous les psychologues.

Dans son livre *Solcare il mare all'insaputa del cielo*[4], Giorgio Nardone, cofondateur du Centre de thérapie stratégique d'Arezzo avec Paul Watzlawick, identifie un certain nombre de processus de changement à même de déjouer ces résistances naturelles. Deux d'entre eux s'avèrent particulièrement pertinents dans le cadre de notre discussion : le changement catastrophique et le changement géométrique exponentiel.

Dans le changement catastrophique, le patient est dirigé par des manœuvres directes, indirectes ou paradoxales qui, telle la foudre, frappent et renversent les résistances, provoquant ainsi un changement immédiat.

Dans le changement géométrique exponentiel, on a recours à ce que les scientifiques appellent l'« effet papillon ». Tout comme le battement d'ailes d'un papillon peut entraîner une réaction en chaîne qui finira par déclencher un ouragan à des dizaines de milliers de kilomètres, nous pouvons nous aussi, dans notre quotidien, partir de modifications tellement petites qu'elles éludent les résistances, mais sont tout de même capables de déclencher un changement géométrique exponentiel.

Dans le cas du changement catastrophique, c'est donc une action puissante et directe qui débouche sur un effet important. Dans le cas du changement géométrique exponentiel, en revanche, c'est une toute petite action, à laquelle on applique ensuite une accélération. « Le changement catastrophique est l'acte héroïque d'Alexandre le Grand, qui, grâce à sa perspicacité, son audace et son adresse, détruit l'adversaire en imposant sa force, tandis que le changement géométrique exponentiel est

[4] G. Nardone, E. Balbi, *Solcare il mare all'insaputa del cielo. Lezioni sul cambiamento terapeutico e le logiche non ordinarie* (« Voguer sur les mers à l'insu du ciel. Leçons sur le changement thérapeutique et les logiques non ordinaires »), Ponte alle Grazie, Milan, 2008. Ouvrage uniquement disponible en italien.

illustré par le sage stratège chinois, dont les infimes actions n'ont aucune importance apparente, mais mettent en branle un processus au terme duquel l'ennemi s'autodétruit[5]. »

Le changement thérapeutique et le changement évolutif

Comme vous l'avez peut-être deviné, la méthode que je présente dans cet ouvrage s'insère dans le cadre du changement géométrique exponentiel. L'introduction d'un changement de 1 % entraîne un autre tout petit changement et la somme des petits changements produit le grand changement, mais avec une accélération géométrique.

Un petit pas à la fois, on contourne les résistances de l'homéostasie et on introduit une sorte de « virus » dans le système, c'est-à-dire dans les vieux schémas. Une fois présent, le virus conquiert peu à peu tout l'organisme et modifie le système tout entier.

Un principe similaire est présent dans le livre du sociologue Malcolm Gladwell, *Le point de bascule : comment faire une grande différence avec de très petites choses*, qui illustre comment les grands changements caractérisant notre société obéissent aux mêmes principes que les épidémies. De même que les maladies, les comportements et les idées qui deviennent « viraux » suivent un processus précis : à un moment donné, ils franchissent un seuil (le *point de bascule*, justement) au-delà duquel ils connaissent une diffusion capillaire, un effet boule de neige qui échappe à toute logique linéaire. La notion la plus importante est que, souvent, ce sont des mutations minimes qui déclenchent le processus de changement colossal[6].

[5] *Ibid.* Traduction réalisée par nos soins.

[6] Pour en savoir plus sur la pensée de Gladwell, je vous renvoie directement vers son ouvrage : *Le point de bascule : comment faire une grande différence avec de très petites choses*, traduit par Danielle Charron, collection Clé des Champs, Flammarion, Paris, 2016.

Dans son texte *Il cambiamento strategico*, Giorgio Nardone s'attarde sur l'intéressante différence entre changement thérapeutique et changement évolutif[7].

Le changement thérapeutique a pour but de briser la précédente situation d'homéostasie afin d'en instaurer une nouvelle, plus fonctionnelle. On met un terme au processus pathologique et on instaure de nouveaux apprentissages grâce à des techniques spécifiques. Enfin, on crée une nouvelle situation d'homéostasie qui doit, au moins durant une première phase, être extrêmement résistante au changement afin d'éviter les rechutes pathologiques.

Le changement évolutif, quant à lui, est propre au domaine du développement personnel et de la science des performances. Il n'intervient pas sur une homéostasie pathologique, mais sur un équilibre plutôt positif que l'on souhaite néanmoins améliorer. Dans ce contexte, l'insertion de petits changements liés à la logique 1 % modifie l'homéostasie afin d'obtenir une évolution. Par la suite, la nouvelle homéostasie devra forcément changer, elle aussi, du fait d'une évolution ultérieure. Le changement évolutif maintient constamment la souplesse darwinienne nécessaire au développement. Il est « évolutif » justement parce qu'il est en développement constant, sans jamais atteindre une homéostasie rigide.

En d'autres termes, la méthode 1 % consiste à introduire dans un système un nouvel *apprentissage*. Grâce à l'exercice et à la répétition, cet apprentissage devient un *acquis*, puis les acquis maintenus dans le temps deviennent des *habitudes*. Une habitude ainsi obtenue aura tendance à résister au changement, c'est-à-dire à perdurer. Dans l'esprit du changement évolutif, la personne concernée aura ensuite pour tâche de faire en sorte que la nouvelle homéostasie ne devienne pas trop rigide, mais reste en évolution constante.

[7] G. Nardone, R. Milanese, *Il cambiamento strategico. Come far cambiare alle persone il loro sentire e il loro agire* (« Le changement stratégique. Comment faire changer aux individus leur ressenti et leurs actions »), Ponte alle Grazie, Milan, 2018. Ouvrage uniquement disponible en italien.

Première partie
Les prérequis

1
Définissez l'orientation de votre vie

Malgré leur mauvaise réputation (au mieux, elles sont synonymes d'ennui ; au pire, de travers), les habitudes sont les outils dont nous disposons pour atteindre des objectifs significatifs.

Avant d'entrer dans le vif du sujet de cet ouvrage, qui vous fournira des idées, des conseils et des réflexions pour transformer votre quotidien et atteindre les objectifs que vous vous êtes fixés, il est toutefois important d'éclaircir deux questions incontournables en matière de changement.

La première est la condition indispensable pour que le changement se produise. La deuxième concerne la mise au point des objectifs pour lesquels il vaut la peine d'activer les ressources à notre disposition, sans risquer de mettre en place des habitudes qui nous feront tourner à vide au lieu de nous mener vers notre destination.

Procédons par ordre et commençons par le premier point, un fait qui s'impose au sujet du changement.

POURQUOI VOUS NE RÉUSSISSEZ PAS À CHANGER

J'ai travaillé durant pas mal d'années comme psychologue clinicien à temps plein, tant dans le public que dans le privé. J'ai travaillé au planning familial, avec des personnes sans domicile fixe et avec des professionnels confirmés et aisés, et j'ai eu l'occasion d'observer des situations très diverses. J'ai approfondi plusieurs approches psychothérapeutiques, j'ai suivi les cours de certains des psychologues les plus respectés d'Italie et du monde et j'ai même eu le plaisir d'en interviewer plusieurs et de me lier d'amitié avec certains.

Ce que j'ai compris, c'est que nous – psychologues, partenaires, amis, collègues ou membres de la famille – n'avons pas le pouvoir de changer les personnes, car la volonté de mettre en œuvre un changement est un choix individuel.

LE CHANGEMENT EST UNE DÉCISION IMPOSSIBLE À DÉLÉGUER

Ce que nous pouvons faire, c'est plutôt aider la personne à prendre la décision de changer.

Essayez de répondre à des questions de ce type : si vous avez changé de partenaire, qu'est-ce qui vous a poussé à le faire ? Si vous avez opéré un tournant dans votre carrière, quel élément vous a poussé à prendre la décision de changer d'emploi ? Pourquoi avez-vous déménagé ? À quel moment de votre vie avez-vous changé de religion ou de parti politique ?

Imaginez que vous êtes chef d'entreprise. Un de vos collaborateurs travaille manifestement n'importe comment, mais vous ne le renvoyez pas, même si vous êtes pleinement conscient qu'une telle décision s'impose. Puis, un jour, il en fait une belle, et vous perdez patience et mettez fin à votre relation professionnelle. Que s'est-il passé, ce jour-là, qui vous a poussé à agir ?

Imaginez-vous en couple. Vous doutez de votre partenaire depuis longtemps et cela fait déjà un an que vous voyez qu'il ou elle n'est pas la personne qui vous correspond. Pourtant, vous allez vous coucher dans le même lit que lui ou elle tous les soirs et vous n'exprimez jamais cette décision que vous savez très bien être sur le point de prendre. Puis, brusquement, il se passe quelque chose qui vous bouleverse et vous faites enfin ce que vous repoussiez depuis des lustres : vous rompez.

En deux mots, qu'est-ce qui vous pousse vraiment à changer ?

À la base de toutes les grandes décisions et de tous les grands changements de votre vie se trouve une émotion qui vous a incité à agir. En réalité, parler simplement d'émotion est peut-être réducteur, car les gens changent quand ils sont pris dans une véritable tempête émotionnelle.

99 % des gens quittent leur compagnon ou compagne lorsque celui-ci ou celle-ci les trompe ou lorsqu'ils tombent amoureux d'une autre personne, autant d'émotions bouleversantes qui peuvent nous décider à changer de direction. On quitte son parti politique quand on estime qu'on a été pris pour un idiot trop longtemps et qu'on ressent le besoin de porter notre regard ailleurs. On met fin à la relation avec un collaborateur quand quelque chose fait enfler nos émotions de façon extrême ; autrement, on continue à tolérer la situation.

LES PENSÉES NOUS DONNENT À RÉFLÉCHIR LES ÉMOTIONS NOUS POUSSENT À AGIR

Ce ne sont donc pas les argumentations logiques qui jouent le rôle principal dans le processus du changement, mais les émotions. Entendons-nous : les paroles, la méthode et les techniques comptent aussi, mais si elles ne s'appuient pas sur une émotion forte, qu'elle soit négative ou positive, le changement risque de s'enliser. Le désir de se mettre en action éclot toujours à la suite d'une émotion.

Les bons vendeurs, les formateurs talentueux et ceux qui ont fait de la prise de parole en public leur profession savent très bien qu'ils doivent jouer sur les émotions afin d'être sûrs que leur message atteigne le cœur de leurs spectateurs et les mette en mouvement dans une nouvelle direction. À partir du moment où les interlocuteurs reçoivent des émotions, ils prennent des microdécisions qui peuvent changer leur existence pour toujours.

Pourquoi les émotions ont-elles un tel pouvoir ?

Le fait est que la plupart d'entre nous menons une existence en noir et blanc. Les journées se composent du travail, de la famille, du sommeil, et nous sommes majoritairement les consommateurs passifs de ce qui nous arrive.

Lorsque nous éprouvons une émotion, en revanche, la vie se pare soudain de ses plus belles couleurs, cet instant devient inoubliable et nous nous sentons enfin des protagonistes actifs au sein de notre contexte. Si l'on y réfléchit bien, c'est précisément cette règle qui régit le monde de la télévision. Tout est fait pour susciter de vives émotions chez le spectateur ; toutes les stratégies sont bonnes pour y parvenir.

Cristiano Ronaldo vaut des millions d'euros parce qu'il fait vivre des émotions aux supporters de son équipe, lesquels vont ensuite acheter des billets pour aller aux matchs, des t-shirts et des gadgets estampillés du nom de leur idole.

Les États-Unis n'ont pas conquis le monde par la force des armes, mais avec la plus grande fabrique d'émotions ayant jamais existé : Hollywood. Ce sont les films américains qui ont répandu les concepts que l'*establishment* voulait communiquer au grand public, ceux-là mêmes qui nous ont induits à penser, pendant des années, que les Indiens étaient les méchants et les cow-boys étaient les gentils héros.

Les psychologues, les bons en tout cas, ne se limitent pas à remettre à leurs patients un protocole à suivre, mais, dans le cadre d'une relation solide basée sur la confiance, ils réussissent à toucher leur corde sensible, à leur faire éprouver des émotions et donc à les amener à décider de faire quelque chose de différent.

Les livres de développement personnel sont utiles dans la mesure où ils parviennent à toucher l'émotivité du lecteur grâce aux paroles utilisées, aux exemples proposés, aux histoires racontées, aux aphorismes cités et au sujet abordé.

Quel rapport entre tout ceci et le livre que vous avez entre les mains, ainsi que les habitudes ?

C'est simple : les indications que vous trouverez dans les pages suivantes vous aideront à modifier concrètement votre vie dans la mesure où vous réussirez à entrer en contact avec les émotions fortes présentes en vous, celles qui vous poussent à donner une nouvelle orientation à votre existence.

LES ÉMOTIONS NÉGATIVES N'EXISTENT PAS

En psychologie, une grande partie de la littérature scientifique continue de faire référence aux émotions en les classant en deux macrocatégories : les positives et les négatives. Cette distinction est trompeuse et nous empêche d'appréhender notre vie émotionnelle correctement. Si quelque chose est étiqueté comme négatif, en effet, notre esprit va automatiquement s'atteler à le combattre. C'est ainsi que nous apprenons à éviter la peur, à nous anesthésier contre la tristesse grâce à l'alcool et aux drogues, à combler le vide de la solitude par la nourriture. Ce n'est pas en combattant les émotions que nous enrichirons notre existence, mais en essayant de les connaître avec curiosité et ouverture d'esprit.

Si vous combattez la peur, elle se transformera en terreur. Si vous l'écoutez, elle se muera en courage. De même, la rage peut engendrer de la colère ou une détermination redoublée en fonction du rapport que vous adoptez avec elle.

Tout ceci pour dire que réprimer ou ignorer vos émotions n'a aucun sens si vous souhaitez favoriser un changement positif. Elles constituent un élément de votre identité qui peut faire la différence en vous fournissant le carburant nécessaire pour accélérer votre développement. Aussi puissantes soient-elles, prenez le temps de les écouter, les interroger, les stimuler et les alimenter. Essayez d'entretenir votre côté émotif dans la vie de tous les jours, car il fait partie de vous et est peut-être le plus grand allié à votre disposition dans le processus de changement. Ce sera justement quand vous accepterez de vivre les émotions fortes qui occupent votre quotidien que vous trouverez le courage de prendre des décisions importantes[1].

[1] Mon livre *L'era del cuore. Come trovare il coraggio di essere felici* (« L'ère du cœur. Comment trouver le courage d'être heureux », Giunti, Florence, 2020, uniquement disponible en italien) approfondit justement le sujet de ces puissantes alliées en matière de changement. Dans cet ouvrage à mi-chemin entre récit autobiographique et manuel de développement personnel, je vous prends par la main et vous entraîne dans un voyage à la découverte de vous-même, en vous aidant à identifier le pouvoir transformateur des émotions et à trouver le courage de prendre les décisions capables de faire émerger votre unicité. De ce point de vue, *La Méthode 1 %* constitue le prolongement idéal de ce travail. En effet, une fois que vous avez compris, grâce à une meilleure connexion à vos émotions, ce que vous voulez véritablement faire de vous-même et de votre vie, les habitudes peuvent se révéler l'outil le plus important à votre disposition pour concrétiser vos objectifs de manière efficace et durable.

Par conséquent, quand vous pensez aux comportements que vous voulez adopter ou freiner, interrogez-vous tout d'abord sur les émotions que vous y associez et essayez d'entrer en contact avec elles. Plus l'habitude sur laquelle vous décidez de travailler et les objectifs associés vous stimuleront sur le plan émotionnel, plus les conseils de ce livre vous aideront à prendre et entretenir la décision de changer.

RAMES ET GOUVERNAIL

Maintenant que nous avons éclairci le rôle des émotions dans n'importe quel processus de changement, passons à la méthode menant à l'accomplissement des objectifs, qui se compose de deux éléments aussi importants l'un que l'autre.

Le premier concerne la définition de la destination ; il s'agit de comprendre quels sont vos réels désirs (remporter le championnat du monde d'échecs, écrire un livre, monter une entreprise, etc.). Le deuxième porte quant à lui sur le système à mettre au point pour atteindre votre destination.

Si le gouvernail de votre embarcation est tourné vers la destination « faire un marathon l'année prochaine », votre système (vos rames, pour bien nous comprendre) consistera à dégager trois créneaux par semaine pendant un an pour aller courir. Si vous voulez faire gagner un championnat de foot à vos joueurs, votre système consistera à les entraîner cinq jours par semaine. Si vous voulez écrire un livre, vous devez libérer deux heures par jour pour vous consacrer à cette tâche.

N'oubliez jamais que si vous vous en remettez au gouvernail et aux courants, mais n'utilisez pas les rames, il sera très difficile de faire progresser votre embarcation et d'atteindre votre destination. Le fait est que tout le monde veut remporter le marathon, mais que bien peu de personnes sont prêtes à accomplir tous les efforts et les sacrifices nécessaires pour franchir la ligne d'arrivée les premières.

En somme, si le gouvernail (la destination) est fondamental étant donné qu'il oriente votre existence, il n'est pas suffisant, à lui seul, pour atteindre votre objectif. Il faut aussi s'impliquer et consentir à des efforts et des sacrifices parfois importants. Plus grand est l'objectif que vous vous donnez, plus vous devrez y mettre d'engagement. Le livre que vous tenez entre vos mains met l'accent sur la deuxième partie de ce processus, c'est-à-dire les forces qui influencent et façonnent le système permettant de mener l'embarcation à bon port, pour parvenir à être la personne que vous voulez être. Mon intention est de vous aider à conduire votre barque au mieux, en profitant pleinement des courants et du vent qui gonfle les voiles, toujours dans le but exclusif de vous aider à atteindre la destination que vous avez choisie.

En premier lieu, il est donc nécessaire de réfléchir dès maintenant à votre destination. Cette étape n'a rien d'aisé et nous amène à approfondir la signification de l'expression « avoir du succès ». Le mot « succès » m'a toujours été antipathique, car il me semblait diviser le monde en perdants et en gagnants de façon bien trop superficielle. Au fil du temps, toutefois, j'ai fini par lui attribuer la signification adaptée. « Avoir du succès », c'est faire advenir les choses qui sont importantes pour nous, ce qui est, je crois, un point essentiel pour mener une existence épanouissante. Si vous n'avez pas les idées claires sur ce qui compte à vos yeux, si vous n'avez pas votre propre définition du succès en tête, vous finirez par adopter la définition de quelqu'un d'autre.

SI VOUS N'AVEZ PAS VOTRE PROPRE DÉFINITION DU SUCCÈS, VOUS FINIREZ PAR ADOPTER CELLE DE QUELQU'UN D'AUTRE

Au cours de ma pratique clinique, j'ai pu observer cette dynamique à maintes reprises : des personnes apparemment auréolées de succès me consultaient parce que, malgré une bonne situation professionnelle et des résultats époustouflants, elles étaient, au fond d'elles-mêmes, dramatiquement insatisfaites, sans comprendre pourquoi. Leur malaise naissait justement du fait qu'elles n'avaient jamais réfléchi à ce qui était important pour elles et avaient fini par adopter ce que la société, la publicité ou leurs modèles considéraient comme des preuves de succès.

« Il n'est pas de vent favorable pour celui qui ne sait pas où il va », disait Sénèque : si vous ne visualisez pas clairement votre destination, vous risquez de vous mettre à ramer dans une direction qui ne vous mènera nulle part, avec pour résultat une perte de temps, d'énergie et de confiance.

Sachant que je ne peux pas deviner quelle est la destination adaptée pour vous et que je ne peux donc pas identifier les actions sur lesquelles vous devez travailler pour les automatiser, mon objectif est néanmoins de vous aider à trouver plus de clarté grâce à deux instruments très puissants : le premier vous aidera à réfléchir à vos valeurs, le deuxième à raisonner comme Pareto afin de vous concentrer sur les quelques éléments à même de faire la différence dans votre vie.

COMPRENDRE SES VALEURS

Pour identifier votre destination, vous devez avant tout connaître vos *valeurs*, c'est-à-dire prendre conscience de ce qui, selon vous, fait que la vie mérite d'être vécue. Pour cela, je vous invite à essayer de reconnaître les valeurs sur lesquelles est centrée votre vie. Êtes-vous capable de les identifier ?

Lorsque je pose cette question, les gens me répondent généralement qu'ils connaissent leurs valeurs et se lancent dans une liste de préceptes, depuis « ne pas tuer » jusqu'à « respecter son prochain » en passant par « ne pas voler ». C'est excellent, mais je vous invite à réfléchir aux valeurs qui régissent votre quotidien, car je pars du principe que vous ne vous réveillez pas le matin en vous répétant de n'assassiner personne et de ne pas dévaliser la vieille dame qui vient d'encaisser sa retraite au guichet. Pour les identifier, essayez de vous poser les trois questions suivantes.

1. Que voudriez-vous que l'on dise de vous à votre enterrement, ou pour adopter un ton moins tragique, quand vous quittez la pièce ?

En ce qui me concerne, j'aimerais qu'on se souvienne de moi comme d'un brave homme, d'un professionnel sérieux et capable de vous toucher au cœur, de quelqu'un qui a aidé les autres à changer leur vie en mieux et à la rendre plus riche. J'aimerais que mes confrères et consœurs me reconnaissent le courage d'avoir essayé de changer certains dogmes en matière de vulgarisation de la psychologie en innovant à ma façon et en explorant, avec curiosité et prudence, les applications que les nouvelles technologies offrent au psychologue professionnel. Je voudrais que mes collaborateurs se souviennent avoir été accueillis au sein d'une famille qui poursuivait un objectif aussi fou qu'enthousiasmant, et qu'ils disent que, en travaillant à mes côtés, ils sont eux-mêmes devenus meilleurs et ont atteint des rêves et des souhaits impensables. J'aimerais que ma femme dise que j'ai été un excellent mari, attentif à ses exigences et attentionné envers notre famille. J'aimerais que mes enfants se souviennent d'un père affectueux, qui les incitait à « se jeter à l'eau », à se débrouiller, à croire en eux et à s'impliquer pour accomplir leurs devoirs du mieux de leurs capacités. Un père capable de les écouter, de comprendre leurs besoins et de les soutenir, mais aussi de préserver en eux le sens critique indispensable pour qu'ils se remettent en question et remettent en question les autres.

Voici, en gros, ce que j'aimerais qu'on dise de moi à mon enterrement.

Et vous ? Pour réussir à donner une réponse détaillée à cette première question, il peut être utile de réfléchir à ce que diraient non seulement les membres de votre famille, mais aussi un collègue de travail et un ami proche. Cette réflexion est fondamentale, car elle vous aide à comprendre quelle trace vous voulez laisser sur Terre et, *in fine*, ce qui compte pour vous dans la vie.

2. Il ne vous reste qu'un an à vivre, 365 jours à partir d'aujourd'hui. Comment employez-vous ce temps ?

Énormément de personnes répondent qu'elles passeraient leur temps avec leur famille et voyageraient, peut-être en compagnie de leur famille, justement. D'accord, c'est une excellente idée, mais, objectivement, vous ne pouvez pas paralyser la vie de vos proches pendant une année entière en les obligeant à passer tout leur temps avec vous ; ce ne serait pas juste envers eux, ni envers vous-même. Essayons donc de faire un pas supplémentaire et posons-nous la question suivante : en supposant que vous voyagiez avec les membres de votre famille, que feriez-vous avec eux au cours du voyage ? Quelle serait votre journée type ? Il est impossible de passer douze mois exclusivement à discuter, serrer ceux que nous aimons dans nos bras et leur tenir la main en pleurant.

Si je savais avoir si peu de temps à disposition, je continuerais pour ma part à faire ce que je fais actuellement. Je ne pense pas que j'arrêterais d'enregistrer et de publier des vidéos, de donner des cours et d'aider les gens. Je tâcherais sans aucun doute de passer le plus de temps possible avec ma femme et mes enfants, et peut-être que je ferais même un beau voyage avec eux ; mais je ne pourrais pas me limiter à cela, car le partage est important dans ma vie et est l'une de mes valeurs de référence, tout comme le fait d'apporter mon aide à autrui.

Je vous demande de prendre le temps de réfléchir sérieusement à ce à quoi vous ne renonceriez pas s'il vous restait seulement une année de vie sur cette Terre.

3. Vous vous promenez dans la rue et, par un coup du sort, un immeuble s'effondre sur vous. Vous restez prisonnier sous les décombres et vous comprenez rapidement que vous êtes fichu. Vous avez cinq minutes pour passer un seul et unique coup de fil avant de mourir. Qui appelez-vous ? Que lui dites-vous ?

Cette question est très puissante, car elle pousse à l'extrême une situation riche en émotions, nous obligeant à abattre nos cartes et à exposer nos véritables priorités et urgences.

Nous ne nous en rendons pas compte, mais notre vie est susceptible de prendre un tournant abrupt à tout moment, ou tout simplement de toucher à sa fin. Alors, à qui voudriez-vous parler pour la dernière fois ? Votre femme ? Votre mari ? Votre enfant ? Votre père ? Votre mère ? Votre sœur ? Un ami avec lequel vous vous êtes disputé et n'avez jamais clarifié les choses ? Et que lui diriez-vous, précisément ?

Ces trois questions doivent être abordées plusieurs fois au cours de la vie. Plus nous apprendrons à être en harmonie avec les sensations et les émotions qu'elles suscitent en nous, plus nous saurons les écouter et les comprendre, et plus elles nous indiqueront une voie, une action, un objectif, une idée capable de nous mettre en contact avec nos valeurs. Comprendre ses valeurs n'est pas un exercice à bâcler en cinq minutes, mais un parcours de réflexion quotidien qui s'inscrit sur le long terme.

Le tableau 1.1, dans lequel j'ai inséré mes propres réponses à titre d'exemple, peut vous aider à identifier vos valeurs à partir de vos réponses aux trois questions, puis à les transformer en actions, objectifs et comportements. Dans les chapitres suivants, nous verrons comment automatiser les actions que vous aurez identifiées, jour après jour. Plus vous agirez en cohérence avec vos valeurs, plus vous serez heureux. Dans le cas contraire, vous vous sentirez inquiet, insatisfait, incomplet et à la dérive.

Au cas où vous auriez du mal à identifier les vôtres, j'ai réuni les quarante-huit valeurs les plus fréquentes dans le tableau 1.2. L'idéal serait de tracer une boussole composée des quatre valeurs que nous considérons comme prioritaires afin de bâtir notre existence sur elles.

Supposition	Réponse	Valeur suggérée par la réponse	Action cohérente avec la valeur identifiée	À éviter
S'il ne restait que cinq minutes…	J'appellerais ma femme	Famille	Passer plus de temps avec mes enfants et ma femme	L'intrusion du travail dans certains moments établis à l'avance
S'il me restait un an à vivre…	Je continuerais à faire des vidéos sur la psychologie	Partage	Augmenter la production de vidéos et le temps consacré à la rédaction du blog	Perdre le rythme et ne pas prévoir de créneaux dédiés à cette tâche dans mon planning
Ce que je voudrais qu'on dise de moi à mon enterrement…	Il a aidé les gens à découvrir leur potentiel	Aide envers les autres	Créer un plus grand nombre de vidéos gratuites, et donc monter une équipe pouvant m'aider dans cette tâche	Tout centraliser sur moi et continuer à ne pas déléguer

Tableau 1.1 – Identifiez vos valeurs

Accomplissement	Dignité	Joie
Aide	Divertissement	Liberté
Ambition	Engagement	Loyauté
Amélioration	Estime de soi	Orgueil
Amour	Famille	Paix
Approbation	Fidélité	Passion
Aventure	Foi	Pouvoir
Capacité	Gaité	Respect
Célébrité	Générosité	Sagesse
Changement	Gratitude	Santé
Confiance	Honnêteté	Sécurité
Confort	Indépendance	Sincérité
Contribution	Impact : faire la différence	Spiritualité
Courage	Intégrité	Succès
Créativité	Intelligence	Ténacité
Croissance	Investissement	Vitalité

Tableau 1.2 – Les quarante-huit valeurs les plus fréquentes

Une fois identifiées, vos valeurs vous indiqueront votre orientation de vie, ce qui éclaircira à son tour vos objectifs. Pensez à Steve Jobs, par exemple. Il n'avait certainement pas pour *objectif* de créer l'iPhone ou l'iPad ; au début, il n'avait probablement aucune idée qu'il finirait par concevoir ces produits, mais il savait certainement sur quoi concentrer ses efforts et ses sacrifices : il voulait révolutionner le monde de la communication et de la technologie (l'innovation était probablement une de ses valeurs-guides). L'invention du Mac et tout le reste ont été les conséquences inévitables de cette orientation. Les valeurs sur lesquelles Steve Jobs a construit son existence sont celles qui, finalement, lui ont permis de présenter le dernier iPhone et de rester proche de sa famille. Elles étaient cohérentes avec l'orientation qu'il avait donnée à son existence. Quand il a su qu'il n'avait plus beaucoup de temps, Steve Jobs n'a pas tout arrêté ou vendu Apple pour partir sur une île déserte avec sa femme : il a vécu pleinement afin de concrétiser ses objectifs avec les moyens à sa disposition. Aujourd'hui, indépendamment des immanquables polémiques, tout le monde garde un souvenir indélébile de Steve Jobs, qu'il s'agisse de son discours « *Stay hungry, stay foolish* » à Stanford ou de ses présentations dans la ville californienne de Cupertino. En agissant de manière cohérente avec sa direction de vie et ses valeurs, cet homme a laissé un beau souvenir dans l'esprit de milliards de personnes.

La morale de cette histoire, c'est que si l'orientation que nous voulons donner à notre vie est en accord avec nos valeurs, elle est beaucoup plus importante que nos objectifs spécifiques ; Steve Jobs voulait innover dans le secteur de la communication et l'iPhone n'en a été qu'une conséquence.

EXERCICE N° 1 : LE JOURNAL DES VALEURS

Il y a environ vingt ans, deux groupes d'étudiants ont participé à une recherche menée par l'université Stanford[2]. Durant trois semaines, à l'occasion des vacances d'hiver, les étudiants du premier groupe ont été chargés de tenir un journal quotidien afin de noter leurs pensées sur leurs valeurs et le lien entre celles-ci et leurs actions. Les étudiants du deuxième groupe, en revanche, avaient seulement pour tâche de noter dans leur journal les évènements positifs qui leur arrivaient. À la rentrée, les chercheurs ont constaté que les étudiants qui avaient écrit sur leurs valeurs étaient moins tombés malades et avaient plus d'énergie et une meilleure perspective sur la vie. Cette expérience confirme l'idée selon laquelle plus nos actions sont cohérentes avec nos valeurs, plus nous avons la possibilité de mener une vie heureuse. Pour vous aider à rester connecté à vos valeurs au quotidien, en prenant conscience de la manière dont vos actions apportent de la valeur aux autres et à vous-même, vous pouvez essayer de tenir un journal, vous aussi. Tous les jours pendant quinze jours, répondez par écrit aux trois questions suivantes :

1. Quelles sont mes valeurs les plus importantes ?
2. De quelle façon mes actions quotidiennes s'alignent-elles avec ces valeurs ?

[2] K. McGonigal, *The Upside of Stress : Why stress is good for you (and how to get good at it)*, Avery, New York, 2015.

3. Comment mes actions quotidiennes peuvent-elles faire la différence pour les autres ?

Prendre cinq minutes par jour pour écrire ce que vous avez fait et comprendre le lien entre vos actions et ce qui compte pour vous est plutôt simple et fera une grande différence dans votre vie.

L'histoire des trois maçons

Il y a quelque temps, je suis tombé sur une histoire dont la morale m'a beaucoup fait réfléchir.

Un jour, un passant vit trois maçons en plein travail et leur demanda ce qu'ils faisaient.

Le premier répondit : « Je dresse un mur ». Le deuxième dit : « Je construis une église ». Enfin, le troisième déclara : « Je bâtis la maison du Seigneur ». Le passant songea à leurs réactions et en conclut que le premier maçon avait un métier, le deuxième une carrière et le troisième une vocation.

En réalité, ils accomplissaient tous trois le même travail, au même endroit et au même moment, mais leurs expériences subjectives n'auraient pu être plus différentes. Chacun d'entre nous pourra se retrouver dans les mots de l'un ou de l'autre. En effet, certains voient le travail comme une nécessité de la vie, au même titre que le fait de respirer ou de dormir. C'est la vision la plus répandue. D'autres l'abordent comme une marche à gravir pour s'élever dans l'échelle sociale ; ils envisagent leur métier comme une carrière à entreprendre et développer. Enfin, une minorité d'entre nous considère le travail comme une vocation, c'est-à-dire une priorité dans sa vie.

S'il faut bien garder en tête qu'il n'y a rien de mal à adopter l'une ou l'autre de ces visions, ni, encore moins, à n'avoir d'autre ambition professionnelle que de gagner honnêtement sa vie, force est de constater que la plupart des gens aspirent en réalité à bien plus. Et les rares chanceux qui parviennent à voir leur travail comme une vocation mènent une existence constellée d'un nombre de satisfactions largement supérieur à la moyenne. La bonne nouvelle, c'est que, contrairement à ce qu'on pense souvent, n'importe quel travail peut théoriquement représenter une vocation ; la clé qui permet de passer de l'un à l'autre ne dépend pas du type de métier, mais de la manière dont on le conçoit et le vit.

À ce stade, j'aimerais que vous compreniez que la notion de vocation n'a rien de magique. Ce n'est pas quelque chose qui arrive par hasard, tandis que vous marchez dans la rue, comme ce fut le cas pour saint Paul sur la route de Damas, et ce n'est pas non plus quelque chose d'enfoui en vous que vous devez simplement découvrir. La vocation est un matériau beaucoup plus dynamique, car vous pouvez vous interroger à tout moment sur les actions qu'implique votre travail et essayer de les relier à une mission sociale qui vous tient à cœur ou aux conséquences positives que vous avez sur la vie des autres. Et ce quel que soit votre métier, que vous fassiez le ménage ou que vous dirigiez une entreprise.

Par exemple, vous pouvez essayer de comprendre comment votre travail s'insère dans le contexte plus général de votre vie et vous aide à exprimer vos valeurs les plus profondes. Pour cela, vous devez apprendre à dégager du temps pour réfléchir à l'utilité de ce que vous faites, comprendre comment rendre le travail plus cohérent avec vos valeurs de base et chercher des modèles qui vous inspirent pour devenir une personne meilleure. Vous devez apprendre à cultiver la sensation d'avoir un objectif dans la vie. Il n'est jamais trop tard ou trop tôt pour cela ; il s'agit simplement de commencer, peut-être en cet instant précis.

Je vous demande maintenant de répondre également aux questions suivantes :

Êtes-vous en train de poser cette brique parce que vous y êtes obligé ?

Le faites-vous parce que vous sentez que cela vous aidera à vous hisser dans l'échelle sociale ?

Ou bien avez-vous l'impression que cette action vous met en contact avec quelque chose de beaucoup plus grand ?

Que pouvez-vous faire pour lier vos actes à des valeurs ou des objectifs et leur donner ainsi plus de sens ?

RAISONNEZ COMME PARETO

Afin de cerner les comportements à soutenir et, par conséquent, à transformer en habitudes, la première étape consiste donc à nous laisser guider par nos valeurs, nous venons de le voir. Le deuxième outil est quant à lui lié au raisonnement de Vilfredo Pareto, économiste et sociologue. Nous avons tous des dizaines d'objectifs et nous courons donc le risque de ne pas en atteindre un seul. Pareto est justement là pour nous venir en aide.

Qui était donc Pareto ?

Vilfredo Pareto était un économiste franco-italien de la deuxième moitié du XIXe et du début du XXe. S'étant penché sur la répartition des richesses en Italie, il a fait une constatation extrêmement intéressante : 20 % de la population détenait 80 % des richesses.

Il a alors élargi ses horizons et s'est rendu compte que la même répartition s'appliquait également à l'Europe et au reste du monde. On raconte qu'un jour, en observant les plants de pois de son jardin, il a estimé que, là aussi, 20 % des gousses produisaient 80 % des petits pois qui atterrissaient dans son assiette.

En simplifiant ce concept au maximum, on peut dire que Pareto avait découvert la « loi des 80-20 » destinée à prendre le nom de « principe de Pareto », une loi statistique empirique applicable dans de nombreux aspects de la vie.

Vous pouvez vous y essayer, vous aussi. Généralement, on porte 20 % des vêtements en notre possession 80 % du temps ; 20 % des routes provoquent 80 % des bouchons ou des accidents ; 20 % de vos collaborateurs provoquent 80 % des problèmes ; votre bonheur dépend à 80 % de 20 % de vos proches ; 80 % des questions posées à l'examen portent sur 20 % des pages à étudier ; lors d'une dispute, 20 % des causes d'affrontement provoquent 80 % du conflit. Et ainsi de suite.

Bien entendu, la répartition 80/20 est seulement indicative. Dans certaines situations, vous constaterez qu'elle est plutôt de 90/10 ou de 70/30. Néanmoins, il est très important d'essayer d'observer la réalité qui vous entoure à travers ce prisme et de vous demander quel petit apport génère un grand résultat.

La loi de Pareto appliquée à notre vie

J'ai expérimenté personnellement le pouvoir du principe de Pareto quand j'ai évalué quelles étaient les 20 % de mes activités qui engendraient 80 % des opportunités de travail intéressantes pour moi.

Après avoir fait quelques calculs et passé en revue différents contacts et travaux, je me suis rendu compte que c'étaient les vidéos qui faisaient vraiment la différence dans mon travail. Mes patients s'adressaient à moi grâce aux vidéos, tout comme des entreprises me contactaient pour organiser des formations ou me proposer de donner des discours. Plusieurs entrepreneurs m'ont connu sur YouTube et m'ont ensuite engagé comme consultant. En outre, je sentais que la création vidéo me permettait de grandir en tant que personne et que professionnel – et à l'époque, pourtant, je n'en diffusais qu'une par semaine. Je me suis donc demandé si, en redoublant mes efforts en vue de produire deux vidéos hebdomadaires, j'aurais obtenu deux fois plus d'opportunités. Je me suis donné six mois pour faire l'essai et voir si j'avais eu la bonne intuition. Lorsque j'ai constaté que c'était bien le cas, j'ai décidé de viser plus haut, avec un rythme de trois vidéos par semaine. Et ainsi de suite.

Quel rapport avec les habitudes, me demandez-vous ? Si nous hésitons sur le comportement à automatiser, nous pouvons recenser les actions que nous menons déjà et identifier celles qui nous aident le plus à nous rapprocher de nos objectifs. C'est sur cet axe que nous devrons concentrer nos efforts.

On peut aussi se demander : quelles sont les trois ou quatre habitudes qui, si je parvenais à les mettre en place et les conserver toute ma vie, me feraient faire des pas de géant vers mes objectifs et ma sérénité ?

Pour bien nous concentrer sur ces aspects, passons à un exercice simple.

EXERCICE N° 2 : IDENTIFIEZ VOS 20 %

J'ai découvert auprès de Tim Ferris, auteur américain spécialisé dans l'optimisation du temps, les deux questions suivantes :

1. Imaginez que, pour une raison absolument imprévisible, votre médecin vous oblige à ne travailler que deux heures par jour et à vous reposer le rester du temps afin de ne pas nuire gravement à votre santé. Que feriez-vous durant ces deux heures ? Que laisseriez-vous de côté ?
2. Ce même médecin vous rappelle et vous annonce que vous devez encore réduire votre temps de travail : vous ne pouvez plus travailler que deux heures par semaine. Que feriez-vous ? Que supprimeriez-vous ?

Comme toutes les questions extrêmes, ces deux interrogations impliquent de faire des choix forcés et peut-être peu réalistes. Toutefois, c'est en poussant à leur paroxysme certains processus et dynamiques que nous pouvons mieux comprendre la nature et la valeur de nos gestes.

Après avoir réfléchi aux comportements qui vous semblent les plus précieux, essayez de vous demander comment vous organisez votre temps aujourd'hui.

Divisez une feuille de papier en deux colonnes. Dans la première, indiquez les 20 % d'efforts que vous faites et qui entraînent la majorité des résultats. Dans la seconde, notez les 80 % de vos actions qui n'ont qu'un impact mineur sur votre objectif.

Pour tourner plus de vidéos par exemple, vous pourriez constater qu'il est pertinent de lire de nombreux ouvrages, de vous inspirer des chaînes YouTube étrangères abordant des sujets similaires ou de suivre des formations afin de rester au fait de l'actualité dans les

domaines qui vous intéressent. Toutes ces actions ont leur place dans la colonne « 20 % ».
Dans la colonne « 80 % », vous pouvez noter les distractions, les activités qui pompent l'énergie du projet principal ou celles qui n'ont pas d'influence majeure sur la production d'un plus grand nombre de vidéos. Vous pourriez ainsi décider de déléguer la prise de vues à une entreprise extérieure afin de ne plus vous soucier des aspects techniques.

Un éclaircissement s'impose : il n'existe pas d'équilibre absolu entre l'effort fourni et le résultat obtenu. La règle « plus d'implication = plus de résultats » n'est pas valable, principalement parce que nous devons d'abord comprendre quels sont les aspects les plus importants sur lesquels nous concentrer (les 20 %), ceux qui pourront assurer la majorité du résultat (80 %). En d'autres termes, nous devons apprendre à être plus efficaces qu'efficients. On commet souvent l'erreur de confondre ces deux mots, voire de les utiliser comme synonymes, mais ils sont à mon sens très différents.

L'EFFICACITÉ
BAT
L'EFFICIENCE

Ce que j'appelle être efficient, c'est réagir au pied levé, par exemple répondre sur-le-champ à ses mails ou ses messages sur WhatsApp, ce qui interrompt le flux de travail sur lequel on était concentré. Les personnes auxquelles je réponds sont bien contentes de ma réactivité, mais mon travail en pâtit. Je suis efficient et impeccable à leurs yeux, mais je manque d'efficacité aux miens, car je perds de vue l'objectif auquel je me consacrais. Être efficace, au contraire, signifie être concentré sur l'objectif à atteindre et ne pas se laisser détourner de l'action en cours.

Si je décide de dédier les vingt premières minutes de ma journée à la création de contenus en ligne, je dois m'y consacrer à

100 %, pas consulter les notifications WhatsApp et Facebook et vérifier mes mails. En cas de distraction, par exemple si je réponds à un mail qui ne peut pas attendre (mais un tel mail existe-t-il réellement ?), je perds en efficacité dans la tâche qui m'occupe. En pratique, j'interromps mon processus créatif, je suspends mon attention, je me rends compte que je n'avance pas et je ne tire aucune satisfaction de ce que je fais.

Prendre de nouvelles habitudes signifie donc aussi apprendre à concentrer son efficacité sur les 20 % d'efforts qui nous rapprochent de notre objectif. Une fois les actions stratégiques pour atteindre notre destination identifiées, on peut passer à l'étape de l'automatisation, c'est-à-dire les intégrer à notre vie afin de minimiser l'effort nécessaire à leur réalisation.

Exercice n° 3 : choisissez l'habitude que vous voulez acquérir

Maintenant que nous avons bien cerné les deux instruments permettant de sélectionner les comportements à transformer en habitudes, nous pouvons enfin identifier la première habitude sur laquelle travailler. Pensez à une habitude que vous voulez prendre ou améliorer. Là, maintenant, tout de suite. Écrivez-la sur une feuille, qui vous servira de marque-page durant votre lecture.
Soyez objectif et réaliste. Si vous n'avez jamais pratiqué la course à pied, vous ne pouvez pas vous donner pour but de courir deux heures par jour, sept jours sur sept. Commencez par un rythme à votre portée (par exemple, courir quinze minutes trois fois par semaine). Vous aurez le temps de vous améliorer. Nous verrons comment faire dans les prochains chapitres.

Comment choisir l'habitude par laquelle commencer

L'habitude par laquelle commencer doit être choisie avec grand soin. Voici quelques conseils.

1. Choisissez une habitude positive, c'est-à-dire une habitude à *prendre* et non à *perdre*. Ce dernier processus implique aussi de *renoncer* et doit être réservé aux « spécialistes » des habitudes. Si vous fumez,

par exemple, je vous déconseille de choisir l'arrêt de la cigarette comme première habitude.
2. Choisissez quelque chose de tangible, que vous pouvez voir. Avoir du concret est très important, surtout au début, car cela vous permet de contrôler constamment vos progrès dans l'acquisition et le maintien de l'habitude.
3. Si possible, choisissez une action que vous pouvez mener à bien tous les jours de la semaine, week-ends compris (faire du yoga, méditer, aller à la salle de sport, courir, tenir un journal).
4. Choisissez le meilleur moment pour vous pour instaurer cette habitude. Pour moi, c'est le matin, quand je n'ai pas encore été happé par le tourbillon des obligations quotidiennes ou des imprévus susceptibles d'interférer avec mon planning. Réfléchissez donc à un comportement que vous pourrez adopter à un moment de la journée où vous avez beaucoup d'énergie et peu de distractions.
5. Commencez par une petite habitude, quelque chose que vous pouvez faire en deux minutes (deux minutes de lecture ou d'exercice physique, etc.). N'oubliez pas que vous œuvrez pour *prendre* une nouvelle habitude ; pour durer dans le temps, elle doit être praticable, pas bouleverser votre existence. N'allez pas envisager de faire deux heures de musculation par jour pour avoir des tablettes de chocolat en deux mois. À cette étape, vous devez vous concentrer sur l'habitude en elle-même, pas sur les bienfaits physiques (ou culturels si vous voulez lire plus, par exemple) ; ces derniers viendront certainement au fil du temps si vous maintenez vos efforts.

Souvenez-vous que vous essayez de donner vie, aujourd'hui, aux habitudes dont les bienfaits seront visibles dans les années à venir. C'est tout ce qui compte.

L'INCLINATION AU SUCCÈS

Dans ce chapitre, nous avons pris conscience du rôle crucial des émotions dans les processus de changement, nous avons compris combien il est important d'avoir non seulement un objectif à atteindre, mais aussi un système capable de nous accompagner, nous avons commencé à identifier nos valeurs pour orienter correctement notre vie et nous savons maintenant appliquer le principe de Pareto pour mieux affronter notre parcours de changement.

Arrêtons-nous maintenant sur un dernier élément crucial dans votre transformation, qui montre bien l'importance des habitudes dans les processus de changement.

En guise d'introduction, posons-nous la question suivante : pour atteindre vos objectifs de vie, croyez-vous qu'il soit plus important d'avoir de la chance ou de travailler dur ?

Cette question engendre souvent des prises de position radicales. Selon certains, la chance n'existe tout simplement pas et on peut obtenir ce que l'on veut grâce à la bonne volonté. Selon d'autres, on aura beau faire des efforts, tout est surtout question de destin ou de chance.

Pour traiter ce sujet correctement, il convient de poser les concepts de « succès absolu » et de « succès relatif ».

Quand je parle de « succès absolu », je fais référence à une situation dans laquelle vous avez du succès par rapport à n'importe qui d'autre, où vous devenez le numéro un dans un secteur donné. De nombreux facteurs entrent en jeu pour atteindre des résultats d'envergure mondiale, dont une bonne dose de chance (mais pas que, bien sûr). Si Mark Zuckerberg était né en Ouganda et n'avait pas eu la chance de naître aux États-Unis, sommes-nous certains qu'il aurait créé Facebook ou quelque chose d'aussi révolutionnaire pour la planète entière ? Si Cristiano Ronaldo était né en 1200, sommes-nous certains qu'il serait devenu l'idole de ses contemporains ? Dans ces cas extrêmes, on assiste toujours à une combinaison chanceuse des bons gènes, des bonnes connaissances, du bon moment et de mille autres influences que personne ne peut prévoir. Comme règle générale, on peut donc dire que, plus le succès est fulgurant, plus les circonstances qui l'ont provoqué sont extrêmes et improbables, et relèvent donc de « la chance ».

PLUS LE SUCCÈS EST FULGURANT, PLUS LES CIRCONSTANCES QUI L'ONT GÉNÉRÉ RELÈVENT DE LA CHANCE

Le « succès relatif », lui, s'intéresse à votre niveau de succès par rapport aux personnes qui vous ressemblent. Par exemple, des millions d'individus ont bénéficié d'un niveau d'instruction similaire – si ce n'est identique – au vôtre, ont grandi dans le même quartier que vous ou sont nés avec autant de talent que vous pour une activité donnée. Malgré ces ressemblances, on peut toutefois constater, en y regardant de plus près, qu'ils ont des résultats très différents les uns des autres. Plus la comparaison se fait « locale », plus le succès dépend d'un dur labeur.

En bref : quand on compare des personnes ayant eu à peu près les mêmes chances, la différence réside dans les habitudes et les choix de chacun.

Imaginons maintenant un graphique, que nous appellerons le « graphique du succès » (figure 1.1) et qui représente le temps à votre disposition à l'horizontale et votre niveau de chance de départ à la verticale. Au moment de notre naissance, nous sommes tous au point zéro du temps, mais en un point tout à fait fortuit de l'axe vertical. Vous pouvez être malchanceux et commencer tout en bas, ou bien le destin est généreux et vous place tout en haut. Cette variable est influencée par tous les éléments que personne ne peut objectivement prévoir ou modifier, car ils ne dépendent pas de votre volonté.

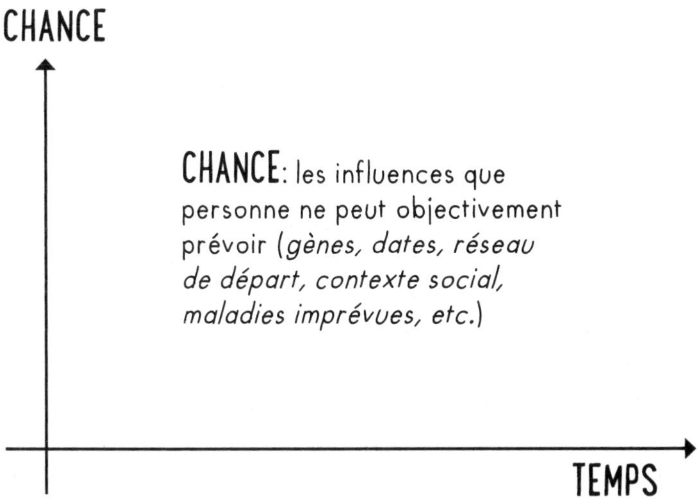

Figure 1.1 – le graphique du succès

Prenons pour exemple le cocktail génétique : vous pouvez naître avec un corps fort et performant ou bien avec une maladie qui limite vos possibilités. Songeons aussi au moment exact de votre naissance : selon que vous voyez le jour avant ou après la découverte de l'électricité ou d'Internet, ou en plein milieu d'un camp de concentration, vous évoluerez dans un contexte profondément différent. Un autre élément fortuit est celui du réseau à votre disposition : vous exploiterez votre potentiel de succès différemment si vous êtes l'enfant de deux inconnus, de parents aimants ou d'un magnat des affaires respecté et estimé. On pourrait aussi penser au rôle et à l'influence du contexte social dans lequel nous venons au monde et grandissons. Au XIVe siècle, la peste noire a fauché environ le tiers de la population mondiale en à peine plus de cinq ans. Tous ces facteurs relèvent du hasard, mais ils exercent une influence importante sur nos débuts dans la grande course de la vie.

NE VOUS FAITES PAS CONTRÔLER PAR CE QUE VOUS NE POUVEZ PAS CONTRÔLER

Voici la clé pour dépasser cet état de fait : vous ne pouvez, certes, pas contrôler votre emplacement sur le graphique lors de votre naissance, mais vous pouvez contrôler la trajectoire que vous tracerez au fil du temps et donc le niveau de succès auquel vous pouvez aspirer. En d'autres termes, vous pouvez maîtriser votre inclination au succès.

Prenons un exemple. Imaginons la vie d'un homme que nous appellerons Mark Z. Il naît aux États-Unis, en bonne santé, au sein d'une famille aisée, juste au moment de l'explosion d'Internet. Son père, passionné d'informatique, lui enseigne quelques codes de programmation, que l'école dédaigne, puis il embauche un programmateur professionnel pour lui donner des cours particuliers.

Mark commence donc plutôt bien dans la vie. Il a plusieurs atouts qui ne dépendent pas de lui, mais il ne se repose pas pour autant sur ses lauriers. Il s'investit dans ses études, il est ambitieux, il ne ménage pas ses efforts et il sacrifie les sorties au pub avec les amis pour travailler à son grand projet : la création d'un réseau social qui, en quelques années, atteindra les cinq cents millions d'utilisateurs.

Le bon positionnement de départ de Mark est donc complété par un mode de vie qui soutient son potentiel. C'est ainsi que son inclination au succès devient absolue. Par la suite, il saura gérer son entreprise et rencontrera des personnes qui lui donneront des conseils avisés pour la faire prospérer, en acheter d'autres et devenir une figure connue dans le monde entier pour avoir créé quelque chose d'unique.

Imaginons maintenant la trajectoire de Zouhari H. Il naît en Égypte, au sein d'une famille pauvre, mais il est déterminé à bien faire et à améliorer son quotidien. Grâce à une série de rencontres fortuites, mais qu'il gère intelligemment, il arrive en Italie alors qu'il est encore jeune et il devient plongeur dans un restaurant. Zouhari travaille dur et cultive sa curiosité. Il veut apprendre le métier de *pizzaiolo* et il propose donc à son collègue de l'aider gratuitement. Il s'intéresse ensuite au fonctionnement de la caisse et au rôle du patron. Peu à peu, il renforce son expérience et ses compétences dans la restauration.

La pizzeria qui l'emploie ne parvient cependant pas à se maintenir à flot et les propriétaires finissent par décider de mettre la clé sous la porte. Zouhari convainc un de ses amis et, ensemble, ils décident de demander un prêt, de racheter le commerce et d'essayer de relancer l'activité.

En l'espace de douze mois, Zouhari double le chiffre d'affaires et dégage suffisamment de bénéfices pour honorer ses engagements. Il investit ses premières économies dans une formation pour optimiser le marketing dans la restauration et devenir un meilleur manager.

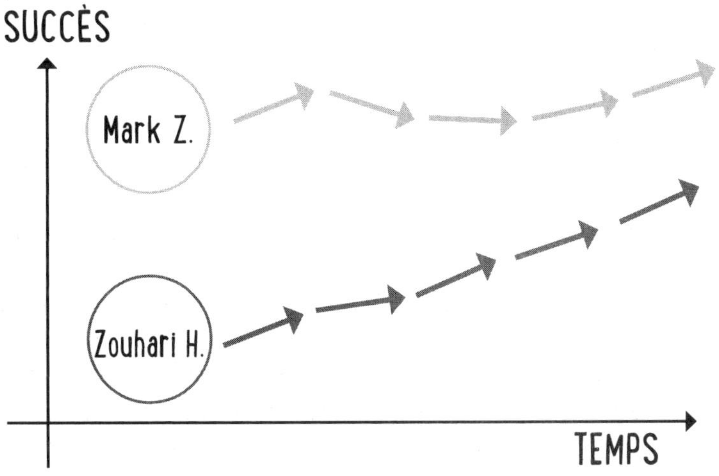

Figure 1.2 – les trajectoires de succès de Mark Z. et Zouhari H.

À l'heure actuelle, Zouhari gère trois restaurants et encadre plus de cent collaborateurs pour un chiffre d'affaires annuel de plus de cinq millions d'euros.

Zouhari a eu des conditions de départ semblables à celles de certains de ses concitoyens, mais il a atteint le succès (relatif, dans ce cas). Ce qui a fait la différence, ce n'est pas son emplacement sur l'axe vertical à sa naissance, mais toutes les décisions qu'il a prises au fil du temps et qui ont progressivement composé son style de vie : être proactif, étudier, bien employer le temps disponible, travailler pour renforcer la confiance que lui témoignent ses collègues, etc.

En observant ces deux parcours et les nombreux échecs que rencontrent quotidiennement de nombreux autres aspirants Mark et Zouhari, nous pourrions résumer la formule du succès par l'équation suivante :

SUCCÈS = HASARD + (INCLINATION x TEMPS)

Le succès dépend d'un élément fortuit (la chance) soumis à l'influence du mode de vie adopté (un peu comme des intérêts composés que nous récoltons au fil du temps, en fonction de nos décisions et des comportements que nous automatisons).

Voici le principal : le succès que vous avez en ce moment précis n'a pas d'importance. Ce qui compte, c'est de savoir si les habitudes que vous cultivez aujourd'hui sont en train de vous mettre sur la voie du succès ou du naufrage. C'est pour cela que les habitudes sont si cruciales : ce sont elles qui, jour après jour, influencent et façonnent, 1 % à la fois, la trajectoire de votre vie et votre inclination au succès. Cela signifie que nous devrions nous intéresser un peu moins à nos réussites actuelles et un peu plus à notre trajectoire sur le grand tableau de la vie, car c'est là que la partie se joue réellement.

INTÉRESSEZ-VOUS MOINS AU SUCCÈS D'AUJOURD'HUI ET PLUS À LA TRAJECTOIRE DE SUCCÈS QUE VOUS ÊTES EN TRAIN DE DESSINER

Si, en travaillant dur, nous réussissons à infléchir positivement notre inclination au succès et à la maintenir dans le temps, nous pouvons aussi regagner le terrain perdu à cause de la malchance. Dans une stratégie à long terme, en effet, le temps prend un rôle de premier plan et érode une partie des avantages conférés par la chance.

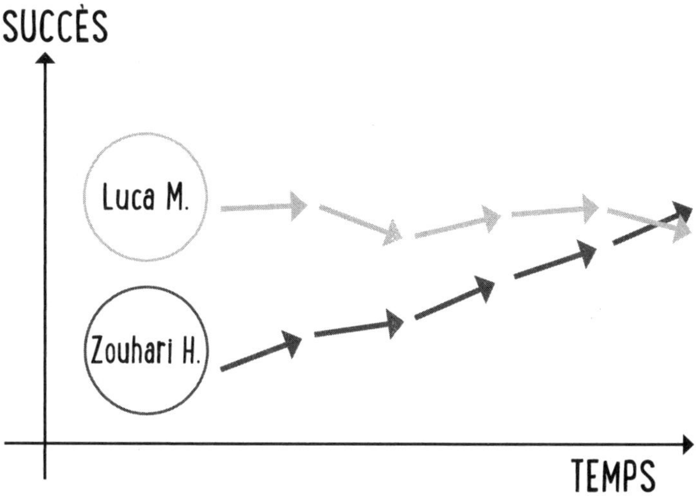

Figure 1.3 – l'inclination au succès

Prenons un troisième personnage, Luca M., qui commence son grand voyage dans la vie avec des conditions plus chanceuses que notre ami Zouhari, mais qui, après un début encourageant, arrête de ramer et laisse son embarcation partir à la dérive.

À la longue, les désavantages qu'avait Zouhari par rapport à Luca perdent de leur importance, étant donné que l'évolution de Zouhari reste positive. Les avantages de Luca, au contraire, perdent de leur valeur à cause de la tendance négative de sa trajectoire.

En somme, même la chance doit être arrosée d'une quantité non négligeable de dur labeur pour que le succès se maintienne dans le temps.

2
C'est le mental qui fait la différence

L'ÉTAT D'ESPRIT

Imaginez-vous à l'aéroport, prêt à partir en vacances avec des amis. Au dernier moment avant l'embarquement, les hôtesses de l'air vous annoncent que l'avion a un problème mécanique et que le prochain vol disponible est dans deux jours. Vous n'avez pas le choix : vous devez rentrer chez vous.

Comment réagiriez-vous dans une telle situation ? Que penseriez-vous ? Si vous vous disiez « Quelle poisse, mon vol a été supprimé ! », vous inciteriez votre esprit à se concentrer sur les conséquences négatives de ce contretemps : la perte de deux jours de congé et de la somme déjà dépensée pour réserver l'hôtel, le stress de l'attente, les problèmes logistiques liés à votre retour chez vous et à un nouveau déplacement en aéroport. Vous passeriez probablement les deux jours suivants à ruminer, vous seriez irritable avec vos proches et vous partiriez peut-être en vacances de mauvaise humeur, sans réussir à profiter pleinement de votre expérience.

Ou bien, malgré la déception et la contrariété initiales, vous pourriez réussir à vous dire : « La chance… Imaginez ce qu'il se serait passé si la panne n'avait pas été repérée à l'aéroport ! » Vous auriez alors l'impression d'avoir été béni par les dieux parce que vous êtes simplement passé à côté de deux jours de vacances. Avec une telle pensée en tête, vous rentreriez chez vous et organiseriez un repas avec vos proches, heureux de les serrer dans vos bras, vous profiteriez des quarante-huit heures d'attente pour boucler quelques dossiers restés en suspens – ou simplement pour vous reposer – et vous retourneriez à l'aéroport le jour du départ dans un état d'esprit positif, encore plus motivé pour profiter de la mer et de vos amis.

Selon vous, comment pourraient se passer vos vacances dans le premier cas ? Et dans le deuxième ?

Imaginez ces deux scénarios et essayez de réfléchir au petit élément de départ qui permet de passer de l'un à l'autre et ainsi de générer deux réalités diamétralement opposées : c'est votre tournure d'esprit, c'est-à-dire l'attitude mentale que vous adoptez face aux situations que la vie place sur votre chemin.

SI VOUS NE POUVEZ PAS CONTRÔLER LES ÉVÈNEMENTS, CONTRÔLEZ COMMENT VOUS LES INTERPRÉTEZ

Nous ne sommes que rarement conscients de l'influence de notre état d'esprit, c'est-à-dire des croyances que nous avons en tête et des idées que nous mobilisons face à ce qui nous arrive tous les jours. Pourtant, l'état d'esprit peut modifier radicalement votre perception, vos comportements et même les effets d'une situation donnée sur vous. En effet, la vie se compose à 20 % des évènements qui se produisent et à 80 % de ce que nous décidons d'en faire, et cela fait aussi la différence dans les processus de changement.

MON CHANGEMENT D'ÉTAT D'ESPRIT LE PLUS IMPORTANT : ME CONSIDÉRER COMME LA CAUSE DES ÉVÈNEMENTS

J'ai longtemps voulu changer quelque chose dans ma vie, quel que soit mon âge. En primaire, j'aurais voulu avoir une famille plus soudée, mais mes parents étaient séparés. Au collège, j'aurais aimé plaire plus aux filles, mais j'avais l'impression de passer inaperçu. Au lycée, j'aurais aimé partager une certaine complicité avec mes enseignants, mais ils me semblaient tous hostiles. À la fin de l'université, j'aurais voulu commencer à travailler tout de suite, mais j'ai été confronté aux difficultés du monde du travail. Une fois devenu psychologue, j'ai élargi mon observation et je me suis rendu compte que de nombreuses personnes, comme moi, n'étaient pas satisfaites de ce qu'elles étaient et avaient. La stratégie la plus répandue dans l'espoir de voir un changement semblait être de se plaindre, mais les plaintes ressemblent à un virus qui se répand si on ne le soigne pas. On commence par se plaindre de son partenaire et, presque sans s'en rendre compte, on finit par se plaindre de pratiquement tout : du travail, car il y en a trop ou pas assez, de la crise économique mondiale, du gouvernement, des températures trop élevées, trop basses et même trop tièdes, du voisin trop bruyant et de celui tellement silencieux qu'on ne sait pas s'il est bien là, d'une mère trop collante ou tellement peu présente qu'on se demande si elle nous aime vraiment, des amis qui ne nous comprennent pas, des amis qui nous comprennent mais sont trop sur notre dos, etc.

Tout ce que nous avons ou faisons dans la vie peut devenir une raison potentielle de se plaindre. Au fond, c'est pratique et tentant : un modeste effort suffit pour se mettre dans le rôle de la victime à consoler, protéger et aider. Il convient toutefois de faire attention à ne pas en abuser, d'autant que, même quand nous aurions toutes les bonnes raisons du monde de nous plaindre, cela ne changerait pas la situation d'un iota.

En complément ou en remplacement de la plainte, une autre stratégie trop courante consiste à imposer ses désirs. Cette attitude repose sur l'idée que, si quelque chose ne nous plaît pas, il suffit de le changer, en manipulant la réalité si nécessaire. Je n'aime pas mon nez ? Je vais chez le chirurgien. Mon mari ou ma femme m'agace après quelque temps ? On divorce. Un coup de blues ? Il suffit de prendre un cachet... Les tensions au sein des couples en sont une éclatante manifestation, quand on commence chacune de ses phrases par « tu », suivi par un verbe quelconque : « tu ne fais pas », « tu n'écoutes pas », « tu ne dis pas », « tu ne respectes pas », etc. Comme si, en renvoyant la responsabilité d'un problème ou d'un malaise à l'autre personne, on en sortait innocent et miraculeusement heureux. Si la méthode que l'on privilégie lorsque quelque chose ne va pas consiste à imposer ses propres besoins en s'attendant à ce que les autres soient les seuls à changer, on risque surtout de mener une existence pleine de résistances et d'hostilité.

Une troisième stratégie très fréquente en cas de difficulté est celle qui consiste à enfouir la tête dans le sable, comme une autruche. Si, en réalité, les autruches agissent ainsi pour chercher leur nourriture, les gens essaient plutôt de faire semblant que tout va bien, comme si ignorer ce qui ne nous plaît pas ou nous fait souffrir pouvait miraculeusement faire disparaître le problème. De nombreuses personnes étouffent leurs propres besoins, à la fois pour éviter les conflits qui éclateraient si elles devaient les exprimer et pour que tout le monde soit content autour d'elles. Le résultat final est un état de malheur permanent.

Moi aussi, j'ai longtemps eu recours à ces trois stratégies, jusqu'au jour où le médecin-chef de l'hôpital où j'avais obtenu un contrat m'a dit : « Si vous voulez travailler, vous devez sortir de Milan, il n'y a pas de place pour vous ici. » Il voulait m'envoyer très loin de là où j'avais travaillé jusqu'à présent, dans un rôle qui n'avait rien à voir avec mes études, mes compétences et mes aspirations.

Ce jour-là, j'ai compris que les stratégies que j'avais employées jusque-là (me plaindre, essayer d'imposer mes désirs par des arguments tels que « Monsieur, excusez-moi, mais pourquoi moi, envoyez plutôt telle autre personne… » ou étouffer mes aspirations en acceptant un poste dont je ne voulais pas) ne m'auraient servi à rien. Avec le recul, je suis reconnaissant envers ce médecin, car c'est grâce à lui que j'ai appris une leçon très importante : pour changer les autres, il faut avant tout se changer soi (et donc changer son propre état d'esprit).

Si j'avais été un psychologue plus préparé, plus brillant, plus compétent, le médecin-chef ne m'aurait pas envoyé travailler ailleurs. Et, même s'il l'avait fait, je ne me serais pas senti aussi mal ; peut-être même que je serais parti plus tôt et de mon propre chef. La responsabilité de ce qu'il se passait ne dépendait donc pas de lui, mais de moi : c'était moi qui n'étais pas encore le psychologue compétent et brillant auquel personne ne peut renoncer. J'ai compris que le premier changement que je devais appliquer consistait à « me choisir moi-même » comme cause de ce qui n'allait pas dans ma vie. Je devais changer de tournure d'esprit et *me considérer comme la cause,* et non *l'effet,* de ce qui m'arrivait.

Pensez-y : si vous ne trouvez pas d'emploi et estimez que c'est la faute de la crise, en considérant donc votre situation comme *l'effet* d'un contexte extérieur, vous ne pouvez rien faire pour la changer. Vous renoncez à votre responsabilité, certes, mais aussi au pouvoir de modifier les choses. Si, en revanche, *vous vous considérez comme la cause* et estimez que votre période de chômage dépend aussi de vous, peut-être en vous disant que vous avez une certaine marge de progrès dans certaines compétences, vous prenez la responsabilité de la situation

et agissez en conséquence ; et là, des portes s'ouvriront devant vous. Dès que vous décidez d'affiner vos compétences et donc votre professionnalisme, vous lancez le changement nécessaire pour faire de vous une personne unique et, probablement, plus séduisante sur le marché du travail.
C'est ce que j'ai fait : c'est seulement quand j'ai changé de mentalité et assumé l'entière responsabilité des difficultés rencontrées lors de mon entrée dans le monde du travail, en cessant de rejeter la faute sur le contexte, que je me suis remis en question, que je me suis retroussé les manches et que, au fil du temps, je suis devenu le professionnel que je suis aujourd'hui. Tout tient dans le changement : vous aussi, vous devez changer et modifier votre tournure d'esprit pour vous placer au centre de votre propre vie et de vos décisions. Ce ne sont pas les opportunités qui sont limitées, mais les pensées de ceux qui ne les voient pas[1].

LES EFFETS DE L'ÉTAT D'ESPRIT

Nous avons commencé à voir que notre état d'esprit, c'est-à-dire l'ensemble de nos idées sur la réalité, est capable d'influencer puissamment notre ressenti, notre comportement et même l'évolution future de notre vie.

Devant une situation qui ne nous plaît pas, comme une recherche d'emploi difficile, nous pouvons décider de nous considérer comme un effet, renonçant ainsi, de fait, à toute possibilité de la modifier, ou bien changer, *nous*. Devant un obstacle, comme la suppression d'un vol, nous pouvons nous limiter à ressentir de la colère et de la frustration, ou bien chercher des ressources. Je pourrais multiplier les exemples : vous pouvez interpréter une remarque de votre supérieur comme une critique et gâcher votre journée, ou bien chérir l'enseignement à en tirer et l'utiliser pour vous comporter différemment et plus efficacement à l'avenir.

[1] Pour en savoir plus sur mon changement d'état d'esprit, vous pouvez écouter mon intervention TEDx, intitulée « Il segreto per cambiare gli altri » (« Le secret pour changer les autres »), disponible sur YouTube en italien avec sous-titrage anglais.

Mais ce n'est pas tout : cultiver certaines idées plutôt que d'autres peut avoir des effets encore plus concrets et tangibles sur notre existence, en allant même jusqu'à prolonger ou raccourcir notre durée de vie.

DE GRANDS CHANGEMENTS COMMENCENT PAR DE PETITES IDÉES

Becca Levy, une chercheuse de l'université de Yale, a consacré sa vie à étudier la façon dont les croyances sur le vieillissement influencent la santé des personnes âgées. Elle a découvert que les stéréotypes négatifs associant la vieillesse à une période de décadence, de faiblesse et d'inutilité ont une incidence négative concrète sur la qualité et la durée de vie.

Dans une première étude[2], elle a suivi six cent soixante personnes d'âge mûr pendant pas moins de vingt-trois ans. Les chercheurs ont réuni des informations sur leur attitude envers le vieillissement ; ils leur ont demandé dans quelle mesure elles étaient d'accord avec des affirmations telles que « Plus je vieillis, plus je me sens inutile » et ont, de manière générale, étudié si elles considéraient la vieillesse comme synonyme d'impuissance, de maladie, d'incompétence et de mort. Eh bien, les personnes qui faisaient preuve, au début de l'étude, d'une attitude positive envers le vieillissement ont vécu, en moyenne, sept ans et demi de plus que celles qui en avaient une vision négative. Bien entendu, les chercheurs ont contrôlé d'autres paramètres pouvant influencer la mortalité et expliquer les résultats d'une autre façon, mais c'était bien la vision du vieillissement qui apportait ces années de plus ou de moins.

Une étude plus récente[3], toujours menée par l'équipe de la Dr Levy, a en outre montré que le simple fait d'avoir une attitude mentale positive envers le vieillissement peut réduire de manière

[2] B. R. Levy, M. D. Slade, S. R. Kunkel, S. V. Kasl, « Longevity increased by positive selfperceptions of aging », *Journal of Personality and Social Psychology*, 83 (2), 2002, p. 261-270.

[3] B. R. Levy, M. D. Slade, R. H. Pietrzak, L. Ferrucci, « Positive age beliefs protect against dementia even among elders with high-risk gene », *PLoS One*, 13 (2), 2018, e0191004.

significative – voire diminuer de moitié – le risque d'être atteint de démence. Pendant plusieurs années, les chercheurs ont suivi quatre mille sept cent soixante-cinq personnes âgées de 72 ans en moyenne. Aucune d'entre elles ne présentait de signes de démence avant le début de l'étude. Parmi les sujets porteurs du variant e4 du gène APOE, le plus puissant facteur de risque génétique dans l'apparition de la démence, ceux qui avaient des croyances positives à propos du vieillissement avaient 49,8 % de chances de moins de souffrir d'atteintes cognitives par rapport à ceux qui avaient des croyances négatives.

Comment une idée sur le vieillissement peut-elle influencer des variables telles que la santé et la longévité et nous offrir de nombreuses années de vie supplémentaires ? D'une part, il est bien établi, à l'heure actuelle, que nos états mentaux et émotifs influencent notre état physique, en déclenchant des changements biochimiques au niveau du système nerveux central, de l'activité hormonale et, de manière générale, de tous les systèmes de l'organisme. D'autre part, notre vision de la vieillesse influence nos choix concrets. On peut ainsi considérer un mauvais état de santé comme inévitable et être donc moins disposé à investir du temps dans des comportements favorables au bien-être. Au contraire, les personnes avec une vision positive s'impliqueront dans des comportements bons pour la santé, comme faire de l'exercice physique, avoir un suivi médical régulier et ainsi de suite, ce qui leur permettra de préserver leur corps au fil des ans. Les recherches de la docteure Levy montrent comment les idées peuvent influencer le cours de l'existence, en bien ou en mal, et cela est extrêmement important, surtout si l'on pense que les idées changent, se transforment et évoluent au cours de notre vie.

Pour encore mieux comprendre les effets de l'état d'esprit, imaginez que vous soyez obligé de dîner dans un restaurant dont un ami vous a brossé un tableau déplorable : la nourriture est insipide, les couverts sont sales, le personnel est mal élevé et essaie même d'arnaquer les clients inattentifs au moment de l'addition. Toute la soirée, vous aurez ses avertissements en tête, vous serez incapable de vous détendre, vous regarderez autour de vous d'un air méfiant, à la recherche d'indices confirmant ses dires. Face à votre attitude fermée et désagréable, le propriétaire et les serveurs ressentiront un malaise et ne seront pas particulièrement polis et affables.

En somme, les personnes qui travaillent dans le restaurant se comporteront d'une manière qui confirmera vos a priori sur elles, et ce à cause de votre attitude.

DES PENSÉES DIFFÉRENTES GÉNÈRENT DES RÉALITÉS DIFFÉRENTES

Supposons, à l'inverse, que votre ami vous dise le plus grand bien de l'établissement. Un restau génial, des plats mitonnés aux petits oignons, 100 % d'avis cinq étoiles sur TripAdvisor. Encore mieux : votre ami connaît bien le propriétaire et vous demande de lui passer le bonjour, ce qui pourrait bien vous valoir une petite réduction. Il va de soi que vous vous installerez avec le sourire, parfaitement détendu, et que vous discuterez volontiers avec les membres du personnel, qui, vous voyant si bien disposé envers eux, feront à leur tour preuve de gentillesse et seront ravis de faire un geste commercial lors du règlement. Ici aussi, vous ressortirez du restaurant en ayant conforté l'opinion que vous aviez en entrant. Dans un cas comme dans l'autre, on parle d'« effet miroir », un processus qui confirme un a priori sur notre environnement.

Pour résumer : des idées différentes mènent à des comportements différents, qui entraînent des résultats différents. Nos convictions se transforment en actions concrètes capables d'influencer le cours des évènements. Nous pouvons jouer un rôle actif dans ce processus et agir sur notre état d'esprit en apprenant à l'orienter dans la direction la plus utile pour mener une existence plus productive, satisfaisante, heureuse et cohérente avec nos objectifs.

CHANGER AVEC LA MÉTHODE 1 %

Maintenant que nous avons éclairci le concept d'état d'esprit, nous pouvons l'appliquer au sujet du présent ouvrage. Si nous voulons changer d'habitude ou en prendre de nouvelles, la tournure d'esprit que nous devons épouser doit s'articuler autour d'un concept précis : la méthode 1 %.

Quand on pense au changement, on imagine généralement une sorte de révolution copernicienne, comme si tout devait être chamboulé du jour au lendemain. « À partir de demain, remise en forme et régime strict ! Fini les pâtes, le pain, les glucides, les sucres, les boissons gazeuses, les alcools, les produits laitiers. Exclusivement de la viande blanche, des fruits et des légumes. Même pas un cracker ! Et puis deux heures de course à pied tous les jours du lundi au samedi et deux heures de vélo le dimanche ! » Or, au-delà du fait qu'avec un programme pareil on risque plutôt de tomber d'inanition que de retrouver la forme, force est de constater que le changement qu'on essaie de s'auto-imposer est pratiquement intenable si on n'a jamais pratiqué d'activité physique ou suivi de régime. La raison en est très simple : comme tous les organismes vivants, nous sommes, nous aussi, régulés par l'équilibre homéostatique, la tendance naturelle vers une stabilité relative, tant des propriétés chimico-physiques internes que des comportements.

Dans notre contexte, cela revient à dire que plus le changement que nous essayons de mettre en œuvre dans notre vie (et dans son équilibre) est grand, plus la force opposée qui s'efforcera de maintenir le statu quo sera puissante.

Par conséquent, pour que le changement dure dans le temps, nous devons procéder par petits pas : nous devons paramétrer notre état d'esprit sur la méthode 1 %[4].

[4] L'idée que le changement implique de parcourir une route composée de minuscules changements graduels qui, en se cumulant, peuvent engendrer de grands changements dans une spirale positive, découle à l'origine de la méthode kaizen, la philosophie japonaise de « l'amélioration continue ». De nombreux ouvrages abordent cette démarche. Je vous conseille *Un petit pas peut changer votre vie : la voie du kaizen* de Robert Maurer, traduit par José Malfi (Le Livre de Poche, Paris, 2007).

Passons en revue trois manières particulièrement efficaces d'appréhender cette méthode.

1. Je veux progresser de 1 % sur une compétence spécifique

J'ai décidé d'expérimenter cette première déclinaison de la méthode 1 % dans ma vie après une piteuse expérience survenue en 2016. C'était l'époque où ma chaîne YouTube montait en puissance et quelques entreprises importantes commençaient à me remarquer et à me proposer des collaborations. Un jour, j'ai appris que Robert Cialdini, le psychologue social de renommée internationale spécialisé dans la persuasion, allait venir en Italie durant quelques jours. J'ai essayé de le contacter via l'éditeur italien de son livre *Influence et manipulation*[5], la maison Giunti, afin de lui proposer une interview. Porté par mon enthousiasme à l'idée de rencontrer une figure mythique (j'avais étudié ses ouvrages à l'université), je ne me suis pas rendu compte que je me fourrais dans un sacré guêpier : j'allais devoir l'interviewer en anglais, alors que, hélas, mon parcours scolaire s'est toujours limité à l'apprentissage exclusif du français. Moralité : j'ai mené l'entretien en récitant les questions que j'avais préparées et apprises par cœur et j'ai compris à peine 30 % de ce que Cialdini m'a répondu.

Après avoir touché le fond à cette occasion (parfois, toucher le fond est nécessaire), j'ai décidé de me mettre sérieusement à l'anglais. Malheureusement, je n'avais pas la possibilité de m'installer quelque temps aux États-Unis, et j'ai donc décidé d'appliquer une stratégie de croissance quotidienne de 1 %. En l'espèce, cela pouvait consister à me donner comme objectif minimum d'apprendre un nouveau mot chaque jour. Je n'ai pas envisagé de suivre une formation intensive, à raison de cinq cours de deux heures par semaine avec un locuteur natif ; il m'était impossible de tenir un tel rythme. Donc, un mot par

[5] R. Cialdini, *Influence et manipulation*, traduit par Marie-Christine Guyon, Pocket, Paris, 2014.

jour, tous les jours. J'ai ainsi appris cent mots en cent jours, avec un de ces cours en ligne qui vous envoient quotidiennement le mot à étudier en sélectionnant les plus importants[6]. Étant donné que le vocabulaire de base de l'anglais compte justement une centaine de termes, vous êtes alors en mesure de comprendre la majorité des conversations. Pas mal, pour un effort de 1 % par jour.

Même si cela semble peu, ce petit 1 % est absolument fondamental et doit être entretenu et soutenu par tous les moyens à votre disposition. Pour rester sur l'exemple de l'apprentissage d'un mot étranger, il faudra aussi adopter des stratégies favorisant la mémorisation. On peut écrire le mot sur une note adhésive et le coller sur la porte, faire une recherche d'images sur Google et associer le mot à une photo venant soutenir notre mémoire visuelle, essayer d'écrire, dans un cahier dédié, cinq phrases comprenant le mot du jour, chercher des chansons pour créer une playlist du vocabulaire appris et ainsi de suite.

2. Je veux consacrer 1 % de ma journée à l'apprentissage ou l'amélioration d'une faculté

Dans ce cas, la méthode 1 % s'applique au temps effectivement disponible au cours de notre journée (en excluant le sommeil et les repas) pour nous consacrer à l'amélioration recherchée. À titre indicatif, on peut estimer avoir quatorze minutes à disposition. En quatorze minutes, on peut lire quelques pages (si on a pour objectif de lire plus ou de se mettre à la lecture) et parcourir un bon bout de chemin en marchant ou en courant (si on veut commencer ou reprendre l'entraînement). À l'échelle d'une journée, quatorze minutes sont une bagatelle, mais, au bout d'un an, elles représentent sept journées de douze heures chacune… et en sept fois douze heures, on en lit, des livres, on en avale, des kilomètres !

[6] Différents services de ce type sont disponibles en ligne. « Daily Dose of Language » est une application pour smartphone indéniablement pratique et bien pensée.

Cette durée de quatorze minutes n'est pas anodine. Elle découle d'une petite expérience que j'ai menée il y a quelque temps. Suite à une intervention destinée à retirer une verrue qui me dérangeait prodigieusement au niveau d'un pied, le dermatologue m'a prescrit quinze jours de bains de pieds d'une durée de quatorze minutes. Je me suis demandé comment ne pas mourir d'ennui, les pieds dans l'eau, et j'ai décidé de consacrer ce temps à la lecture. J'ai ainsi lu quatorze minutes par jour pendant deux semaines. À la fin, je me suis rendu compte que j'avais fini deux livres. Évidemment, il ne s'agissait pas de *Guerre et paix* ou des *Frères Karamazov*, mais ça faisait quand même deux livres et, surtout, c'était un excellent début.

3. Je veux m'améliorer de 1 % dans tous les domaines d'une faculté donnée afin d'obtenir un effet boule de neige

C'est la méthode employée par Sir Dave Brailsford, l'entraîneur d'une équipe de cyclisme anglaise. Grâce à lui, les sportifs ont laissé la médiocrité derrière eux et ont remporté trois Tours de France en quatre ans. Pour accomplir cette « révolution », Brailsford a procédé par petites améliorations. Il a décidé de faire progresser de 1 % chaque aspect des prestations des athlètes : la capacité de résistance, la vitesse, la gestion de l'émotivité durant les compétitions, le poids corporel, l'ergonomie des vélos, la nutrition, la qualité du sommeil et même l'efficacité des pommades utilisées. En travaillant sur tous les éléments pour les améliorer de 1 % chacun, il a déclenché un effet boule de neige qui a fini par façonner une équipe de champions[7].

J'ai testé, moi aussi, l'efficacité de l'effet boule de neige. Depuis quelques années, l'évolution de mon travail m'amène à prendre la parole en public de plus en plus souvent. Bien que je ne sois pas timide, je ne suis pas non plus un orateur né. Pour être plus à l'aise, j'ai travaillé pour améliorer de 1 % tous les

[7] Une interview très intéressante de Sir Dave Brailsford est disponible à l'adresse https://bit.ly/Brailsford.

facteurs qui auraient pu me rendre anxieux si je ne les avais pas pris en main. J'ai donc essayé de mieux préparer mon discours et mes diapos et de mieux gérer mes émotions avant et après l'intervention.

Pour affronter les éventuelles objections, j'ai mis mon discours à l'épreuve face à des amis. J'ai aussi travaillé mon comportement verbal et paraverbal. J'ai tâché d'améliorer de 1 % le ton de ma voix, ma vitesse d'élocution, ma diction et mon recours aux pauses entre les mots. Pour améliorer la participation du public, je me suis un peu plus concentré sur mes émotions, de manière à les transmettre à ceux qui m'écoutaient, et je me suis entraîné à regarder un peu plus les spectateurs dans les yeux. En additionnant tous ces 1 %, j'ai obtenu un résultat qui n'est probablement pas encore parfait (heureusement, les marges de progression de l'être humain sont infinies), mais qui est décidément satisfaisant.

C'EST LE 1 % QUI FAIT LA DIFFÉRENCE

En bien ou en mal, chacune de nos habitudes est le résultat de nombreuses petites décisions et actions au fil du temps. Contrairement à ce que l'on croit, le changement n'a rien d'un évènement radical ; c'est un processus continu.

Ce que nous considérons comme un évènement n'est en réalité que la pointe de l'iceberg : sous la surface, invisible à nos yeux, existe un bloc de glace infiniment plus grand et solide qui permet à l'iceberg d'exister. Quand nous voyons dans les médias qu'un sportif a signé un contrat à plusieurs millions ou qu'un acteur a gagné une fortune en tournant dans un film, nous nous disons qu'ils ont du talent. En réalité, le talent repose sur un travail constant, qui a permis à l'athlète ou à l'acteur concerné d'atteindre ce résultat.

Je fais ce constat chaque fois que je suis amené à collaborer avec de grands entrepreneurs : derrière tout succès se cache une histoire silencieuse et souvent laborieuse, marquée par les décisions difficiles, les renonciations, les échecs et les pertes, mais, surtout, par une détermination courageuse et à toute épreuve. Aucune victoire, même la plus flagrante, n'a été remportée par un coup de chance du jour au lendemain ; aucun contrat à sept chiffres n'est purement dû au talent du signataire.

Le fait est que le grand évènement fait beaucoup de bruit et attire l'attention, tandis que le 1 % est silencieux, peu enthousiasmant et très peu notable. Si vous rencontrez dans la rue un ami que vous n'avez pas vu depuis longtemps et qui a enfin perdu ses dix kilos de trop, vous vous dites qu'il a assuré et vous interprétez sa perte de poids comme un évènement phénoménal. Toutefois, si vous l'aviez vu tous les jours et qu'il avait perdu dix grammes par jour, vous n'y auriez pas prêté attention, car une telle diminution passe inaperçue. De dix grammes en dix grammes, on arrive pourtant à dix kilos, la pointe de l'iceberg du changement.

LENTEMENT, SANS INTERRUPTION

1 % de plus ou de moins, cela fait donc la différence, à défaut de faire les gros titres. Lorsque le mental se concentre sur ce pourcentage modeste mais fondamental, une progression de 1 % est déjà une avancée.

La méthode 1 % peut aussi être appliquée aux habitudes que nous voulons limiter et non renforcer. Si, par exemple, vous ne voulez plus manger de viande, voire vous souhaitez devenir végane, vous pouvez commencer par des éliminations successives : d'abord, suppression de la viande rouge, puis, après une quinzaine de jours, lorsque le corps et l'esprit se sont habitués à ce changement, introduction d'une nouvelle restriction en supprimant également les viandes blanches, et ainsi de suite jusqu'à atteindre le véganisme.

Si vous voulez supprimer le sucre de votre café, vous pouvez essayer de supprimer un grain de sucre à la fois. Commencez par laisser un peu de sucre au fond du sachet, puis laissez-y un quart du sachet, puis la moitié ; puis buvez votre café avec seulement un quart de sachet ; puis avec à peine une pincée de sucre ; et, enfin, vous parviendrez à le supprimer entièrement[8].

Qu'il s'agisse de prendre de nouvelles habitudes ou d'en perdre des anciennes, il faut bien garder à l'esprit qu'une multitude de petits pas dans la bonne direction fait la différence. C'est pour cela que je vous conseille de ne pas croire aux changements radicaux et de vous concentrer sur le 1 %.

EXERCICE N° 4 : LA MÉTHODE 1 % APPLIQUÉE À VOTRE HABITUDE

Prenez le temps de réfléchir à une situation que vous voulez modifier, par exemple l'habitude que vous avez indiquée à l'exercice 3. Essayez de l'observer sous chacun des trois angles de la méthode 1 %. Comment voulez-vous procéder pour mettre en œuvre le changement ? En progressant de 1 % par jour dans cette direction ? De quelle façon, précisément ? En consacrant à ce comportement 1 % de votre journée ? Avez-vous déjà pensé à quelle partie de la journée ? Ou bien allez-vous améliorer de 1 % tous les sous-composants de votre action cible ? Dans ce cas, quels sont ces sous-composants, exactement ?

Vous arriverez peut-être à la conclusion qu'une seule des trois méthodes est faite pour vous. Ou peut-être que les trois vous conviendront. Vous devez évaluer la situation spécifique, mais aussi votre manière d'apprendre et de changer. Il n'existe aucune méthode universellement juste et efficace : il s'agit de procéder par essais et de comprendre ce qui a du sens pour vous.

---

[8] Il est possible de pousser cette stratégie plus loin en utilisant le levier du feedback, dont nous reparlerons plus tard. Dans ce cas précis, cela pourrait consister à verser les quantités de sucre non utilisées dans un bocal transparent. Nous serions ainsi en mesure de voir immédiatement la quantité de « poison » que nous avons épargnée à notre corps, et donc notre gain en matière de bien-être. Cette prise de conscience pourrait alors faire croître de manière significative notre motivation pour supprimer le sucre des autres aliments également.

LA MÉTHODE 1 % ET LA DISSONANCE COGNITIVE

Plusieurs éléments empiriques confirment qu'il convient d'agir sur les changements minimes pour en obtenir un majeur. À titre d'exemple, je vais décrire une célèbre expérience de psychologie sociale menée par Jonathan Freedman et Scott Fraser en Californie en 1966.

Les deux chercheurs rendirent visite aux propriétaires de plusieurs pavillons et leur demandèrent s'ils voulaient bien faire quelque chose pour améliorer la sécurité routière. Concrètement, il s'agissait de placer une grande pancarte peu esthétique portant les mots « Prudence au volant » dans leur jardin. Seuls 17 % des propriétaires acceptèrent. Dans un autre quartier, les chercheurs appliquèrent une stratégie différente : ils demandèrent aux propriétaires de placer dans leur jardin une petite pancarte carrée d'environ dix centimètres de côté portant cette même mention. Cette demande était tellement insignifiante que tout le monde, ou presque, accepta. Pourtant, les effets de ce petit changement se révélèrent énormes ; quelque temps plus tard, 76 % des personnes qui avaient accepté la présence de la petite pancarte dans leur jardin acceptaient aussi la grande.

Que s'est-il passé ? Pour nous l'expliquer, nous devons évoquer le concept de « dissonance cognitive », introduit par le psychologue social Leon Festinger en 1957. Selon cette théorie, les gens tendent naturellement à la consonance cognitive, c'est-à-dire une situation dans laquelle leurs idées, comportements et représentations sont cohérents entre eux. Lorsqu'ils se trouvent face à des stimuli incohérents avec leur système d'idées et de représentations, ils entrent dans un état de dissonance cognitive, ou de dissonance de pensée, qu'ils tentent d'atténuer en raison du malaise psychologique qu'elle provoque.

Par exemple, une personne qui condamne fermement le vol entrera en dissonance si elle reçoit en cadeau un objet volé. Pour résoudre cette incohérence interne, elle pourra agir de deux façons : adoucir son opinion des voleurs et donc accepter l'objet ou bien refuser le cadeau et rester cohérente avec ses idées.

Pour en revenir à l'expérience menée en Californie, on peut affirmer que les premiers propriétaires ont refusé d'installer une grosse pancarte sur leur terrain parce qu'ils se sentaient trop en dissonance avec une telle action. L'objet était trop grand et ruinait l'esthétique du jardin, créant une dissonance suffisante pour induire un refus. Dans le cas de la petite pancarte, en revanche, la dissonance était minime, ce qui explique la majorité de réponses positives. En acceptant ce petit geste, les résidents ont lentement déclenché une transformation capable de réduire leur dissonance avec la grande pancarte, qu'ils ont acceptée peu de temps plus tard. En outre, ce processus de changement leur a permis de redéfinir leur propre identité : avec le petit panneau, ils ont commencé à se considérer comme des citoyens dotés d'esprit civique, et ils ont donc accepté de faire un geste de plus en ce sens afin d'être cohérents avec leur nouvelle image d'eux-mêmes.

Un changement de l'ordre de 1 % est un pas tellement petit qu'il n'engendre pas de dissonance excessive, mais cela suffit déjà pour se redéfinir en tant que personne, ouvrant ainsi la voie à des changements parfois majeurs.

Prenons un exemple de dissonance cognitive dans le contexte professionnel. Lorsque des entreprises me demandent d'intervenir pour assurer des formations ou coacher les dirigeants, je me retrouve souvent à les aider à comprendre comment améliorer ou redynamiser leurs résultats. Parfois, il s'avère que la productivité est inférieure aux niveaux souhaités en raison des modalités de gestion des collaborateurs de la part des responsables.

Prenons le cas d'un directeur des ventes chargé de coordonner une équipe de vendeurs, eux-mêmes chargés de maximiser les profits, et supposons que l'un d'entre eux soit peu productif. Le directeur des ventes devrait le convoquer et faire en sorte qu'il applique immédiatement un certain nombre d'actions en vue d'augmenter le nombre de clients : relancer de vieux contacts, en chercher de nouveaux, envoyer des supports marketing et ainsi de suite en fonction de la situation. Souvent, pourtant, le responsable ferme les yeux sur les manquements du collaborateur, car le corriger lui demanderait un effort, tandis qu'un petit compromis lui facilite et lui simplifie la vie et préserve son confort. Néanmoins, ce petit compromis le dérange. En d'autres termes, le directeur des ventes éprouve une certaine dissonance cognitive. Pour la réduire, il commence donc, progressivement et sans s'en rendre compte, à redéfinir sa propre vision de lui-même afin de retrouver l'harmonie et l'équilibre intérieurs. Par exemple, il se dit « Je ne peux pas être sur le dos du moindre salarié », « Je ne peux pas tout contrôler, ce serait impensable », « Finalement, je suis quelqu'un de sympa qui laisse les gens respirer », etc. Dommage que ce genre de pensées, répétées jour après jour, l'amène à justifier les petites négligences des collaborateurs, leur transmettant ainsi le message que leur comportement est tolérable. À la longue, inévitablement, le directeur des ventes perdra en efficacité et l'entreprise paiera par une forte baisse du chiffre d'affaires cette petite dissonance cognitive ignorée.

Comment un directeur des ventes compétent, fiable, doté de bonnes capacités de gestion et relationnelles, a-t-il pu commettre une telle imprudence ? Son changement s'est avéré possible parce que le comportement du vendeur n'a pas provoqué de dissonance cognitive majeure. Si le collaborateur avait fait quelque chose de grave, comme voler dans les caisses de l'entreprise, le directeur serait certainement intervenu, exactement comme cette grenouille qui ne serait pas restée bien longtemps dans la casserole si elle avait sauté dans l'eau bouillante. Le directeur a dégradé sa gestion des collaborateurs sans s'en rendre compte, tout comme la grenouille a fini par bouillir dans une eau dont la température augmentait de 1 % en 1 %.

Il faut garder à l'esprit que la dissonance cognitive est à l'œuvre quotidiennement et silencieusement dans tous les domaines de la vie, de l'emploi aux relations avec nos proches et nos amis. En prendre conscience est la première étape pour l'orienter en notre faveur. En effet, la bonne nouvelle est qu'elle ne fonctionne pas seulement en négatif, mais aussi en positif. Ce livre se base justement sur la dynamique des petits changements vertueux de 1 % : de dissonance en dissonance, vous serez amené à embrasser le changement que vous désirez au lieu de le refuser.

L'IMPORTANCE DE LA FLEXIBILITÉ. LA FONCTION SALVATRICE DE LA MÉTHODE 1 %

Nous avons vu comment fonctionne la logique du 1 % et quel est son pouvoir de transformation pour vous accompagner dans votre parcours de développement personnel. Vous découvrirez dans la partie suivante de l'ouvrage une méthode pratique pour transformer en habitudes les comportements qui sont efficaces pour vous.

À présent, un avertissement s'impose pour bien appliquer la méthode 1 % dans l'acquisition des habitudes. Maintenir suffisamment de flexibilité dans ses habitudes pour les modifier ou les améliorer dans le temps leur évitera de se métamorphoser d'outil de croissance en cage comportementale.

En effet, certaines personnes, notamment celles dotées d'une tendance au contrôle, pourraient mettre en place une routine excessivement rigide, une habitude ou un système d'habitudes inflexible qu'elles pourraient avoir du mal à abandonner ou à modifier dans un nouveau contexte. Il faut bien garder à l'esprit que les habitudes sont fonctionnelles dans la mesure où elles s'adaptent à la réalité et aux besoins de chacun. Les besoins étant en évolution constante, elles peuvent et doivent être changées au cours de la vie.

Comment se mettre à l'abri du risque de devenir inflexible ? La logique du 1 % nous vient en aide, encore une fois. Vous devez toujours penser à modifier vos schémas comportementaux de 1 % par jour, en insérant 1 % de nouveauté dans vos habitudes.

Un exemple ? J'ai différents petits rituels matinaux que je trouve très efficaces ; ils m'aident à atteindre des objectifs importants et ma productivité maximale et j'en reparlerai dans cet ouvrage. Néanmoins, je maintiens toujours une petite dose de variabilité dans leur répétition. Je change l'ordre des différentes actions de temps à autre, ou bien je les modifie en partie, ou bien je fais évoluer un détail, ou bien j'essaie d'insérer un élément entièrement nouveau. Une toute petite nouveauté suffit à me préserver du risque de tomber dans une rigidité excessive. De même, j'ai quelques points fixes dans la gestion de ma communication en ligne, la création de vidéos ou la prise de parole en public, mais je prends toujours soin de laisser un petit espace à la nouveauté, l'imprévu, l'expérimentation et le hasard. Parfois, ces petites variations échouent et me permettent de comprendre ce que je ne dois pas faire et pourquoi. D'autres fois, elles s'avèrent fonctionnelles, ce qui me permet d'évoluer. « Si personne ne se perd, qui trouvera de nouvelles routes ? » : cette superbe phrase attribuée à la metteuse en scène Joan Littlewood exprime exactement ce concept.

En agissant ainsi, vous pourrez, vous aussi, préserver le système d'une homéostasie trop rigide, cultiver la flexibilité nécessaire et utiliser les habitudes comme outil de croissance vertueux, dans l'esprit du changement évolutif.

Deuxième partie

Les fondamentaux

3
L'anatomie des habitudes

LE CERCLE DE L'HABITUDE

Nous avons vu que le premier pilier indispensable pour prendre de nouvelles habitudes, à savoir les prérequis, s'appuie sur une orientation de vie conforme à nos valeurs et sur un état d'esprit attentif aux petits progrès. Le deuxième pilier est constitué de notre connaissance de l'anatomie des habitudes. Seul ce savoir peut nous aider à comprendre quels leviers actionner pour renforcer les habitudes qui favorisent notre bien-être et nos objectifs et affaiblir celles qui jouent contre nous.

Les nombreux chercheurs s'étant penchés sur la question sont tous d'accord : la gratification est une condition *sine qua non* à l'existence d'une habitude. Pour qu'un nouveau comportement devienne progressivement une habitude, la personne doit en tirer du plaisir et de la satisfaction. La gratification est aussi indispensable dans les mauvaises habitudes, même si elle peut s'avérer illusoire, comme dans le cas des fumeurs qui ont l'impression de faire descendre leur niveau de stress en allumant une cigarette.

Un des points les plus essentiels pour comprendre l'anatomie des habitudes est le « cercle de l'habitude[1] », qui se compose de trois éléments.

[1] C. Duhigg, *Le Pouvoir des habitudes. Changer un rien pour tout changer*, traduit par Johan-Frédérik Hel Guedj, Champs, Flammarion, 2016.

1. Le signal : on peut facilement le représenter par un feu vert, que j'ai appris à reconnaître automatiquement comme le stimulus qui me fait presser l'accélérateur de mon véhicule pour démarrer. On peut aussi le visualiser comme la mèche qui déclenche le comportement.
2. L'action : c'est l'acte en lui-même. Dans l'exemple du feu tricolore, l'action consiste à accélérer et traverser le carrefour.
3. Le bénéfice : c'est la gratification ou récompense qui vient clore le cercle de l'habitude. Dans notre exemple, je me rapproche de ma destination ou je traverse le carrefour sans incident.

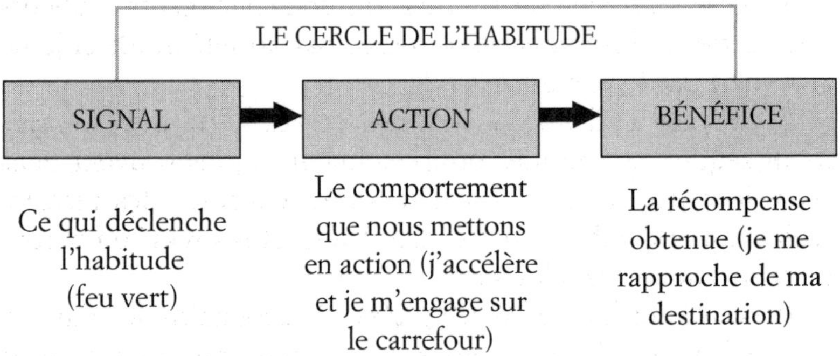

Imaginons un jeune conducteur qui, pour traverser un croisement régulé par des feux tricolores, regarde soigneusement autour de lui avant d'appuyer sur l'accélérateur, afin d'être sûr de pouvoir passer. À force de répéter ce comportement de jour en jour, souvent plusieurs fois par jour, il finira par l'automatiser. À terme, franchir un carrefour ne lui demandera plus d'énergie mentale. La concentration et l'attention extrêmes des débuts seront remplacées par une action automatique.

Mais que se passerait-il si un véhicule vous percutait en plein milieu du croisement parce que son conducteur a grillé le feu rouge ? Le cercle de l'habitude serait rompu, car l'action n'aurait pas été suivie d'un bénéfice. Pour acquérir de nouveau l'automatisme perdu, vous seriez obligé de recommencer l'apprentissage à zéro après l'accident : le feu passe au vert, je regarde autour de moi, il n'y a personne, je traverse et j'enclenche l'action me permettant d'obtenir un bénéfice (me rapprocher de ma destination).

Passons à un autre exemple pouvant éclaircir le concept de cercle des habitudes, celui du téléphone. Le téléphone sonne (signal), je décroche (action) et j'entends une bonne nouvelle ou la voix d'un ami (bénéfice). Au prochain coup de fil, je m'empresserai de répondre, car j'aurai des attentes positives. Si, au contraire, des centres d'appels me contactent sept fois par semaine pour essayer de me vendre des objets qui ne m'intéressent pas, je serai « terrorisé » par la sonnerie, car je m'attendrai à entendre une énième voix non sollicitée. C'est d'ailleurs pour cette raison que je ne réponds pas au téléphone si je ne reconnais pas le numéro.

Pour vous familiariser avec l'anatomie des habitudes, essayez de disséquer les routines qui reviennent le plus souvent dans votre journée : mettre vos chaussures, consulter les réseaux sociaux, manger des gâteaux quand vous êtes stressé ou perdre du temps devant la télévision.

Il est primordial de nous entraîner à reconnaître les signaux qui déclenchent les comportements importants pour nous et à identifier les bénéfices qui les entretiennent. En travaillant sur ces trois éléments, nous pourrons orienter de manière plus consciente une bonne partie des automatismes qui, que nous le voulions ou non, façonnent la personne que nous deviendrons.

LE MUSCLE DES HABITUDES

La médecine a longtemps pensé que notre destin était gravé dans notre ADN. Certains ont même supposé que nos habitudes étaient simplement le fruit de notre caractère, ce qui a fourni un alibi en béton à toutes les personnes peu enclines au changement : « Je suis né comme ça, qu'est-ce que je peux y faire ? »
Aujourd'hui, on peut affirmer en toute sérénité que ce n'est pas le caractère qui forge les habitudes, mais les habitudes qui finissent par forger le caractère.

En effet, les études sur la neuroplasticité ont montré que notre cerveau s'adapte et croit dans le temps en fonction des stimuli qu'il reçoit de l'extérieur. Les recherches en la matière sont fascinantes et j'aimerais citer une étude menée sur les taxis londoniens. Pour obtenir leur licence, les futurs chauffeurs doivent passer un des examens les plus difficiles au monde. On leur demande de reconnaître des adresses à partir de descriptions comme « Dites-moi à quel carrefour se trouve une maison avec une porte jaune et une statuette sur la troisième marche ». Résultat : pour apprendre par cœur le plan de la ville entière, les candidats circulent en scooter pendant deux ou trois ans afin de photographier les rues et les mémoriser.

Des chercheurs[2] ont étudié ce qu'il se passait dans leur cerveau durant cet entraînement. Le constat est clair : plus les candidats s'entraînent, plus les zones du cerveau liées à la mémoire géographique se développent. Puis, dès que le taxi part à la retraite et cesse de stimuler ces parties-là de son cerveau, elles commencent à perdre en volume.

Dans un certain sens, ce mécanisme est comparable à celui de la musculation : quand j'entraîne mon biceps, il se répare et se renforce afin de mieux affronter la prochaine stimulation. Quand j'arrête l'entraînement, en revanche, il rapetisse et s'affaiblit.

Quel rapport avec les habitudes, me demandez-vous ?

La neuroplasticité nous apprend que les nerfs et les circuits nerveux se modifient pour s'adapter en fonction des comportements de votre vie quotidienne. La myéline est une sorte de gaine qui entoure nos nerfs et améliore la conduction des messages nerveux. Plus elle est abondante dans un circuit nerveux, plus l'impulsion en provenance de celui-ci est favorisée, car elle « coûte moins d'effort » que celle provenant d'un circuit avec moins de myéline (c'est-à-dire un circuit qui a été moins stimulé).

Si vous vous exposez à plusieurs reprises à un comportement, qu'il soit positif ou négatif, le système nerveux s'adapte et la myéline augmente dans les circuits concernés. C'est ainsi que se met en place une habitude. À terme, il peut même vous sembler impossible de revenir dessus : l'adaptation anatomique est tellement forte que tout ce qui est contraire à cette action sera défavorisé d'une manière ou d'une autre. Les nerfs

[2] E. A. Maguire, K. Woollett, H. J. Spiers, « London taxi drivers and bus drivers : A structural MRI and neuropsychological analysis », *Hippocampus*, 16 (12), p. 1091-1101, 2016. Doi : 10.1002/hipo.20233

et les circuits responsables de l'autre comportement sont en effet moins entraînés.
Au début, par exemple, fumer est difficile et fastidieux. Mais, à la longue, on s'habitue et on renforce tellement ce geste qu'on ne peut plus s'en passer.
Nos comportements les plus récurrents sont justement récurrents parce que nous les avons plus exercés. Cela vaut pour nos réactions comportementales, mais aussi émotives : si vous avez l'habitude de réagir par la colère dans certaines circonstances et si vous ne faites rien pour renforcer une modalité d'interaction alternative, la réaction colérique se renforcera de plus en plus et deviendra votre principale réponse.

SI VOUS NÊTES PAS EN TRAIN DE CHANGER QUELQUE CHOSE, VOUS ÊTES EN TRAIN DE L'ACCEPTER

Pour changer la situation, vous devez commencer à entraîner un comportement alternatif à celui que vous voulez abandonner. Au début, ce sera difficile. Avec le temps et la production de myéline autour des nouveaux circuits, les choses deviendront plus aisées. La seule autre option consiste à hisser le drapeau blanc et à voir son existence dévaler la pente en mode automatique sans rencontrer la moindre résistance.
Outre ses perspectives fascinantes, ce domaine de recherche nous offre trois réflexions cruciales.
En premier lieu, n'en déplaise aux vendeurs de motivation instantanée, ce processus explique pourquoi il est très difficile de changer des comportements profondément enracinés en comptant uniquement sur l'élan de la motivation. La lutte contre notre propre anatomie est inégale, pour ne pas dire impossible, et il vaut mieux la soutenir en bâtissant de nouvelles habitudes sur le long terme, 1 % à la fois.
En deuxième lieu, il convient de nous demander comment créer des habitudes vertueuses plutôt que d'en éliminer des mauvaises. Plus les habitudes positives se renforceront, plus elles réussiront à remplacer progressivement les anciennes.
Enfin, nous devons nous regarder dans les yeux et admettre que nous n'avons plus d'excuse, car changer est possible. La science le prouve : on peut entraîner n'importe quelle habitude et transformer n'importe quel comportement.

DE COMPORTEMENT À HABITUDE : ACTIVABLE, ACCESSIBLE, INTÉRESSANTE

Nous avons vu qu'une habitude se forme lorsque nous répétons une action donnée plusieurs fois dans le temps. Le délai nécessaire dépend du degré de difficulté ou de complexité de la pratique que vous voulez faire passer d'« extraordinaire » à « habituelle », tout comme de vos dispositions personnelles et de la valeur que vous lui attribuez. Pour donner tout de même un ordre de grandeur, on peut estimer que trois semaines suffisent pour les comportements les plus simples, tandis que plusieurs mois peuvent être nécessaires pour les plus complexes, compte tenu de nos habitudes préalables et du contexte.

En général, un comportement doit posséder les trois caractéristiques suivantes à la fois afin d'être facile à répéter dans le temps.

1. Il doit être *activable* par un effort modeste, c'est-à-dire que je dois me donner les moyens de faire le premier pas de façon relativement simple. Prenons un exemple : je veux prendre l'habitude de lire une demi-heure par jour. Y a-t-il un signal dans mon environnement qui me rappelle clairement cette décision ? Ai-je placé des livres sur ma table de chevet ? Le mur du salon est-il occupé par un écran géant ou la télé est-elle dissimulée dans un placard à côté d'étagères recouvertes d'ouvrages ? En somme, est-il facile de prendre le livre en main et de commencer à lire la première page ?
2. Il doit être *accessible*, c'est-à-dire relever du champ des possibles compte tenu de mes capacités. Est-il réaliste de supposer que je consacre une demi-heure par jour à la lecture à partir de demain si je n'ai jamais lu un livre de ma vie ? Ne serait-il pas plus réaliste de commencer par quelques minutes ou simplement quelques lignes ?
3. Il doit être *intéressant*, c'est-à-dire trouver sa place dans ma sphère d'intérêts. L'idée de prendre cette habitude doit

allumer une étincelle en moi et me faire deviner les avantages que je pourrai en tirer. Il est donc essentiel de réfléchir à nos véritables motivations, à leur force et leur profondeur. Si j'ai envie d'orienter mon mental vers le développement personnel, commencer par *La Guerre et la Paix* de Tolstoï ne constituerait pas un choix optimal. On peut vraisemblablement supposer que je me perdrais dans ce roman, que je ne le trouverais pas motivant et que j'abandonnerais rapidement. Si je choisissais *Qui a piqué mon fromage ?*[3], un conte pour adultes de Spencer Johnson qui propose une histoire captivante rédigée simplement, avec des messages clairs, et nous invite à réfléchir aux différentes stratégies envisageables pour affronter le changement, j'aurais beaucoup plus de chances de terminer ma lecture et je serais satisfait du temps investi en ce sens.

Pour qu'un comportement se transforme en habitude, il doit répondre à ces trois critères. S'il en manque ne serait-ce qu'un seul, le changement devient beaucoup plus difficile.

La première partie du modèle que je propose dans les pages suivantes concentre le travail d'acquisition sur ces trois éléments, dans cet ordre.

En travaillant la première caractéristique et en réussissant à bien placer les signaux favorisant notre habitude, on peut éliminer en moyenne 70 à 80 % des complications qui nous ont bloqués jusqu'à présent.

Si cette étape ne suffit pas, on peut commencer à agir sur l'action, le comportement en lui-même, en essayant de le simplifier : on le rend tellement simple qu'il devient impossible à refuser. Si je me propose de lire une ligne par jour et non un chapitre, je ne peux pas ne pas y arriver. Si je décide d'utiliser le fil dentaire entre deux dents seulement et non sur toute ma mâchoire, il sera très probable que je réussisse. Et ainsi de suite.

[3] S. Johnson, *Qui a piqué mon fromage ? Comment s'adapter au changement au travail, en famille et en amour*, traduit par Jean-Pascal Bernard, Michel Laffon, 2000.

Si nous sommes toujours bloqués malgré tout, il conviendra de travailler sur la motivation.

Habitude nº 1 : mes trois objectifs quotidiens

Il y a quelque temps, je me suis imposé de noter dans mon agenda les trois objectifs du jour, dès mon réveil. Pour cela, je me posais la question suivante : quelles sont les trois choses que je dois faire aujourd'hui pour arriver en fin de journée en étant satisfait ? Je voulais absolument prendre cette habitude, non parce qu'on l'attribue souvent aux millionnaires, mais parce qu'elle m'aurait évité de perdre de vue mes priorités et de me retrouver au point mort, à me demander quoi faire. En outre, une fois ces trois buts écrits noir sur blanc, j'aurais plus facilement gardé le cap entre mes milliers de mails et d'appels téléphoniques.

Peu après avoir commencé, j'ai constaté que je ne suivais pas cette règle de manière constante. Je suis donc intervenu sur les signaux.

1. J'ai paramétré un rappel sur mon téléphone. Tous les matins, à 8 heures, une notification s'affiche sur mon écran : « Souviens-toi de tes trois objectifs ».
2. J'ai écrit « Quels sont les trois objectifs d'aujourd'hui ? » sur une note adhésive que j'ai collée sur mon ordinateur. Vu que je suis tout le temps sur l'ordinateur, il m'est plutôt difficile d'ignorer ce signal.
3. J'ai commencé à laisser mon agenda posé sur le clavier le soir, de manière à être obligé de le prendre en main pour le déplacer le lendemain. Cette action favorise l'acte d'écriture.

Si ce travail sur les signaux n'avait pas suffi à me faire prendre cette habitude, je serais passé à la simplification :

1. penser aux trois objectifs du jour au lieu de les écrire ;
2. si cela ne suffit toujours pas, penser à un seul objectif, et non trois.

De cette façon, tout serait devenu on ne peut plus facile : je reçois une notification sur mon téléphone, je vois le message collé sur l'ordinateur, je vois l'agenda et je dois penser à un seul objectif. C'est la simplification maximale, qui me permet d'adhérer aisément à ce comportement, jour après jour.

Partant de cette base, je pouvais ensuite intensifier l'effort jusqu'à prendre l'habitude d'écrire mes trois objectifs.

Durant la phase initiale, le plus important est de rendre un comportement, aussi simple soit-il, réitérable dans le temps et de l'intégrer à notre routine.

Si je n'avais tout de même pas réussi à prendre l'habitude d'écrire mes trois objectifs malgré ces différentes démarches, il aurait été temps de travailler plus en profondeur sur ma motivation.

Pour information, j'écris bien mes trois objectifs du jour sur mon agenda depuis cette époque.

Maintenant, procédons par ordre et étudions ces étapes de plus près, en commençant par les signaux.

4
Travaillez sur les signaux

BRÈVE HISTOIRE DE MON BRACELET

Avant d'aborder la notion de signal, j'aimerais vous raconter l'histoire de mon bracelet rouge et jaune. La dernière fois que j'ai interviewé le légendaire Philip Zimbardo[1], je me suis rendu compte qu'il portait un bracelet très coloré au poignet. Je lui ai demandé de quoi il s'agissait et, pour toute réponse, il l'a retiré et me l'a donné. Le bracelet portait les mots « *I am an everyday hero every day* », c'est-à-dire « Tous les jours, je suis un héros de tous les jours », maxime qui résumait la philosophie dont ce psychologue américain s'était inspiré au cours des dernières années.

Le message était le suivant : pour être un héros, il n'est pas nécessaire d'être Gandhi ou le jeune homme qui a essayé d'arrêter les chars d'assaut place Tienanmen ; on peut être un héros à notre échelle, dans la vie de tous les jours, par exemple en aidant un passant en difficulté, en proposant à nos voisins de garder leurs enfants ou en affrontant les situations critiques au lieu de fermer les yeux. Avec cette idée en tête et mon bracelet au poignet, j'ai remarqué que je me comportais plus « en héros » au cours des jours suivants. Le bracelet servait de signal et activait une idée en moi (la philosophie de Zimbardo), ce qui se traduisait par des comportements différents des précédents.

[1] À partir de la fin des années soixante, le psychologue américain Philip Zimbardo a déployé des efforts considérables pour invalider la théorie selon laquelle les comportements négatifs et violents observables dans une institution telle que la prison sont uniquement dus au dysfonctionnement de la personnalité des reclus et des gardes. Il a montré que les caractéristiques spécifiques de ce contexte jouaient un rôle fondamental dans l'adoption de tels comportements.

Inspiré par l'expérience que Zimbardo m'avait donnée à vivre, j'ai fait créer d'autres bracelets pour moi et mes plus proches collaborateurs, en y indiquant quelques mantras que je considère comme fondamentaux à cette étape de ma vie. Chaque fois que mon regard se pose sur mes mains, je vois cette devise, ce qui me rappelle l'importance de me comporter d'une certaine façon[2].

LES SIGNAUX

Nous avons vu comment, lorsqu'on a du mal à modifier un comportement ou à prendre une habitude, on a tendance à se concentrer sur la motivation et à s'interroger sur les manières de la renforcer. Cette démarche, toutefois, n'est pas utile, surtout sur le long terme, car la motivation est un élément fondamentalement en dehors de notre contrôle direct.

Par conséquent, je suggère d'aborder l'anatomie du comportement en partant de l'étude des signaux. Pour ce faire, il convient d'observer notre environnement et d'agir dessus afin qu'il comporte des signaux, des sortes de sonneries ou d'interrupteurs qui nous rappellent l'action que nous voulons entreprendre et nous poussent vers elle.

Les signaux peuvent être très variés. Je vous suggère d'en sélectionner des simples et immédiats, en commençant par créer un environnement favorisant l'habitude choisie. En d'autres

[2] Les bracelets en question sont au nombre de trois. Le premier porte la maxime « Si tu veux plus, deviens plus ». Cela nous rappelle que nous devons continuellement travailler sur nous-mêmes pour grandir, jour après jour, en tant que personnes et professionnels ; il n'existe pas d'autre voie pour atteindre des objectifs toujours plus ambitieux. Le deuxième bracelet indique « Fais de ton mieux, dans le temps dont tu disposes ». Je trouve utile de me remémorer cette idée plusieurs fois par jour, étant donné que ma vie comporte de nombreux engagements et que je pourrais parfois être pris dans un tourbillon, ce qui m'amènerait à agir hâtivement sans aller au bout des choses. Enfin, le troisième bracelet m'incite à faire preuve de courage au quotidien grâce à un impératif : « Prends cette décision ». Comme je l'ai détaillé dans *L'Era del cuore*, en effet, chacun d'entre nous a une décision importante à prendre, mais procrastine et renonce ainsi à mener sa vie au niveau supérieur.

termes, je vous propose d'organiser votre espace, qu'il s'agisse de votre domicile ou de votre bureau, de manière à avoir plus de chances de faire ce que vous voulez faire.

L'environnement a en effet une double valeur : d'un côté, il participe au processus de formation d'une habitude ; de l'autre, il peut constituer le déclencheur d'une action. C'est pour cette dernière raison qu'il est important d'en faire notre allié, comme s'il s'agissait d'un aide-mémoire.

FAÇONNEZ UN ENVIRONNEMENT SOUTENANT VOS OBJECTIFS

Voici quelques conseils en ce sens :

- créez des pense-bêtes visuels de l'action visée (notes adhésives, fond d'écran de l'ordinateur, du téléphone et de la tablette, autocollants, gadgets particuliers) ;
- portez un bracelet ou un élastique destiné à vous rappeler ce que vous devez faire ;
- écrivez l'objectif de la journée sur votre main ;
- etc.

Dans le même temps, soutenez le processus d'acquisition de la nouvelle habitude en facilitant l'accès aux éléments nécessaires, par exemple en les rapprochant de vous et en leur donnant de la visibilité. Si vous voulez prendre l'habitude d'aller courir le matin, préparez tout le matériel à côté du lit (chaussures, pantalon, chaussettes, cardiofréquencemètre, etc.). Si vous voulez écrire les objectifs de la journée sur un « journal de bord », laissez votre agenda sur votre table de chevet ; si vous préférez le numérique, ouvrez un document vierge avant de mettre votre ordinateur en veille le soir, de telle sorte qu'il soit disponible dès que vous allumez l'appareil le lendemain.

Si l'environnement physique est important, le contexte relationnel l'est tout autant. Portez votre attention sur les personnes qui vous entourent et essayez de fréquenter plus assidûment celles qui sont capables de vous soutenir, en relâchant vos liens avec celles qui vous freinent, vous démotivent, bref vous mettent des bâtons dans les roues, voire vous amènent à penser que vous n'y arriverez jamais.

NE PERDEZ PAS DE TEMPS AUX CÔTÉS DE CEUX QUI NE CROIENT PAS EN VOUS

Nos fréquentations peuvent être autant de signaux activant en nous des états d'âme, des émotions ou des sensations plus ou moins utiles pour nos objectifs. Je ne veux pas dire par là que vous devez nécessairement rayer de votre vie toutes les personnes qui ralentissent vos progrès, mais vous pouvez apprendre à les gérer. Dans la phase initiale en particulier, vous devez bien évaluer ce qui vous est utile afin de défendre bec et ongles le fragile comportement que vous voulez consolider.

LES SIX TYPOLOGIES DE SIGNAUX

Les signaux se répartissent en six catégories principales.

1. *Le temps.* L'aspect temporel peut vous rappeler une action donnée et vous inviter à l'accomplir. Par exemple, j'allume les luminaires quand la nuit tombe.
2. *Le lieu.* Un lieu donné peut nous pousser à accomplir une action spécifique : j'arrive au bureau et je scanne mon badge ; j'entre dans un pub et je commande une bière.
3. *Un évènement ou une action préalable.* La fin d'un évènement précède immédiatement le début d'un autre : je finis de dîner et je débarrasse la table ; j'utilise le fil dentaire après m'être lavé les dents.
4. *Un état émotif.* L'action est déterminée par votre état d'âme. Ainsi, je fume une cigarette lorsque je suis stressé ; je me ronge les ongles en cas d'anxiété ; je suis serein et je fais alors preuve de gentillesse envers mes proches ; je m'ennuie et je fonce sur le téléphone[3].

[3] La majorité des habitudes négatives sont déclenchées par des signaux émotifs.

5. *Les autres autour de moi.* Le comportement des personnes qui nous entourent peut aussi nous amener à accomplir certains gestes. Par exemple, un ami allume une cigarette et j'en fais tout de suite autant ; quelqu'un tousse et je suis pris d'une quinte de toux[4].
6. *Objets situés dans mon champ de vision.* Ici, ce sont les objets qui déclenchent une action. Je garde mon téléphone sur mon bureau et, même s'il ne sonne pas, je finis par jeter un coup d'œil à l'écran et vérifier mes messages (en moyenne, nous consultons notre téléphone 150 fois par jour) ; je pense plus facilement à me désinfecter les mains si je vois un distributeur de gel hydroalcoolique à l'entrée du restaurant.

SIGNAUX CHAUDS VS SIGNAUX FROIDS

Les signaux se répartissent en deux macrocatégories : les froids et les chauds. Cette distinction est essentielle. Tous les signaux nous aident à soutenir certains comportements, mais les chauds sont beaucoup plus puissants que les froids et ont une longueur d'avance. Les habitudes difficiles à éradiquer sont généralement entourées de signaux chauds ; c'est précisément pour cette raison qu'on a tant de mal à les laisser derrière nous.

Le signal chaud, comme une mention « cliquez ici » ou les « likes » de Facebook, se distingue principalement par le fait qu'il permet d'accomplir une action immédiate. À l'inverse, le signal froid renvoie l'action à un moment ultérieur. La réception d'un message sur le téléphone est un signal chaud, car il suffit de faire défiler votre doigt sur l'appareil pour le lire ; vous pouvez atteindre votre objectif (lire le message) à peine la notification arrivée.

Pour prendre un exemple de signal froid, supposons que vous passiez à côté d'une affiche annonçant une exposition

[4] J'ai passé une bonne partie de mes années d'études à la bibliothèque universitaire, et l'une des choses qui me frappaient le plus durant les longues journées silencieuses était que, lorsque quelqu'un toussait dans la pièce, quelqu'un d'autre lui faisait écho quelques instants plus tard. Je n'en ai jamais compris la raison, mais cet automatisme est sans aucun doute lié aux actions des personnes autour de nous.

photographique tandis que vous conduisez. Vous ne pourriez pas déclencher une action tout de suite ; vous devriez faire l'effort de mémoriser l'information (date, lieu, sujet), puis, dans un deuxième temps, par exemple une fois de retour chez vous le soir, vous pourriez essayer d'acheter les billets d'entrée en ligne.

Essayez maintenant de penser aux habitudes dont vous avez du mal à vous détacher. Vous vous rendrez compte qu'elles sont majoritairement déclenchées par des signaux chauds.

Le téléphone portable – et de manière plus générale les nouvelles technologies qui dominent notre quotidien – en constitue peut-être l'exemple le plus éloquent. L'appareil représente déjà, en lui-même, un signal qui invite à le prendre en main et qui rappelle qu'un simple geste suffit pour aller sur les réseaux sociaux et lire les publications de nos amis ou voir combien de mentions « J'aime » a récoltées notre dernière photographie. Une fois en ligne, on est cerné d'appels à l'action nous demandant de partager des idées, de commenter des publications ou de suivre de nouveaux comptes grâce à des actions simples, à accomplir immédiatement. Il devient ainsi extrêmement facile d'y rester durant des heures, en passant d'un contenu à un autre et en perdant la notion du temps, dans un contexte d'« interréalité[5] » caractéristique. Il est curieux d'observer que, si je vous demandais ce que vous avez vu avant-hier sur Facebook, vous seriez très probablement incapable de me répondre, justement parce que nous sommes incités à agir sans réfléchir, en mode automatique.

Cette dynamique, dont nous devons à juste titre nous alarmer au sujet du téléphone portable, peut être extrapolée et ramenée sous notre contrôle afin de nous aider à « accomplir sans réfléchir » seulement les actions que nous considérons comme prioritaires dans notre développement personnel.

[5] Ce terme a été forgé par Giuseppe Riva dans son ouvrage *I social network* (Il Mulino, Bologne, 2010, uniquement disponible en italien). L'interréalité se caractérise par la fusion des réseaux en ligne et hors ligne grâce à l'échange d'informations. Ce phénomène permet de contrôler et modifier l'expérience et l'identité sociales d'une manière totalement nouvelle par rapport au passé, avec des risques et des opportunités souvent sous-évalués.

Dans la vie, nous sommes constamment entourés de signaux qui modifient nos actions et nos états d'âme, et nous sommes obligés d'interagir avec eux plus ou moins volontairement. Si je place une photo de mon mariage sur mon bureau, elle me rappellera une émotion agréable et chargée d'énergie positive. Si, en entrant dans un commerce, j'entends une chanson qui me rappelle un être cher qui nous a quittés, ce signal peut automatiquement activer en moi des pensées lourdes de tristesse et donc me rendre moins enclin à m'ouvrir aux autres, ou bien me donner l'impression d'être en décalage par rapport à mon environnement.

Certains signaux sont faciles à manipuler et il est de notre devoir de les agencer de manière à stimuler les comportements que nous jugeons utiles et ralentir les autres. Garder le téléphone sur la table pendant les repas est un signal chaud qui nuit à la communication avec les personnes assises autour de nous. On peut l'atténuer en laissant l'appareil dans la poche de son manteau, en le plaçant dans une autre pièce ou en le mettant en mode silencieux.

Ce principe s'applique également lorsque nous voulons favoriser ou entraver des comportements chez les autres, par exemple les clients d'un magasin ou nos enfants. Si mon aîné trouve la tablette sur le canapé, il sera amené à me demander s'il peut jouer avec. S'il trouve des crayons de couleur et une feuille blanche, il se mettra probablement à dessiner. Bien sûr, tout n'est pas toujours aussi simple et linéaire, mais, comme nous le verrons, la manière dont nous organisons notre espace de vie détermine nos comportements bien plus que nous ne le pensons.

Plus nous réussirons à insérer de signaux sur notre route, plus nous aurons de chances de transformer un certain comportement en habitude.

À présent, une réflexion s'impose sur la manière de nous entourer de signaux (chauds, idéalement) afin d'avoir envie d'accomplir l'action qui nous tient à cœur et de nous simplifier la tâche – ou, à l'inverse, de cacher les signaux qui déclenchent les comportements contre lesquels nous voulons lutter. Pour vous aider, je vous propose de consacrer un peu de temps au prochain exercice.

EXERCICE N° 5 : PARAMÉTREZ LES SIGNAUX

Pensez à l'habitude que vous essayez d'acquérir. Quels signaux chauds pourriez-vous disséminer dans votre environnement afin qu'ils vous rappellent de lancer ce comportement ? Des notes adhésives ? D'autres pense-bêtes visuels ? Un rappel sur votre téléphone ? Des objets pertinents placés stratégiquement ?

Vous pouvez aussi utiliser comme signal une habitude que vous avez déjà, à laquelle vous pourrez « accrocher » le nouveau comportement recherché. Familiarisez-vous avec cette technique grâce à ce petit exercice. Divisez une feuille en deux, comme dans le tableau ci-dessous. Écrivez dans la colonne de gauche les actions que vous réalisez au quotidien automatiquement, sans y réfléchir, en vous concentrant sur les plus fréquentes. Laissez passer quelques minutes, puis remplissez la deuxième colonne avec les comportements que vous voudriez adopter (qui sont, pour l'instant, simples, concrets et peu exigeants).

Ce que vous faites tous les jours sans réfléchir	Comportements que vous voudriez adopter
Je me lave les dents	Exprimer de la gratitude
Je mets mes chaussures	Méditer pendant une minute
J'ouvre les fenêtres	Faire dix pompes
Je nourris le chat	
Je m'assois à table pour manger	
Etc.	

Maintenant, « accrochez » un des comportements de la colonne de droite à l'une de vos habitudes. La formule est la suivante :

Avant de / après avoir... (habitude actuelle)

Je ferai.................................. (comportement que vous voulez adopter)

Exemple : Après m'être lavé les dents, j'utilise le fil dentaire.

Avant de m'asseoir à table pour manger, je médite une minute.

QUELQUES HABITUDES QUE J'AI PRISES GRÂCE AUX SIGNAUX

Exprimer de la gratitude

En matière de bien-être psychologique, l'une des habitudes qui peuvent faire la plus grande différence consiste à exprimer sa gratitude. Les personnes qui ont tendance à voir le négatif (c'est-à-dire nous tous, pour une simple question d'instinct de conservation) ne se concentrent sur rien d'autre et placent au second plan tout ce qu'il existe de positif, comme si cela allait de soi.

Prendre l'habitude d'exprimer notre gratitude pour ce que nous avons déjà peut engendrer d'énormes bénéfices, mais aussi améliorer notre humeur et nous faire ressentir plus de bonheur. Une étude menée en 2003 par Emmons et McCullogh[6] a révélé comment un simple exercice de gratitude améliorait significativement le niveau de bonheur ressenti par les participants. Toutes les semaines pendant dix semaines, un groupe de personnes a dû mettre par écrit cinq évènements pour lesquels elles éprouvaient de la gratitude envers la vie. Le groupe de contrôle devait simplement lister cinq évènements par semaine. À la fin de l'étude, le premier groupe s'est avéré 25 % plus heureux que le deuxième. Des résultats similaires ont également été obtenus en 2005 par l'équipe de Martin Seligman[7], qui a observé les effets d'un exercice de gratitude simple durant six mois. Les participants se sont révélés plus heureux et moins sujets à la dépression que le groupe de contrôle, qui n'avait pas fait l'exercice.

Vu ces excellentes raisons de se mettre à la gratitude (une de mes toutes premières vidéos YouTube aborde justement le sujet), comment procéder pour en faire une habitude ?

Voilà comment je m'y suis pris.

[6] R. A. Emmons, M. E. McCullough, « Counting blessings versus burdens : An experimental investigation of gratitude and subjective well-being in daily life », *Journal of Personality and Social Psychology*, 84 (2), 2003, p. 377-389.

[7] M. E. Seligman, T. A. Steen, N. Park, C. Peterson, « Positive psychology progress : Empirical validation of interventions », *American Psycholgist*, 60 (5), 2005, p. 410-421.

Habitude n° 2 : ma gratitude

Mon vieux chat, Orazio, mangeait au moins trois fois par jour. Quand il avait faim, il venait près de moi et miaulait pour obtenir sa nourriture. Donc, trois fois par jour, je me levais et je lui ouvrais une boîte de pâtée. Tous les jours, sans réfléchir. J'ai donc décidé d'associer ce geste routinier à une nouvelle habitude de pensée avec laquelle je n'étais pas familier : me concentrer sur un évènement qui était advenu ce jour-là et me faisait éprouver de la gratitude.

Il peut s'agir d'évènements incroyables et inattendus, comme un nouvel emploi ou un compliment venu de quelqu'un que vous n'auriez jamais imaginé vous complimenter, mais aussi de petites situations que je trouve agréables, comme la caresse d'un rayon de soleil sur le visage ou le silence de la nuit, qui favorise ma concentration.

Augmenter sa conscience de l'instant

De plus en plus de professionnels évoquent la pleine conscience, ou *mindfulness* en anglais, une pratique qui aide à renouer avec ce qui nous entoure et à vivre de manière plus complète et attentive, en nous concentrant sur l'instant présent dans une attitude dénuée de tout jugement.

La pleine conscience consiste à concentrer son esprit sur le contexte présent, ici et maintenant, quelle que soit notre activité (prendre une douche, passer du temps avec un ami, manger un chocolat, faire la vaisselle...). On se connecte à ce qui nous entoure et on utilise ses sens pour vivre pleinement chaque expérience, en évitant de faire autre chose en même temps ou de laisser son attention errer vers le passé ou le futur.

LA PLEINE CONSCIENCE

> Dans son acception moderne, elle s'inspire d'un concept également présent dans la tradition bouddhiste.
> Elle a été incorporée à diverses pratiques psychothérapeutiques... mais c'est surtout un mode de vie.

Généralement, les êtres humains consacrent beaucoup de temps à penser au passé ou à l'avenir. Ils accomplissent les tâches quotidiennes tandis que leur esprit vagabonde.
Cependant, de récentes études ont montré que le fait de laisser son esprit divaguer est lié à l'insatisfaction. « Un esprit errant est un esprit malheureux[8]. »

En effet...

PASSÉ — PRÉSENT — FUTUR → vie

Quand notre esprit est dans le passé, il s'attarde généralement sur des émotions négatives, comme la colère ou le remords.

Quand il se tourne vers l'avenir, il voit souvent poindre l'anxiété et la peur.

> La pleine conscience, c'est vivre dans l'instant présent de manière consciente. Cela signifie choisir intentionnellement de diriger toute son attention vers ce qu'il se passe ici et maintenant, dans une attitude de curiosité et d'ouverture, sans aucun jugement.

Voici dix choses que les personnes cultivant la pleine conscience font différemment dans leur quotidien.

1. *Elles méditent.*
   On peut tout à fait être concentré sur l'instant présent sans méditer, mais les recherches sont toutes d'accord : la méditation est la méthode la plus efficace pour accroître sa présence à l'instant.

[8] M. K. Killingsworth, D. T. Gilbert, « A wandering mind is an unhappy mind », *Science*, 330 (6006), 2010, p. 932. Doi : 10.1126/science.1192439

2. *Elles transforment les tâches quotidiennes en moments de pleine conscience.*
   On peut vivre en pleine conscience en focalisant tout simplement son attention sur les activités quotidiennes, comme boire une tasse de thé ou prendre une douche.
3. *Elles respirent.*
   En concentrant son attention sur la respiration, on ne pense ni au futur ni au passé et le mental s'apaise.
4. *Elles font une chose à la fois.*
   Elles évitent d'être constamment en mode multitâche, dans un état d'attention éclatée. Elles prêtent attention à ce qu'elles font et vivent donc réellement le présent.
5. *Elles décident quand ne pas consulter leur téléphone.*
   Elles prennent la décision délibérée de ne pas l'utiliser à certaines occasions, par exemple en compagnie de personnes qui leur sont chères, et de ne pas commencer ou terminer la journée en consultant leurs mails.
6. *Elles prêtent attention à ce qu'elles introduisent dans leur corps.*
   Elles décident attentivement quels aliments consommer et elles se concentrent sur l'acte de manger à proprement parler, en prêtant attention aux goûts et aux sensations au lieu d'avaler distraitement pendant qu'elles sont plongées dans une autre activité.
7. *Elles s'accordent la possibilité d'éprouver des émotions.*
   Elles acceptent que les émotions positives et négatives et les pensées agréables et désagréables puissent aller et venir comme les vagues de l'océan.
8. *Elles jouent à n'importe quel âge.*
   Elles se perdent dans le jeu pour plonger totalement dans le « ici et maintenant », seul espace dans lequel il est possible de trouver le bonheur.
9. *Elles marchent en plein air.*
   Elles marchent en extérieur, dans des endroits calmes, pour mettre le cerveau dans un état d'« attention involontaire » qui unit attention et réflexion.
10. *Elles ne se prennent pas trop au sérieux.*
    Elles évitent de se laisser trop prendre par l'intensité émotive, en gardant le sens de l'humour dans les situations problématiques qui se présentent chaque jour.

Vivre de façon consciente présente plusieurs avantages, non seulement sur le plan émotif et psychologique, mais aussi du point de vue du bien-être physique. En effet, cela renforce le système immunitaire.

Alors, par où commencer ?

Habitude nº 3 : augmenter ma présence à l'instant

J'ai formulé mon premier pas dans cette direction ainsi : chaque fois que j'entre dans la cuisine, je touche le montant de la porte, et, pendant quelques secondes, j'essaie de regarder ce qui m'entoure d'un œil différent.

Durant ce laps de temps, je reprends contact avec la terre sur laquelle je me tiens, je prends conscience de la surface de bois sous mes doigts (est-elle lisse, rêche, froide, chaude… ?) et j'apprécie la lumière qui entre dans la pièce et l'air qui entre dans mes poumons.

Après avoir consolidé ce premier pas minuscule, mais décisif, vers une meilleure conscience de l'instant, j'ai réfléchi à d'autres étapes me permettant d'évoluer de 1 % en 1 %[9]. Par exemple, j'ai adopté un autre exercice le soir, avant de me coucher. Appelé « exercice des trois bruits », il consiste à prendre une ou deux minutes maximum pour se reconnecter au présent en essayant d'identifier un ensemble de bruits autour de soi : trois en dehors du bâtiment (la camionnette nettoyant la chaussée, le souffle du vent, les conversations à l'arrêt de tramway), trois dans le bâtiment (les ronronnements du chat, les craquements de l'armoire, l'ascenseur qui se déplace d'étage en étage) et trois dans son corps (les battements de mon cœur, les gargouillis de mon estomac, le son de ma respiration).

À partir du moment où vous trouverez quelques instants, vous aussi, pour adopter des pratiques brèves et peu coûteuses en temps et en effort, vous pourriez progressivement décider de

[9] Si vous souhaitez approfondir cette habitude, je vous renvoie vers *Les Bienfaits du silence* de Thich Nhat Hanh (traduit par Stéphanie Chaut, Courrier du Livre, Paris, 2015), qui m'a offert de nombreuses pistes à explorer.

poursuivre sur cette voie et finir par arriver à deux séances de quinze minutes de méditation à proprement parler par jour, une durant votre routine du matin et une durant votre routine du soir.

Les bienfaits de l'exercice physique

La sédentarisation croissante de la société contemporaine a des conséquences sur notre organisme. Même sans rentrer dans le sujet des effets secondaires, je pense qu'on devine aisément pourquoi il est utile de bouger davantage, en maintenant nos muscles bien entraînés. On peut même aller plus loin : l'activité physique a des effets surprenants sur le bien-être psychologique et les prestations mentales. Des recherches ont indiqué que le mouvement est un puissant instrument pour améliorer l'humeur[10], réduire le stress[11] et atténuer les états anxieux et dépressifs. Une étude réunissant trente-neuf recherches indépendantes, et portant sur plus de deux mille personnes, a, par exemple, prouvé scientifiquement que l'exercice peut légèrement soulager la dépression[12]. Bien sûr, cela ne constitue pas un traitement, mais c'est une aide. L'activité physique s'est également révélée en mesure de réduire l'inquiétude[13]. Une étude menée par Ahlskog et ses collègues[14] en 2011 a même montré que l'exercice peut contribuer à prévenir l'apparition de la démence et est associé à une moindre fréquence de problèmes cognitifs divers, ainsi qu'à une meilleure mémoire, chez les sujets d'âge mûr.

[10] R. E. Thayer, J. R. Newman, T. M. McClain, « Self-regulation of mood : Strategies for changing a bad mood, raising energy, and reducing tension », *Journal of Personality and Social Psychology*, 67 (5), 1994, p. 910-925.

[11] T. J. Schoenfeld, P. Rada, P. R. Pieruzzini, B. Hsueh, E. Gould, « Physical exercise prevents stress-induced activation of granule neurons and enhances local inhibitory mechanisms in the dentate gyrus », *The Journal of Neuroscience*, 33 (18), 2013, p. 7770-7777.

[12] G. M. Cooney, K. Dwan, C. A. Greig, D. A. Lawlor, J. Rimer, F. R. Waugh, M. McMurdo, G. E. Mead, « Exercise for depression », *Cochrane Database Syst Rev*, 9, 2013.

[13] J. C. Smith, « Effects of emotional exposure on state anxiety after acute exercise », *Medicine and Science in Sports and Exercise*, 45 (2), 2013, p. 372-378.

[14] J. E. Ahlskog, Y. E. Geda, N. R. Graff-Radford, R. C. Petersen, « Physical exercise as a preventive or disease-modifying treatment of dementia and brain aging », *Mayo Clinic Proceedings*, 86 (9), 2011, p. 876-884.

Pour ce qui est des prestations cognitives, l'exercice physique peut améliorer la mémoire de travail et consolider la mémoire à long terme. La mémoire de travail est responsable du stockage temporaire et de la première manipulation de l'information entrée dans notre cerveau. Tout ce que contient notre esprit, et toutes les opérations mentales que nous menons en cet instant même, sont (aussi) de son fait. Il a été démontré qu'elle s'améliore après trente minutes d'exercice physique[15]. En ce qui concerne la mémoire à long terme, une étude a récemment montré que l'exercice à faible intensité peut effectivement améliorer notre capacité à retenir des informations pendant longtemps[16].

Dans son livre *The Joy of Movement*[17], Kelly McGonigal, psychologue du bien-être et vulgarisatrice américaine que j'aime beaucoup, passe en revue tous les bienfaits de l'exercice physique. Elle souligne aussi que les personnes pratiquant une activité régulière sont plus heureuses et satisfaites de leur vie que celles menant une existence sédentaire. En outre, elles éprouvent plus fortement la sensation d'avoir un objectif et ressentent plus de gratitude, d'amour et d'espoir, et elles sont plus liées à leur communauté, plus optimistes et plus courageuses.

Pas mal, non ? Alors, comment faire pour prendre l'habitude de faire plus de mouvement, que ce soit en pratiquant un sport ou en marchant simplement plus ?

Habitude n° 4 : faire plus de mouvement physique

J'aborderai mon parcours personnel en matière d'exercice plus en détail à la fin de cet ouvrage, mais je voudrais déjà vous donner un aperçu de la manière dont, après avoir réfléchi aux

[15] T. McMorris, J. Sproule, A. Turner, B. J. Hale, « Acute, intermediate intensity exercise, and speed and accuracy in working memory tasks : a meta-analytical comparison of effects », *Physiology & Behavior*, 102 (3-4), 2011, p. 421-428.

[16] M. Schmidt-Kassow, M. Deusser, C. Thiel, S. Otterbein, C. Montag, M. Reuter, W. Banzer, J. Kaiser, « Physical exercise during encoding improves vocabulary learning in young female adults : A neuroendocrinological study », *PLOS ONE*, 8 (5), 2013.

[17] K. McGonigal, *The Joy of Movement : How exercise helps us find happiness, hope, connection, and courage*, Avery, New York, 2019.

marges de progression de 1 % dont je disposais, j'ai travaillé sur les signaux.

Étant donné que je vis au cinquième étage, j'ai pensé à un signal m'aidant à prendre les escaliers plutôt que l'ascenseur. Conformément à l'exercice que je vous ai proposé, la formulation que j'ai utilisée était la suivante : « chaque fois que j'appuie sur le bouton pour appeler l'ascenseur, je me souviens que je pourrais prendre l'escalier. »

Au début, je n'ai eu recours à cette technique que pour descendre, un effort limité qui me semblait, tout compte fait, gérable. En peu de temps, descendre cinq étages tous les jours est devenu un jeu, qu'il m'arrive même de partager avec mes enfants. En outre, le fait d'activer mon corps, même de manière limitée, libère des endorphines, me met de bonne humeur et me donne un « coup de fouet » pour affronter la journée. Bien sûr, cinq étages d'escaliers ne sauraient résoudre tous les problèmes de mémoire, de bonheur et de sédentarité, mais chercher un premier pas, petit mais important, pour renforcer votre exercice physique jouera en votre faveur, et vous pourrez ensuite l'entretenir.

Habitude n° 5 : valeurs et éducation des enfants

J'ai trois enfants. Avec eux, j'ai appris que l'éducation est un processus complexe, qui implique de multiples facteurs que je n'ai pas la possibilité d'approfondir ici.

Parmi les ingrédients de la recette « idéale », les règles et les valeurs que nous leur transmettons jouent un rôle fondamental, tout comme les mots que nous répétons fréquemment et notre ton de voix[18]. J'ai donc pensé aux trois choses que je voudrais que mes enfants n'oublient jamais et qu'il me semble utile de leur répéter quotidiennement.

[18] Il est clair que les valeurs se transmettent principalement par l'exemple, mais répéter et expliquer les choses qui comptent pour vous a aussi son importance pour mettre en relief et verbaliser ce qui a été fait.

Voilà comment j'ai procédé. Chaque soir, quand j'éteins la lumière dans leur chambre après avoir lu une histoire (signal), je leur rappelle les trois règles de Papa :

- règle n° 1 : quoi que tu fasses, fais tout ton possible pour bien faire ;
- règle n° 2 : si ça devient difficile mais que tu y tiens, ne baisse pas les bras ;
- règle n° 3 : souviens-toi que Papa t'aimera toujours.

Après avoir répété ces règles plusieurs fois, j'ai constaté avec amusement qu'ils réfléchissaient, eux aussi, aux règles qu'ils voulaient me donner. Ainsi, Giacomo énonce parfois les siennes :

- règle n° 1 : quand je te dis que je te déteste, ce n'est pas vraiment vrai ;
- règle n° 2 : je t'aime.

MEMENTO MORI

De nombreuses personnes estiment que la vie est courte. Sénèque affirmait que nous n'avions pas peu de temps à disposition, mais que nous en dispersions beaucoup. Si on emploie bien son temps, en effet, la vie est assez longue pour accomplir de grandes et belles choses.
Je me retrouve beaucoup dans la pensée de Sénèque et j'ai longtemps cherché une habitude à prendre pour employer au mieux le temps qui m'est donné chaque jour, un problème que nous sommes nombreux à connaître. Imaginez que vous vous levez, chaque matin, avec 86 400 euros sur votre compte de banque. Ils disparaîtront à minuit, que vous les ayez dépensés ou non. Le lendemain, vous commencez une nouvelle journée avec 86 400 euros. Que feriez-vous de cette somme ? Eh bien, 86 400 secondes sont déposées sur le compte courant de votre vie chaque jour. En fin de journée, elles se sont toutes écoulées et vous en obtenez autant pour le lendemain. S'il s'agissait d'argent, nous n'en gaspillerons pas le moindre centime, tandis que nous utilisons les secondes avec superficialité. Pourquoi ?

Malheureusement, le temps est gratuit, et nous avons donc tendance à ne pas lui accorder de valeur, comme si c'était une évidence, alors que sa valeur est inestimable. Durant l'Antiquité, on disait « memento mori », « souviens-toi que tu dois mourir ». Bien que la plupart d'entre nous soient d'accord pour estimer que la mort est un sujet antipathique et délicat que notre culture moderne a rendu tabou en l'occultant ou en l'évitant de diverses façons, récupérer notre rapport avec la dimension de la mort nous rapproche de la vie, en nous aidant à employer notre temps de manière plus consciente et utile.

Les sages et les puissants de l'Antiquité plaçaient dans leurs demeures des totems portant les mots « memento mori », ou bien ils se les faisaient tatouer sur la peau ou graver sur des colliers ou des anneaux. En somme, ils utilisaient, eux aussi, des signaux orientant le mental dans la direction qui les intéressait.

Nous pouvons, nous aussi, nous inspirer de cette leçon. J'ai toujours sur moi une pièce de monnaie portant l'inscription « Memento mori ». Quand je fouille dans mes poches et que je tombe dessus, je prends conscience que j'ai une « date limite » et que je dois faire mon possible pour ne pas gâcher ma vie. Je ne crois pas qu'il soit morbide de penser souvent à la mort. Bien au contraire, il me semble naïf de ne pas le faire.

Je suis très reconnaissant envers cette habitude, car elle m'offre des perspectives et me place face aux urgences réelles en m'aidant à traiter le temps comme un don. Je partage la pensée de Sénèque : la vie que nous recevons n'est pas brève, mais beaucoup d'entre nous la rendent ainsi. Nous avons tous vingt-quatre heures à dépenser par jour. La pièce que j'emporte avec moi m'aide à le faire de la meilleure manière possible, car elle sert de signal pour déclencher une pensée utile pour affronter le quotidien au mieux[19].

---

[19] On me demande souvent où trouver cette pièce. La vérité est qu'il existe une solution ne coûtant rien : écrire « Memento mori » sur un papier et le coller dans son porte-monnaie. Si vous souhaitez vous procurer mon modèle en particulier, vous pouvez le trouver sur www.mementovita.it.

TROUVEZ VOS SIGNAUX

Les exemples que j'ai proposés jusqu'ici n'ont qu'une valeur indicative : ce qui fonctionne pour moi, dans mon système composé de mes signaux et mes valeurs, ne fonctionnera pas forcément pour vous.

Le conseil que je vous donne est d'analyser votre routine actuelle et de réfléchir à l'organisation de votre journée, de manière à créer un système véritablement efficace pour vous.

Si vous avez l'habitude de boire du café, vous pourriez méditer pendant que vous tournez la cuillère dans votre tasse. Si c'est vous qui refaites les lits à la maison le matin, ce moment pourrait être le bon pour exprimer votre gratitude. Si vous êtes du genre sédentaire et passez beaucoup de temps devant la télé, vous pourriez décider de faire quelques abdos à chaque coupure publicitaire.

À une époque, j'avais l'impulsion, dès que je me réveillais, de me précipiter sur mon téléphone, que je gardais sur la table de chevet. J'ai appris à exploiter le signal qui activait en moi un comportement négatif (allumer mon téléphone et vérifier mes mails) comme un signal déclenchant ce que je voulais faire régulièrement : penser aux choses importantes à faire durant la première partie de la journée. Donc, dès que je me réveillais et que je ressentais l'envie d'allumer mon smartphone, je me disais : « Tu ne pourras le faire que lorsque tu auras pensé aux choses importantes pour toi aujourd'hui. » Résultat : après m'être concentré sur les priorités, il m'arrivait souvent de ne plus perdre de temps sur le téléphone mais de me lancer dans autre chose.

Notre quotidien est empli de signaux qui, s'ils sont bien exploités, peuvent nous aider à accomplir des actions déterminantes pour obtenir les résultats auxquels nous tenons dans notre vie.

Attention, toutefois : les signaux que nous allons placer dans notre environnement ne doivent pas déclencher un comportement quelconque, mais une action tellement simple qu'on ne peut y renoncer. Je vous en dirai plus dans le prochain chapitre.

Des idées pour signaux

Plus j'ai approfondi la science des habitudes, plus je me suis rendu compte que les signaux sont un levier puissant non seulement pour nous pousser à appliquer les comportements que nous estimons stratégiques, mais aussi pour rappeler à notre esprit certaines idées utiles à notre croissance, notre bien-être et notre bonheur.
N'importe laquelle de nos actions repose sur une idée. Certaines idées sont utiles pour déployer des comportements vertueux, tandis que d'autres font ressortir le pire en nous.
Peut-être que je fume beaucoup parce que j'ai dans l'idée que cela me rend « cool » aux yeux de mes amis. Si je changeais d'avis et pensais plutôt que le meilleur moyen d'être « cool » est d'être en forme et musclé, peut-être que j'irais plus naturellement à la salle trois fois par semaine.
Au fond, les idées auxquelles nous adhérons influencent constamment ce que nous faisons et donc les résultats que nous récolterons au cours de notre vie.
Nous avons tous un restaurant ou un plat préféré, mais peu de personnes réfléchissent aux penseurs qui leur sont les plus chers ou aux idées capables d'allumer leur enthousiasme.

Au cours des dernières années, j'ai beaucoup réfléchi à la question et j'ai créé un ensemble de pense-bêtes visuels de différentes formes et tailles. Plusieurs fois par jour, ils ramènent mon attention sur des idées que je voudrais ne jamais oublier, car elles sont précieuses pour ma vie et mon travail. La pièce de monnaie « Memento mori » en fait partie. Voici quelques autres exemples.

- *Bracelets ornés de maximes :* j'en ai déjà parlé au début de ce chapitre. Mes collaborateurs et moi portons ces bracelets pour nous souvenir d'être de meilleures personnes et de meilleurs professionnels et nous changeons les phrases régulièrement. Les tatouages peuvent jouer le même rôle, mais le bracelet a un avantage : il suffit de le retirer si vous vous êtes lassé du message ou en avez trouvé un autre plus adapté.
- *Mentions sur les murs :* à l'occasion de travaux, j'ai fait peindre sur les murs de mes locaux quelques-unes des phrases qu'il me semblait utile de rappeler à mes collaborateurs et moi-même. Ce sont des concepts en lesquels nous croyons tous. Non seulement ils font de notre espace de travail un lieu unique, mais ils augmentent aussi notre sentiment

d'appartenance. Pour décliner ce concept, il est aussi possible d'accrocher des affiches, ce qui vous évite de faire venir un professionnel du bâtiment. On peut acheter des affiches toutes faites en ligne ou bien, comme nous l'avons fait plus d'une fois, en faire créer une personnalisée par un illustrateur que vous appréciez.

- *Un bloc de maximes :* ces ouvrages proposent parfois de détacher les pages portant les idées qui vous inspirent le plus et de les placer dans un lieu où elles seront accessibles au quotidien : sur le frigo à l'aide d'un aimant, dans votre porte-monnaie, sur le mur du bureau. Vous disposez ainsi de signaux à disséminer dans votre environnement. Vous pouvez aussi offrir à quelqu'un la maxime que vous avez détachée si vous pensez qu'elle pourrait lui être utile. Vous participez ainsi à la diffusion d'idées « salvatrices ».

Je vous invite donc à vous interroger sur les idées qui vous font du bien et à trouver un moyen de les valoriser dans l'environnement qui vous entoure. Que diriez-vous de les faire imprimer sur la tasse que vous utilisez au petit-déjeuner ? Ou de faire personnaliser des stylos, un porte-clés, un t-shirt ou une simple note adhésive à coller quelque part ? Comme toujours, je ne peux pas vous dire ce qui fait pour vous, mais je vous recommande de faire des essais et de jouer avec l'outil des signaux pour voir si vous pouvez en tirer un bénéfice et comment.

LES HABITUDES DE REMPLISSAGE

Dans l'exercice 5 (page 97), je vous ai demandé d'insérer dans le tableau les actions que vous accomplissez tous les jours, automatiquement, afin de les utiliser comme signaux auxquels « accrocher » les nouveaux comportements qui vous intéressent.

J'imagine, toutefois, que votre journée, comme la mienne, comporte aussi des temps morts, des créneaux durant lesquels vous n'avez pas d'activité particulière. Il s'agit essentiellement du temps qui s'écoule entre deux tâches, par exemple entre deux réunions ou quand on fait la queue après avoir terminé les courses. Parfois, on est effectivement occupé, mais à des tâches qui nous semblent peu significatives, comme le ménage ou le repassage, et on a l'impression de perdre son temps.

Mais avec les habitudes « de remplissage », ces temps morts peuvent revenir à la vie : ils deviennent le signal pour activer un comportement qui est important pour nous.

Prenons quelques exemples. Pendant que votre véhicule est ralenti par la circulation, vous écoutez un livre audio qui vous apporte de nouvelles informations. Le temps que vous gâcheriez à ne rien faire ou à pester après les embouteillages, vous l'utilisez pour parfaire vos connaissances. Si vous prenez le taxi ou le métro, vous pouvez lire un livre ou téléphoner à votre mère ou à une autre personne que vous aimez et passer quelques minutes en sa compagnie au lieu d'aller sur les réseaux sociaux. En repassant, vous écoutez une émission en anglais pour améliorer votre prononciation. En faisant la vaisselle, vous exercez votre présence à l'instant. Et ainsi de suite.

Pour vous familiariser avec les habitudes de remplissage, je vous conseille de prêter attention aux temps morts sur les vingt-quatre heures que compte votre journée. Pendant une semaine, notez les moments durant lesquels vous n'avez rien à faire ou avez l'impression de gâcher votre temps. Puis élaborez une version « mini » des habitudes que vous voudriez prendre. Supposons que vous vouliez méditer, par exemple, et que vous vous rendiez compte que vous disposez de deux temps morts deux fois par semaine, lorsque vous faites dix minutes de métro pour aller chez le kiné. Excellent : profitez-en pour vous plonger dans une courte pratique méditative.

Les habitudes de remplissage nous permettent de décupler notre croissance, en valorisant le temps à notre disposition. Prenez garde de ne pas en abuser, toutefois : les temps morts, en effet, peuvent aussi avoir leur utilité, étant donné qu'ils nous obligent à rester dans le présent et nous apprennent à accepter l'ennui, qui est l'un des moteurs de la créativité. Utilisez-les donc intelligemment.

5
Tellement simple qu'on ne peut pas dire non

COMMENT SIMPLIFIER LE COMPORTEMENT

Après avoir travaillé sur les signaux, nous pouvons nous concentrer sur l'action à proprement parler, la deuxième étape du cercle des habitudes. Le signal nous indique quoi faire, mais il n'a aucune utilité si nous n'entreprenons pas l'action. Pour cela, elle doit, idéalement, être plus facile que la pensée. Plus l'action souhaitée demande d'efforts, en effet, moins il est probable qu'elle se produise.

**L'ACTION DOIT ÊTRE
PLUS FACILE QUE LA PENSÉE**

En particulier, nous devons apprendre à rendre un comportement si simple et si peu traumatique qu'il est impossible de lui dire non.

Cette idée a été proposée, à l'origine, par le psychologue B. J. Fogg[1], qui a remarqué que les comportements, comme les habitudes, ont une chimie qui leur est propre, que chacun peut connaître et exploiter à son avantage.

Imaginez que vous disposez de deux allumettes. La première fait une taille tout à fait normale, l'autre fait la taille d'un tronc. Si vous voulez allumer la première, il ne suffit pas de souhaiter qu'elle prenne feu : il faut appliquer un certain niveau d'énergie

[1] Pour mieux connaître la méthode de B. J. Fogg, je vous conseille de visiter le site www.foggmethod.com, disponible en anglais.

sur le bâtonnet afin que le soufre produise une flamme. Il s'agit d'un effort minime, mais c'est grâce à lui que l'allumette brûle.

Maintenant, passons à la deuxième allumette. L'énergie nécessaire pour mettre le feu à un tronc d'arbre sera bien supérieure et nous devrons déployer tellement d'efforts que nous finirons probablement par baisser les bras, ayant l'impression que nous sommes incapables d'y arriver. Si nous voulions jouer les MacGyver, toutefois, nous pourrions changer de stratégie et privilégier une approche ingénieuse : allumer la petite allumette avec un effort modeste, puis protéger sa flamme avec un peu d'attention et de patience afin qu'elle se maintienne dans le temps, puis mettre le feu au tronc, générant ainsi une flamme nettement plus grande et puissante.

La logique qui sous-tend cette opération est celle que nous devons utiliser quand nous voulons adopter de nouveaux comportements et les transformer en habitudes.

Tout comme nous ne devons pas, dans un premier temps, nous efforcer d'allumer la grande allumette, mais obtenir et entretenir une petite étincelle, nous ne devons pas commencer par l'idée de courir quarante-cinq minutes par jour, mais plutôt de faire cinq minutes d'échauffement.

DE PETITES ACTIONS DEMANDENT DE PETITS EFFORTS DE VOLONTÉ

Dans le processus d'adoption de nouvelles habitudes, nous devons commencer à raisonner en fonction de la méthode 1 %. En d'autres termes, nous devons nous employer à allumer seulement la petite allumette. Tout comportement ou action demande une énergie d'activation précise : il faut nettement moins d'énergie pour faire une pompe que pour en faire cent. Plus l'habitude est grande et plus il nous faudra d'énergie pour l'adopter ; par conséquent, nous devons commencer par les petites habitudes et nous concentrer sur ce qui demande moins de force de volonté.

À cette étape, demandez-vous comment simplifier votre habitude, quelle qu'elle soit. Pour vous donner quelques pistes, je vous propose d'évaluer les six facteurs de simplification suivants, qui ont été proposés par B. J. Fogg. Pouvez-vous les appliquer à votre situation ? Si oui, comment ?

1. Réduire le temps

Le temps est la ressource la plus précieuse à notre disposition. On dit souvent que « le temps, c'est de l'argent », mais il a en réalité bien plus de valeur que cela. En effet, on peut cumuler de l'argent et augmenter sa richesse au cours de la vie, mais il n'en va pas de même pour le temps. Les minutes passent à la même vitesse pour tous ; on ne peut ni les arrêter, ni les congeler, ni les faire augmenter. En outre, notre esprit est paresseux face à une tâche très chronophage. Il se décourage et a tendance à la renvoyer à plus tard – une manière comme une autre pour ne pas agir. Concrètement, je n'essaie même pas de faire le ménage de fond en comble dans toute la maison, tandis que j'ai des chances de réussir à ranger simplement mon bureau. Si mon objectif est de courir durant soixante minutes, je ne mets pas un orteil dehors. Si, par contre, je compte simplement faire dix minutes d'étirements ou une minute de course, je suis plus enclin à l'action. Dans un cas comme dans l'autre, cela est dû au fait que le comportement visé prend peu de temps.

En somme, si vous voulez rendre un comportement « tellement simple qu'on ne peut pas lui dire non », essayez de travailler afin que le temps nécessaire à faire le premier pas soit infime.

DÉLAIS BREFS, ACHATS FACILES

Les grands sites de vente sur Internet vont tous dans la même direction : simplifier la démarche en ligne pour rendre les achats les plus rapides possibles. Les informaticiens et les développeurs qui étudient l'expérience de navigation savent bien que l'utilisateur a tendance à quitter la page (et donc à laisser tomber son achat) si on lui demande des actions trop gourmandes en temps. Le système de commande en un clic d'Amazon permet d'acquérir n'importe quel objet dans des temps très brefs et avec très peu d'étapes, et nous pouvons tous constater le succès du colosse Jeff Bezos. Pensez aussi aux séries Netflix : à la fin du premier épisode, le deuxième se déclenche automatiquement et, si vous ne prenez pas la situation en main, vous risquez de passer la nuit devant votre écran.

Si vous voulez simplifier votre action, essayez de la rendre plus rapide et donc plus accessible. Passer le fil dentaire sur l'ensemble de la mâchoire est décourageant, mais l'utiliser seulement entre deux dents est faisable ; écrire les trois objectifs de la journée demande plus de temps que d'en identifier un seul ; ajouter quelques lignes au roman que vous écrivez est plus simple que de prendre votre stylo en main dans l'idée de rédiger un chapitre entier. À l'inverse, vous devrez faire en sorte qu'un comportement prenne plus de temps si vous voulez vous en libérer : on attrape le paquet de cigarettes d'un geste s'il est sur la table, tandis qu'on y réfléchit à deux fois s'il est dans le parking au deuxième sous-sol.

Demandez-vous pourquoi il faut faire trente minutes de queue pour demander le remboursement d'un billet de train. Les clients renonceraient-ils plus facilement ?

2. *Réduire les coûts*

L'argent ne fait peut-être pas le poids du temps, mais il est indéniable que beaucoup de personnes prêtent aujourd'hui une grande attention à la dimension économique, ce qui a aussi des répercussions sur les modalités de structuration des habitudes. Si le comportement que je souhaite adopter a un coût financier très élevé, cela peut constituer un obstacle de taille. Voilà pourquoi il convient de tourner le facteur économique en sa faveur lorsque cela est possible.

Prenons un exemple : vous voulez changer d'alimentation et manger uniquement des légumes et de la viande bio. Vous serez vite confronté au prix élevé de ces aliments et cela pourrait vous dissuader d'adopter ce type d'alimentation ou bien compliquer son maintien sur le long terme. Pour contourner au moins partiellement le paramètre du coût, qui freine l'adoption de votre habitude, vous pourriez vous adresser à une Association pour le maintien d'une agriculture paysanne (AMAP[2]) qui vous permettra de réaliser des économies.

Les soldes constituent un exemple emblématique de facilitation du facteur coût ; leur succès est dû au fait que le comportement d'achat est plus simple. Certains commerçants essaient de dépasser l'aspect dissuasif d'un prix élevé en proposant des paiements échelonnés ou une réduction significative sur la première acquisition. D'autres affichent des tarifs élevés pour inciter à l'achat lors de promotions particulièrement intéressantes. Netflix fonde son modèle commercial sur un prix d'entrée très bas (huit euros par mois) donnant accès à un vaste catalogue de films, de documentaires, de dessins animés et de séries.

Une autre stratégie marketing consiste à offrir un cadeau à l'occasion d'une vente.

Tout comme les autres facteurs, le coût peut aussi être utilisé pour décourager certaines actions. Si les balles d'arme à feu coûtaient cinq mille dollars, combien de morts y aurait-il en moins dans le monde ? Si j'instaurais une nouvelle règle imposant aux collaborateurs en retard de plus de quinze minutes de verser dix euros dans la caisse commune dédiée aux soirées entre collègues, combien de retards en moins y aurait-il ?

Par conséquent, pensez au facteur argent si vous voulez simplifier (et donc soutenir) ou complexifier (et donc décourager) un comportement donné et demandez-vous comment vous pouvez l'exploiter à votre avantage.

3. Réduire l'effort physique

Quiconque a déjà essayé, ne serait-ce qu'une fois dans sa vie, de se mettre à l'exercice physique a buté sur cet élément – n'importe lequel d'entre nous, donc.

[2] L'AMAP réunissant de nombreux membres en une seule et même commande collective, le producteur peut baisser le prix unitaire de sa production.

Comme nous l'avons déjà vu, il est difficile de maintenir un nouveau comportement si un grand effort est nécessaire pour l'adopter. Si le matin, dès que le réveil sonne, j'envisage d'aller à la salle de sport pendant deux heures pour faire de la muscu, courir et enchaîner les abdos, il est très probable que je me décourage et laisse immédiatement tomber. Si, en revanche, je songe à m'installer dans la partie spa pour profiter du sauna et du jacuzzi, il est plus probable que j'y aille et que je réussisse même à faire une demi-heure de tapis roulant une fois que j'y serai. En pensant à l'espace détente, je réussis à adopter le comportement que je me suis donné comme objectif : sortir de chez moi et aller à la salle. Une fois sur place, entouré de gens qui font du sport, il sera plus facile de m'entraîner. Quand j'aurai pris l'habitude de faire un abdo par jour, passer à deux – puis trois, cinq, dix, vingt – sera beaucoup plus simple.

Attention, je ne dis pas que le sacrifice et l'effort physique ne sont pas des valeurs importantes à cultiver dans la vie. Toutefois, il est plus utile d'avancer par petites étapes si nous voulons vraiment atteindre notre objectif ; nous éviterons ainsi de nous arrêter après quelques pas et de ne jamais arriver à destination.

Si le comportement que vous voulez adopter ou faire accepter aux autres demande un effort physique, demandez-vous donc comment modifier cette contrainte à votre avantage. Si vous voulez, au contraire, décourager un comportement donné, essayez de le rendre plus compliqué musculairement. En travaillant avec des entreprises luttant contre les accidents du travail, j'ai par exemple remarqué qu'il suffit de sélectionner un matériau très lourd pour dissuader le personnel d'une usine d'ouvrir la porte d'un équipement dangereux. Une simple porte exigeant un exercice physique accru peut ainsi devenir un obstacle et protéger la vie de nombreux collaborateurs.

4. Réduire l'effort mental

Lorsque l'effort mental nécessaire pour enclencher le nouveau comportement à adopter est modeste, nous nous trouvons face à un élément facilitateur. Dans le cas contraire, il peut être dissuasif.

Par exemple, il arrive d'entrer dans un état de confusion et d'indécision face à une nouvelle tâche. On se pose de nombreuses questions : « Par où vaut-il mieux commencer ? », « Combien de temps va-t-il me falloir pour arriver au bout ? » ou encore « Comment dois-je organiser le travail ? ». Toutes ces réflexions peuvent demander un tel effort que cela joue un rôle de poids dans la décision finale d'entreprendre ou non l'activité.

Ou bien, pour prendre un exemple très ordinaire mais concret, pensons à l'installation d'un siège pour bébé dans la voiture, opération qui peut se révéler un jeu d'enfants ou un véritable calvaire selon la conception exacte de l'objet. Si je suis tout de suite certain que je serai en mesure d'installer un certain modèle en toute sécurité en deux temps, trois mouvements, j'aurai beaucoup plus envie de l'acheter, car l'effort mental demandé est insignifiant.

Pour mettre en place un comportement, il est donc nécessaire de réduire l'effort mental qui y est associé. Personnellement, j'ai eu recours à un stratagème qui m'a beaucoup aidé : j'ai créé une sorte de protocole à respecter jour après jour. Mon objectif était de consacrer une heure tous les matins, dès que je me lève, aux actions qui comptent pour moi mais que je ne sais pas où caser dans des journées bien chargées. J'ai donc ébauché une liste : cinq minutes de méditation, vingt minutes d'exercice physique, vingt minutes d'écriture et quinze minutes de lecture. Ce protocole a joué le rôle de facilitateur. Le matin, il m'épargne l'effort mental de réfléchir à ce que je dois faire et par où je dois commencer, et je n'ai plus qu'à me concentrer sur les actions à accomplir.

5. Avoir le consensus social

Il est plus difficile de se consacrer à une activité peu reconnue par la société dans laquelle nous évoluons, tandis que cela est plus facile si l'action est bien acceptée, voire va de soi dans notre environnement social. Un de mes patients souhaitait se rendre au bureau à vélo, mais il avait honte de le faire, car il pensait que cela serait considéré comme bizarre. Quand il a découvert que d'autres collègues venaient à vélo, il en a pris l'habitude, lui aussi.

Lorsque vous sentez qu'un comportement est peu approuvé par votre entourage, demandez-vous ce que vous pouvez faire pour diminuer cette pression sociale. À l'inverse, essayez d'obtenir l'effet opposé si vous voulez entraver une action. Il y a quelques années, certains États des États-Unis ont lancé des campagnes sociales très agressives à l'encontre des fumeurs ; il était interdit de fumer dans les appartements et les fumeurs devaient donc sortir se griller une cigarette dans la rue, où ils étaient exposés aux regards désapprobateurs des passants en raison de leur dépendance.

À la longue, pensez-vous que vous fumeriez plus ou moins dans un tel contexte ?

6. S'appuyer sur une action routinière

Adopter une habitude entièrement nouvelle est beaucoup plus difficile que d'en mettre en pratique une qui fait déjà partie de nous. Si une action routinière est déjà là, nous pouvons concentrer nos efforts sur le fait d'augmenter son intensité. Si je repense à la première fois que j'ai créé et publié une vidéo sur YouTube, je me souviens d'un effort colossal. Le processus n'avait rien de routinier et j'étais assailli de doutes sur la pertinence de ma démarche. Une fois que j'ai dépassé cette barrière mentale et que je me suis familiarisé avec ce comportement, la situation s'est inversée, les difficultés se sont aplanies et je n'ai plus eu besoin de travailler sur la création de vidéos, mais sur l'idée d'en faire *de plus en plus.* J'ai commencé en publiant une vidéo par mois, puis une par semaine. À présent, une nouvelle vidéo sort chaque jour à 14 heures.

Si nous n'avons aucune base pour l'habitude qui nous intéresse, nous devons adopter une stratégie différente.

Dans mon cas, par exemple, exprimer ma gratitude m'était étranger. Pour me faciliter la tâche, j'ai lié cette nouveauté à un comportement routinier (nourrir mon chat Orazio, comme je l'ai déjà dit).

Pour rendre une nouvelle action habituelle, on peut donc la simplifier en la liant à une action qu'on accomplit quotidiennement. Quand j'enfile les clés dans la serrure du bureau, je pense à un compliment à adresser à mes collaborateurs. Quand je me plains à cause d'une occasion manquée, j'imagine les opportunités qui pourraient découler de cet incident de parcours. L'exercice du chapitre précédent, « Paramétrez les signaux », vous fournira plusieurs pistes pour donner la bonne impulsion à vos expériences en ce sens.

Le meilleur moment

Le moment de la journée auquel nous décidons d'accomplir une action donnée peut aussi nous aider à la rendre plus simple ou plus complexe. En effet, nous sommes plus énergiques, frais et dispos durant certains créneaux, comme le matin. Il peut alors être plus simple de se pencher sur un certain comportement, qui pourrait sembler plus difficile et fatigant juste avant le coucher ou à la fin de la journée de travail.

Quand la psychothérapie constituait mon activité principale, je devais m'occuper de mes factures tous les mois, chose que je trouvais fastidieuse et ennuyeuse. M'y mettre le matin, comme première mission de la journée, me permettait d'être plus concentré et de tout boucler plus rapidement ; m'en occuper le soir, quand j'étais vidé après une journée fatigante, me demandait beaucoup plus de force de volonté et je risquais de ne pas le faire. Vous pouvez aussi placer en début de journée les activités créatives. Dans mon cas, il s'agit de la rédaction des scripts de mes vidéos, une tâche qui demande beaucoup de concentration et dont je viens difficilement à bout si je ne suis pas en pleine possession de mes moyens.

Mal choisir le moment de la journée peut être risqué, non seulement pour vos résultats, mais aussi pour votre estime de vous-même. À partir du moment où l'on rencontre des difficultés pour faire quelque chose, on peut supposer qu'on en est incapable, alors qu'on a simplement raté le bon créneau. Si vous voulez soutenir un comportement à l'aune de ce paramètre, essayez donc, si possible, de le programmer à un moment de la journée où vous avez beaucoup d'énergie plutôt que quand l'épuisement vous guette[3].

EXERCICE N° 6 : SIMPLIFIEZ ET COMPLEXIFIEZ

Repensez à l'action que vous voulez transformer en habitude et analysez-la sous l'angle des six facteurs de simplification afin de bien appréhender ses points forts et faibles. Que pouvez-vous simplifier ? Comment ? Sur quoi, au contraire, ne pouvez-vous pas intervenir ? Pensez ensuite à une action que vous voulez éloigner de vos comportements et essayez d'imaginer comment la rendre plus difficile à accomplir. Complexifiez-la en déclinant ces six mêmes facteurs, mais dans l'objectif inverse.

UNE VIDÉO PAR JOUR

Supposons que vous vouliez prendre l'habitude de créer et publier une vidéo par jour pour parler de votre travail et votre profession, en vue d'intercepter des clients potentiels pour votre activité.

Si vous analysiez ce comportement en fonction des six facteurs de simplification, vous pourriez vous rendre compte qu'il s'agit d'un effort mental important, mais que le facteur argent n'est pas un problème. Vous pourriez alors décider de rémunérer quelqu'un pour s'occuper de la phase de montage à votre place ou pour installer le décor chez vous, de telle sorte que vous n'auriez plus qu'à vous installer et commencer à parler.

Le facteur le plus bloquant serait probablement l'idée d'afficher votre visage sur les réseaux sociaux (consensus social). Une fois cet obstacle identifié, vous pourriez concevoir une stratégie

[3] Si vous souhaitez approfondir le sujet fascinant du « timing », je vous recommande l'ouvrage de Daniel H. Pink, *Le bon moment. La science du parfait timing*, traduit par Hélène Florea, Flammarion, Paris, 2019.

pour vous aider à le surmonter. Personnellement, j'ai commencé par produire des vidéos dans lesquelles on ne voyait que mes diapositives, par-dessus lesquelles j'enregistrais ma voix. Puis je suis passé aux interviews ; je pouvais ainsi me familiariser avec la caméra et apprendre à gérer mon anxiété tandis que les autres exposaient leurs traits et leurs idées. Ce n'est que par la suite que j'ai décidé de me filmer, mais pour rapporter les contenus de tiers (par exemple, je faisais des recensions d'ouvrages ou je présentais les théories de grands psychologues que j'admire). À une certaine période, tourner des vidéos sans avoir pour but de les publier, uniquement pour m'évaluer et m'entraîner, m'a beaucoup aidé. J'ai aussi publié des stories sur Snapchat et Instagram, de manière à m'exposer durant un laps de temps très court et dans des contenus qui s'autodétruisaient après vingt-quatre heures. Enfin, j'ai pris mon courage à deux mains et je me suis présenté pour de bon, avec mes propres idées.

Après bien plus de mille vidéos sur ma chaîne YouTube, enregistrer ce que je pense et fais est devenu tout à fait naturel. Il n'y a ni astuce ni tromperie : tout tient dans la répétition continue d'un geste qui est difficile au début et devient spontané à la longue.

Habitude n° 6 : une vidéo par jour du youtubeur italien Marco Montemagno

Penchons-nous sur la « méthode Montemagno » pour créer une vidéo par jour. Vous verrez qu'elle est cohérente avec les facteurs de simplification décrits précédemment.

Le matin, Marco se levait à 6 heures et allait courir. Pendant son jogging, il réfléchissait à un sujet à aborder en vidéo et essayait de le diviser en trois points principaux à présenter à son public. Une fois sorti de sa douche, il se rendait dans une pièce de son logement, où il trouvait tout le matériel de tournage déjà prêt. Il n'avait jamais besoin de régler l'éclairage ou de brancher le son et la caméra : il devait seulement s'asseoir à son bureau, mettre la caméra en mode « enregistrement » et commencer à parler. La durée d'enregistrement était paramétrée à vingt minutes maximum, après quoi il consacrait tout au plus quarante minutes supplémentaires au montage et à la publication sur les réseaux sociaux. Tout le reste de la journée, il se consacrait aux autres engagements de sa vie privée et professionnelle. En organisant sa routine ainsi, Marco parvenait à mener à bien cette tâche en sachant qu'elle ne lui prendrait pas plus de soixante minutes (facteur temps). Il faisait tout en solo sans rien dépenser (facteur argent), il n'avait aucun effort physique à accomplir et il avait aussi abattu les obstacles mentaux (la pièce était prête et les appareils étaient en place ; il suffisait d'appuyer sur un bouton pour lancer l'enregistrement). En outre, il avait associé sa nouvelle action à quelque chose qu'il faisait tous les jours (la routine de la course à pied et de la douche). Bien entendu, un environnement aussi structuré ne convient pas forcément à tout le monde. Marco a créé une habitude en adaptant le comportement qu'il visait à ses points forts.

MINIMISEZ LE CHANGEMENT

Rendre les choses tellement simples qu'on ne peut leur dire non signifie que vous devez *commencer petit* – par les petites choses, les petites habitudes, les petits changements. L'idée que tout peut changer du jour au lendemain ne donne rien, ou, plutôt, elle peut donner quelque chose durant deux jours, mais ça ne dure jamais. La voie proposée par la méthode 1 % soutient qu'il est fondamental de travailler sur l'état d'esprit du changement : faites un pas après l'autre avec constance et vous atteindrez votre objectif. Si vous comptez sur un coup de chance ou sur le miracle qui fera de vous une personne différente au réveil, vous avez bien peu de chances d'arriver là où vous voulez aller.

La motivation et le talent aident, mais ils ne font pas la différence. C'est la constance dans la poursuite de l'objectif qui compte réellement.

CE N'EST PAS CE QUI EST QUI COMPTE, MAIS CE QUE CELA POURRAIT DEVENIR

Si votre objectif est de tonifier votre corps, par exemple, essayez de commencer par faire un abdo, pas cent. Vous arriverez à cent abdos au fil du temps, en maintenant l'habitude que vous avez prise progressivement et qui, précisément parce qu'elle a été progressive, vous a demandé seulement un petit effort. Si vous faites un abdo le premier jour et quarante le lendemain, la fatigue sera insoutenable et il sera facile d'abandonner. Nous devons apprendre à respecter notre métabolisme ; nous avons tous le nôtre et il ne sert à rien de le bouleverser. Ce qui compte vraiment, c'est la régularité. Qu'il s'agisse de faire un abdo ou de lire une ligne par jour, l'important est que la ligne soit lue et l'abdo fait.

L'autre élément clé pour maintenir l'habitude est de *continuer dans le confort*. Si le niveau d'engagement que vous avez pris se révèle trop fatigant, revenez en arrière, au niveau où l'action demandée ne vous coûtait pas un effort herculéen. Surtout durant la première phase, il est beaucoup plus important de maintenir sa position que d'augmenter l'intensité. Nous devons absolument préserver la petite flammèche que nous avons réussi à allumer, car c'est elle qui donnera un feu de joie.

Je vous propose maintenant un exemple pour mieux comprendre ce que signifie « minimiser le changement ». Il y a quelques années, Marla Cilley, une spécialiste des arts ménagers, a mené une expérience et expliqué comment nettoyer l'intégralité de son intérieur en cinq minutes. Il suffisait de prendre un minuteur, de le régler sur cinq minutes et de nettoyer une partie de son logement jusqu'à ce que la sonnerie retentisse. Le message est clair : si je suis sur mon canapé et que mon domicile ressemble à un champ de bataille, la tâche qui m'attend est tellement écrasante que je me décourage et je m'invente mille excuses pour ne pas me lever, comme « Je vais envoyer un mail », « Je vais appeler ma tante qui a une sciatique », etc. Mais si je me propose simplement de ranger le bureau durant cinq minutes, l'objectif ne demande pas un investissement de taille et je peux donc y arriver. Ajoutons que, souvent, le fait d'avoir réussi sans effort particulier est tellement gratifiant que cela nous incite à poursuivre nos efforts, et on finit par faire la vaisselle ou passer l'aspirateur. Bref, une fois qu'on a fait le premier pas en réduisant l'effort nécessaire au changement, on se rend compte que la tâche n'était pas insurmontable. L'essentiel reste de minimiser, de réduire la tâche à ce 1 % fatidique afin de diviser l'effort de taille en de multiples efforts faciles à gérer.

La vérité est que le premier pas est l'étape la plus difficile des processus de changement : décider de se lever du canapé et de ranger le bureau. Vous n'aurez peut-être pas fait le ménage de fond en comble, mais le bureau sera en ordre et vous ferez autre chose lors de la prochaine session de cinq minutes.

Dans la lignée de l'intuition de Marla Cilley, on peut aujourd'hui trouver de nombreux autres exemples d'« actions en cinq minutes ». Une simple recherche YouTube propose de nombreux tutoriels pour méditer au quotidien, se mettre au sport, à la relaxation ou aux étirements et ainsi de suite.

La clé de voûte pour adopter de nouvelles habitudes consiste donc à les rendre tellement simples qu'on ne peut leur dire non. En outre, il s'agit seulement d'initier le mouvement. Dans la plupart des cas, on repousse parce qu'on a peur de ne pas réussir, tout en sachant pertinemment qu'il faudra s'y mettre, ce qui provoque une situation d'insatisfaction et de frustration. Pensez-y bien : si vous avez placé des signaux sur votre route et minimisé l'effort à produire, il vous sera plus facile d'atteindre votre objectif que lorsque vous comptiez uniquement sur votre motivation. Donc, courage ! Commencez par votre nouvelle habitude et souvenez-vous : de petites actions demandent de petits efforts de volonté.

EXERCICE N° 7 : VOTRE HABITUDE EN VERSION BRÈVE

Comment pouvez-vous transformer l'habitude que vous voulez prendre en une version brève d'une durée d'une minute ? Essayez de trouver un moyen de réduire le temps nécessaire afin de disposer d'une version « express » quand vous ne pouvez ou ne voulez pas vous consacrer à ce à quoi vous « devriez » vous consacrer. Exemple : aujourd'hui, je n'ai pas envie de faire une demi-heure de jogging, donc je vais me balader autour de l'immeuble pendant une minute (sans forcément courir) ou faire le tour du pâté de maisons durant cinq minutes.

Habitude n° 7 : coordonner une équipe en soixante secondes

Sur le modèle du « ménage en cinq minutes », j'ai adopté une méthode pour encadrer les activités quotidiennes de mes collaborateurs en fournissant l'effort le plus modeste possible[4]. Savoir ce que font les membres de mon équipe et quels sont leurs progrès et les projets qui les mobilisent me semble primordial, mais j'ai eu du mal à bien appréhender ce rôle en raison de mon caractère, surtout au début de ma carrière d'entrepreneur. En outre, la communication circulaire des informations essentielles au sein du groupe est le premier élément fondamental pour coopérer sans gaspiller de temps ou d'énergie.

Mes premières tentatives ont été insatisfaisantes. Je demandais des rapports écrits, de mettre à jour des applis en fonction de l'avancement des différentes tâches réparties entre les uns et les autres, de me montrer les listes de tâches à effectuer et leur organisation. Soyons clairs : toutes ces actions peuvent être justifiées et efficaces. Mais elles ne fonctionnent pas forcément tout de suite avec l'ensemble des membres de l'équipe si certains sont mal organisés ou paresseux de nature.

[4] Dans cette réflexion, j'ai été inspiré, entre autres, par le livre *Global Teams : How the Best Teams Achieve High Performance* de Jo Owen (Pearson Education Limited, Harlow, 2016), top manager de certaines des plus grandes entreprises au monde et figure de référence dans le leadership et le management. Dans son ouvrage, il fournit quelques conseils fondamentaux pour gérer efficacement les équipes de travail.

J'ai donc repensé ma stratégie. La première étape a consisté à favoriser chez mes collaborateurs la naissance d'un comportement tellement simple qu'on ne peut pas lui dire non. Chaque jour, pendant soixante secondes, les membres de la « Mazzu Team » enregistrent un message vocal dans notre groupe WhatsApp. Le message se découpe en trois parties de vingt secondes environ.

Chacun raconte ce qu'il a fait d'important la veille, indique les missions capitales auxquelles il va se consacrer durant la journée, puis conclut en évoquant les éventuels obstacles à prévoir pour évaluer si le groupe peut lui venir en aide. STOP. Ainsi, tout le monde peut, en prenant seulement quelques minutes par jour, savoir ce que les autres font d'important et s'engager envers ses collègues sur certaines tâches. Quant à moi, je peux vérifier, en fin de journée, si mes collaborateurs ont atteint leurs buts ou non (ce qui était mon objectif de départ).

En tant que responsable, c'est moi qui envoie un message vocal le premier, de manière à rappeler à tous notre rituel matinal. C'est le signal qui rappelle une action tellement simple qu'on ne peut lui dire non.

Après avoir mis en place une telle habitude, il est beaucoup plus simple de passer à un système offrant à chacun la possibilité de rendre compte de ses propres actions et de les mesurer individuellement.

ZÉRO JOUR ZÉRO

Une amie journaliste avait toujours pensé qu'elle ne réussirait jamais à aller courir. Je ne parle pas de boucler un marathon, mais ne serait-ce que courir trente minutes tous les jours. Elle était tellement convaincue de ne pas y arriver qu'elle ne tentait même pas.

Puis je lui ai parlé de la méthode 1 %. Je lui ai expliqué que ce qui est véritablement important pour modifier un comportement et prendre une nouvelle habitude, c'est de commencer. Même si on commence tout petit. Même si on court seulement trois minutes. Elle a donc essayé : d'abord cinq minutes, puis sept, puis quinze, puis vingt, jusqu'à quarante. Elle court lentement, très lentement ; à l'entendre, elle a un rythme d'escargot. Mais elle respecte son métabolisme et elle ne se préoccupe pas de la prestation ; elle ne pense qu'à courir tous les jours ou presque, à son rythme. Elle ne s'inquiète pas des gens qui se moquent d'elle parce qu'il lui faut neuf minutes pour parcourir un kilomètre et elle n'écoute pas ceux qui lui disent qu'elle doit descendre à six minutes. Elle reste concentrée sur l'adoption et le maintien du nouveau comportement, sans que l'effort devienne insoutenable.

Une fois un nouveau comportement adopté, c'est le fait de le maintenir au fil du temps qui le transforme en habitude. Nous penserons à augmenter l'intensité de l'effort plus tard. Accroître l'intensité est en effet beaucoup plus facile une fois que l'habitude est bien implantée.

Lorsque lire une page tous les jours sera devenu une habitude, il ne sera pas difficile de passer à deux, puis trois et ainsi de suite jusqu'aux dix pages que vous aviez pour objectif. Le cœur de la question est d'adopter l'état d'esprit des petits pas, des progrès graduels. Nous ne devons pas nous laisser prendre par la boulimie du tout ou rien, car elle est trompeuse et nous réduit à l'immobilité.

Si mon amie avait écouté ceux qui lui disaient que ça ne valait pas le coup de courir à ce rythme-là, elle ne l'aurait jamais fait. Aujourd'hui, elle court. Doucement, mais elle court. Et c'est ce qui compte pour elle.

Le concept à bien garder à l'esprit lorsqu'on aborde une habitude est celui de « zéro jour zéro » : il s'agit d'éviter de passer une journée sans nous consacrer du tout à l'action à automatiser. Parce que, selon les mathématiques des habitudes, *un* sera toujours mieux que *zéro*. L'objectif est de préserver la résilience du comportement que vous voulez transformer en habitude et votre mission est de protéger la petite flamme que vous avez allumée. Car si elle s'éteint, il sera nettement plus compliqué et fastidieux de lui donner vie une seconde fois.

En résumé : pensez à l'habitude que vous voulez rendre constante dans votre vie et essayez de la rendre la plus simple possible en suivant les indications que vous avez trouvées dans ce chapitre. C'est de cette façon que vous pourrez l'activer plus facilement et vaincre les résistances de la force de volonté, qui se manifesteront sans aucun doute de temps à autre. En outre, vous aurez également plus de facilité à la répéter de jour en jour, autre élément crucial pour automatiser un comportement. Une fois l'action simplifiée, assurez-vous que votre environnement comprenne le plus grand nombre possible de signaux (chauds, idéalement) qui vous incitent à la réaliser tout de suite.

Prenez le temps nécessaire pour réfléchir à comment vous pouvez optimiser ces deux paramètres fondamentaux, la simplification de l'action et les signaux. Nous serons ensuite prêts à aborder le sujet du prochain chapitre : la motivation.

Le secret pour gagner à Risk

Nous avons plus ou moins tous joué à Risk ou assisté à une partie.
La bonne stratégie pour remporter la victoire à ce jeu de société consiste à concentrer tous ses chars d'assaut dans une seule région, puis à avancer en rangs compacts jusqu'à conquérir le continent tout entier. La possession d'un continent débloque des bonus (par exemple, vous obtenez deux régiments si vous occupez l'Océanie), que vous pouvez ensuite utiliser pour conquérir d'autres territoires.
La stratégie erronée consiste à disperser ses efforts et à disséminer ses forces dans différentes régions : dix en Amérique du Sud, dix en Russie, dix en Afrique, etc. De cette façon, on est faible sur tous les fronts, tandis qu'on devient vraiment invincible si on concentre ses efforts en un seul point.

CHOISISSEZ VOS BATAILLES

C'est exactement le même principe de concentration des efforts que nous devons adopter en matière d'habitudes et de comportements. Il convient donc de prêter aussi attention à la concurrence et aux conflits

entre les habitudes que nous avons décidé de prendre. Si, au cours d'une journée, vous vous donnez dix objectifs, il est très difficile de parvenir à les atteindre tous, car ils exigent tous un apport d'énergie précis, qui, inévitablement, réduit l'énergie à votre disposition pour les autres.
Il en va un peu de même pour les rosiers. Les bons jardiniers savent qu'il faut les tailler soigneusement, car les bourgeons pèsent lourd et que la plante ne peut pas en porter plus d'une certaine quantité si l'on veut qu'elle reste belle et en bonne santé. Il nous revient également de trancher et sélectionner sans pitié dans les objectifs que nous nous donnons et les habitudes que nous adoptons.
Il est donc important de lister les habitudes qui nous intéressent et de les classer par ordre de priorité. Exemple : aujourd'hui, je commence par celle-ci, je m'y consacre durant trois semaines pour l'automatiser, puis je passe à la suivante.

6
La motivation

ACCROÎTRE LA MOTIVATION

Comme je l'ai déjà dit, j'éprouve une certaine perplexité lorsque j'écoute les coachs qui travaillent sur la motivation que nous avons qualifiée d'extrinsèque. Cet élément agréable peut effectivement nous « booster » sur le moment, mais il ne suffit pas sur le long terme.

La forme de motivation la plus puissante est la motivation intrinsèque. Elle tient une place fondamentale dans nos vies et est souvent la raison pour laquelle nous décidons de travailler et lutter âprement. C'est le cas, par exemple, des personnes en surpoids qui décident de maigrir non pour répondre aux attentes d'un tiers (un partenaire, un groupe d'amis, la société), mais pour des raisons qui leur sont propres, comment retrouver l'estime d'elles-mêmes, se plaire plus ou rester en bonne santé. C'est aussi le cas des coureurs qui rêvent de franchir le pont Verrazzano-Narrows sous les encouragements d'inconnus à l'occasion du marathon de New York et qui, en gardant cet objectif bien en tête, s'entraînent tous les jours, peut-être en commençant par cinq minutes de jogging.

CHANGEZ POUR VOUS, PAS POUR LES AUTRES

Comment peut-on travailler sur la motivation intrinsèque afin de l'accroître ou la maintenir dans le temps ? Dans ce chapitre, je vais vous présenter quelques méthodes pour y parvenir, mais le plus important, la clé de tout le processus, tient dans le *sens* que vous donnez à vos actions.

Je m'explique. Si on vous demandait pour quelle somme d'argent vous seriez prêt à vous tirer une balle dans la tête, vous répondriez probablement qu'aucun montant ne justifie de mettre votre vie en danger. Pourtant, tous les jours, dans le monde entier, des centaines de milliers de personnes le font pour quelques sous. Vu les gains limités au regard des risques encourus, les militaires déployés dans les zones de guerre agissent clairement pour une raison et un sens bien précis, comme la défense de la patrie. Ou bien, si vous me pardonnez cet exemple très présent dans mon quotidien en ce moment, changer les couches de mes enfants n'est pas une activité amusante en soi, mais être parent est quelque chose d'incroyablement *significatif* et cette tâche devient très vite une routine.

Pour ces raisons, le sens de nos actes, qui est le moteur de la motivation intrinsèque, pèse selon moi décidément plus lourd dans l'accomplissement d'un objectif que la motivation extrinsèque, c'est-à-dire le « boost » venant de l'extérieur.

Et si nous avons du mal à trouver du sens à nos actions ? Les questions que vous vous êtes posées sur vos valeurs peuvent certainement vous aider à vous éclaircir les idées (et nous reviendrons bientôt sur cet argument que je considère comme fondamental). En outre, je vous soumets deux questions qui pourraient vous donner quelques pistes de réflexion sur le sujet.

1. Ce que vous faites est-il utile uniquement pour vous ou aussi pour celles et ceux qui vous entourent ?

Une première méthode très puissante pour donner du sens à ce que vous faites consiste à vous demander de quelle façon vous êtes en train de venir en aide aux autres. Au bureau, par exemple, vous contentez-vous de faire accumuler de la paperasse aux personnes assises en face de vous ou les aidez-vous à choisir la police d'assurance la plus adaptée, celle qui leur sauvera peut-être la vie un jour ? Dans le premier cas, votre action a une motivation « égoïste » ; dans le deuxième, elle participe au bien d'autrui. Si vous savez trouver une mission au sein de votre métier et l'insérer dans un contexte plus large, en lui donnant un but plus noble ou en partageant votre aide, vous serez beaucoup moins facilement démotivé. Au contraire, si vous ne parvenez pas à entrer en contact avec le sens de ce travail ou de cette activité, vous fatiguerez beaucoup plus à vous motiver pour aller de l'avant.

2. Comment pouvez-vous vous l'« approprier » ?

Entre placer sur la table un gâteau instantané (un de ces desserts qu'on passe rapidement au four après avoir ajouté un peu d'eau à une préparation toute faite) ou un gâteau confectionné de vos propres mains (ce qui demande du temps, de l'implication et de l'attention), la majorité d'entre nous choisira la deuxième option – et ce en dépit du gain de temps inhérent à la première. Pourquoi ? Parce qu'avec le gâteau fait maison, on sent qu'on a contribué directement à la dégustation et combien le plat est soigné. Autant de raisons qui, en définitive, nous font ressentir de la motivation. Pour maintenir votre motivation dans ce que vous faites, il peut être utile de lui donner un trait particulier, quelque chose de caractéristique.

Dans le processus d'acquisition des habitudes également, trouver le sens des choses est une sorte d'assurance sur les probabilités de réussite. Si nous nous en remettons à la motivation venant de l'extérieur plutôt qu'au sens que nous voulons donner à nos actions, il sera beaucoup plus difficile (pas impossible, mais décidément plus complexe et fatigant) d'atteindre le résultat vers lequel nous tendons. Au contraire, quel que soit l'objectif que vous voulez atteindre – de courir un marathon à écrire un livre en passant par escalader une montagne –, vous aurez beaucoup moins de mal à maintenir un haut niveau de motivation s'il est lié à un but significatif.

Dans ce contexte, et sans oublier que la motivation n'est qu'une partie d'un grand tout, passons en revue trois éléments qui nous permettent de l'augmenter ou la réduire.

1. Le premier élément se situe sur l'axe des *sensations* : le comportement à mettre en œuvre suscite-t-il du plaisir ou provoque-t-il de la douleur ?
2. Le deuxième se situe sur l'axe des *attentes* : est-ce un comportement qui stimule notre espoir ou inspire en nous de la crainte ?
3. Le troisième se situe sur l'axe de *l'appartenance* : si je fais cette chose, est-ce que je me sens plus accepté socialement ou, au contraire, refusé ?

En substance, si nous voulons augmenter notre motivation pour accomplir une action donnée, nous devons agir en essayant de rendre plus agréable le comportement à adopter, stimuler notre confiance et notre espoir en l'avenir et nous sentir plus acceptés dans notre contexte social.

Par exemple, si je voulais me motiver à courir, je devrais faire en sorte que le jogging me procure une sensation de bien-être, nourrisse ma confiance en l'avenir et me donne l'impression d'être accepté par ceux qui m'entourent. Voilà comment je pourrais agir, en pratique.

- *Sensations.* Courir en écoutant ma musique préférée, sélectionner une tenue plus pratique et plus technique, etc. Un jour, je me suis trompé de playlist et je me suis rendu compte, en mettant mes écouteurs, que j'allais faire mon jogging sur de la variété italienne. Je l'avoue : je n'ai pas réussi. Je suis plutôt du genre à écouter Vasco Rossi, grand chanteur de rock italien, ou la bande originale de *Rocky.* Courir sur les notes de « Felicità » d'Al Bano et Romina Power n'est pas fait pour moi.
- *Attentes.* Mettre par écrit les bénéfices que j'obtiendrai en courant (meilleure santé du cœur et des muscles, physique

aminci et plus tonique, bien-être psychologique et énergie accrus, etc.) peut contribuer à accroître mes attentes. Je peux aussi échanger avec des personnes dont la vie a évolué positivement grâce à la course à pied, lire des livres sur le sujet, rejoindre un forum ou un groupe Facebook de coureurs pour voir les résultats obtenus par les membres de la communauté. Je peux aussi imaginer comment ma vie changerait en mieux si je courais tous les jours.

- *Appartenance.* Me joindre à un groupe d'amis joggeurs qui croient en la valeur bénéfique de la course à pied et prennent soin de leur corps, ou bien intégrer un de ces groupes de discussion sur les réseaux sociaux où les amateurs partagent leurs expériences et leurs sensations. En m'entourant de personnes qui font déjà, depuis un certain temps, ce que je me dispose à faire, je me sentirai conforté dans mon idée de « bien agir », de ne pas être « bizarre », en bref de faire partie d'un groupe.

EXERCICE N° 8 : MOTIVEZ-VOUS À L'HABITUDE QUE VOUS VOULEZ ACQUÉRIR

Écrivez sur une feuille comment vous pourriez rendre plus agréable l'expérience de l'habitude que vous voulez activer, renforcer les attentes et donc augmenter l'espoir et la confiance associés à ce comportement et développer le sentiment d'appartenance qui en découle.

LE TRIANGLE DE LA (DÉ)MOTIVATION

Comme nous l'avons dit, les trois éléments indispensables pour développer de nouvelles habitudes correctes (signaux, simplification et motivation) peuvent aussi être exploités pour abandonner les comportements que nous considérons comme négatifs, voire nocifs.

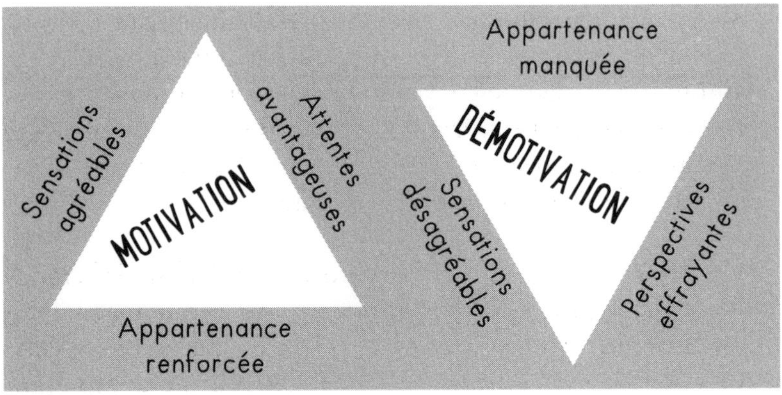

Figure 6.1 – le triangle de la (dé)motivation

Prenons l'exemple du tabagisme et voyons de plus près comment agir sur la motivation, plus particulièrement en travaillant sur les sensations, les attentes et l'appartenance. Bien entendu, ces éléments ne suffiront probablement pas pour abandonner la cigarette, mais ils pourront au moins contribuer à rendre l'acte de fumer moins appétent.

1. Sur l'axe des sensations, je peux acheter une marque de cigarettes qui ne me plaît pas, décider de ne plus fumer dans la maison mais uniquement au froid sur le balcon (ce qui m'oblige à m'emmitoufler dans un manteau ou à m'armer d'un parapluie), ou encore passer un pacte avec moi-même : chaque fois que j'allume une cigarette, je dois en briser une autre.
2. Pour ce qui est des attentes, je peux essayer de faire germer la peur du tabagisme en moi par les actions suivantes : organiser des rencontres avec des personnes souffrant d'un cancer aux poumons, regarder des documentaires sur les dégâts de la cigarette sur la santé ou prendre le temps de réfléchir aux conséquences que je risque d'affronter si je ne change pas de comportement. Je peux aussi adopter le point de vue inverse et élargir les attentes positives découlant de l'abandon du tabac, par exemple en lisant l'excellent ouvrage *La méthode*

simple pour en finir avec la cigarette[1] d'Allen Carr, qui articule une bonne partie de sa thèse autour cette stratégie.
3. Enfin, sur le plan de l'appartenance, c'est-à-dire de l'acceptation sociale, je peux fréquenter plus de non-fumeurs, voire des inconditionnels de la santé qui me dévisageront d'un air de reproche dès que je sortirai un paquet.

Résumons : il est possible de renforcer ou d'affaiblir la motivation à accomplir ou ne pas accomplir une certaine action en utilisant de manière positive ou négative les sensations qu'elle génère, les attentes qu'elle suscite et son degré d'acceptation dans le groupe social dans lequel nous nous retrouvons.

À présent, essayez d'appliquer ces réflexions à votre situation spécifique et de comprendre ce qui fonctionne le mieux dans votre cas.

UN SUPPLÉMENT DE MOTIVATION : TROIS AUTRES LEVIERS MOTIVATIONNELS

J'aimerais maintenant vous proposer trois outils supplémentaires pour mieux cerner le phénomène de la motivation. Il faut tout d'abord savoir qu'on atteint généralement le pic de notre motivation lorsque ce que nous devons faire n'est ni trop facile ni trop difficile.

Si, par exemple, je devais jouer aux échecs avec Kasparov, je perdrais très vite toute motivation, car je n'aurais aucune chance de l'emporter. À l'inverse, une partie contre mon fils de 6 ans me poserait bien peu de difficultés et je m'en désintéresserais rapidement, si ce n'était pour le plaisir de passer du temps ensemble. La situation idéale consisterait à défier un joueur du même niveau que moi, ou, encore mieux, un tout petit peu

[1] Je dois énormément à cet auteur, car c'est après avoir lu son livre, il y a plusieurs années, que j'ai arrêté de fumer pour toujours (alors que je l'avais lu par pure curiosité, pas particulièrement dans le but de changer d'habitude).

meilleur que moi, de manière à m'inciter à aller un peu plus loin que je n'en ai l'habitude. Lorsque le challenge est juste comme il faut, nous sentons que nous entrons dans un état de flux, le *flow* en anglais : une sorte de transe combative longtemps étudiée par le psychologue Mihály Csíkszentmihályi, durant laquelle nous n'éprouvons ni fatigue ni distraction et nous donnons le meilleur de nous-mêmes.

Les situations favorisant l'activation optimale de nos capacités et l'entrée dans le flux sont au nombre de trois. Elles correspondent aux trois leviers motivationnels, que vous pouvez essayer à votre tour pour voir lequel s'adapte le mieux à votre situation.

1. Les situations à 50 %. Les chances de victoire sont les mêmes pour vous et votre adversaire, comme dans le cas d'une partie d'échecs. Cette condition de parité peut vous motiver pour vous impliquer et donner le meilleur de vous-même.
2. 25 % en plus. Cette idée vient du monde de la finance. Si vous gagnez 100 000 € par an, vous pourriez être motivé par l'idée de gagner 125 000 € l'année prochaine, tandis qu'un objectif de 200 000 € pourrait vous sembler impossible et faire baisser votre motivation. Lorsque vous vous donnez des buts, privilégiez donc ce qui peut vous faire passer au niveau supérieur, mais que vous pouvez tout de même atteindre.
3. La règle des 80 %. Cette stratégie propose d'investir dans une action donnée 80 % des efforts et non 100 %. Investir l'intégralité de ses efforts sur une tâche, en effet, consommerait rapidement toute l'énergie à disposition et finirait par interrompre les actions, qui seraient intenables au fil du temps. Pour maintenir votre motivation à un niveau élevé, gardez donc un petit trésor de 20 % d'énergie de côté.

LES COMPORTEMENTS QUE VOUS N'AIMEZ VRAIMENT PAS

Accomplir des actions qu'on n'aime vraiment pas est une question très complexe, et transformer ces gestes en habitudes risque de se révéler une entreprise titanesque. Par exemple, étudier certaines disciplines ou faire le ménage et la vaisselle régulièrement peut être difficile quand on déteste ça. Nous pouvons alors recourir à trois alternatives :

- déléguer,
- changer d'habitude,
- faire en sorte que notre habitude soit plus stimulante.

Observons-les de plus près en commençant par la plus évidente, déléguer le travail. Si je ne suis vraiment pas taillé pour les tâches ménagères, je peux embaucher un employé de ménage qui s'en chargera à ma place ; si je commence ma compta la mort dans l'âme, je peux demander à mon assistante de s'en occuper. Parfois, on peut déléguer non pas à une personne, mais à un logiciel ou une technologie : si j'ai du mal à m'asseoir trente minutes par jour pour lire un livre, je peux déléguer la lecture à un service de livres audio.
Il est toutefois évident que certaines tâches ne peuvent être déléguées : si je veux tonifier mon corps, je ne peux pas envoyer mon voisin courir à ma place pour 15 € brut de l'heure. Dans ce cas, on peut envisager de changer d'habitude. Si un jogging au cœur de la nature ne vous apporte aucun plaisir malgré la beauté du paysage et que vous ne pensez qu'à la douleur qui s'empare de vos muscles, vous pourriez changer de sport, par exemple en vous mettant au basket. Vous seriez alors entouré de plusieurs autres joueurs, vous vous amuseriez et vous courriez partout sans sentir la fatigue ; à la fin de la partie, vous auriez quand même brûlé pas mal de calories et atteint votre but initial, celui de gagner en tonus.
Si vous ne pouvez pas remplacer votre habitude par une autre plus agréable et donnant les mêmes résultats, vous pouvez passer à la troisième option, qui requiert plus de créativité de votre part : que pouvez-vous faire pour rendre cette habitude plus excitante, stimulante ou palpitante en procédant différemment ? Prenons l'exemple de la préparation d'un examen universitaire particulièrement rébarbatif. Comment pourrions-nous rendre cela plus motivant ? Pour me donner du courage à l'approche d'un partiel ardu, je révisais avec des amis, dont la présence me remontait le moral, ou bien j'essayais d'appliquer de nouvelles méthodes d'apprentissage, comme les cartes mentales, des moyens mnémotechniques, les métaphores ou la visualisation. Aujourd'hui, on pourrait envisager d'approfondir le sujet grâce à des vidéos YouTube ou une recherche Internet permettant de découvrir

comment les concepts de la discipline sont utilisés au quotidien. John Peter Sloan, le comique et acteur qui a créé le premier système italien pour apprendre l'anglais par le rire, est l'exemple emblématique de cette stratégie : avec ses vidéos, ses podcasts et ses livres, on ne voit pas passer le temps consacré à l'anglais et ses explications vous restent en tête durant des jours. Dans une interview que j'ai eu le plaisir de mener quelques années avant son décès prématuré, John m'a expliqué qu'il a adopté cette solution après avoir constaté la paresse et l'ennui des étudiants face à un nouveau sujet.
Les gens ont envie de rire et de s'amuser. S'il est possible d'associer ce type d'expérience à une autre que vous percevez comme un devoir fastidieux, pourquoi ne pas en profiter ?

COMMENT GARDER LA MOTIVATION EN CAS DE FAUX PAS

Avant de passer au prochain chapitre, je veux vous donner encore quelques conseils en matière de motivation, notamment en ce qui concerne l'état d'esprit qui vous permettra de garder la motivation et le cap en cas de faux pas.

Commençons par une réalité : il y aura toujours des occasions durant lesquelles vous ne ferez pas ce que vous vous étiez fixé, tout comme il y aura toujours des imprévus qui vous empêcheront de respecter votre habitude. Affronter de tels évènements sans la préparation mentale adaptée risque de faire dérailler vos plans et de vous pousser à renoncer à vos bonnes résolutions.

Supposons que vous respectiez votre régime scrupuleusement pendant deux semaines, puis que vous fassiez une soirée le samedi soir, que vous mangiez une part de gâteau et que vous vous disiez : « Voilà, je n'ai pas réussi. Ça n'est pas fait pour moi, j'abandonne ». Ou bien que vous décidiez de faire plus d'exercice, que vous alliez à la salle pendant plusieurs jours puis que vous ayez du mal à vous extirper du canapé parce que vous avez des courbatures et que vous perdiez le rythme, abandonnant ainsi votre projet. Ou encore, que vous ayez une vision ambitieuse pour votre carrière, que vous soyez plein d'enthousiasme, mais que les responsabilités du quotidien vous détournent de votre rêve et que vous laissiez vos nouveaux objectifs de côté durant plusieurs mois parce que vous vous convainquez que vous avez trop peu de force de volonté pour rester concentré sur votre destination. Cette dynamique est très fréquente dans des conditions plus pathologiques, comme les alcooliques qui essaient de rester sobres : s'ils cèdent à une tentation et boivent une gorgée de vin, ils enclenchent un dialogue intérieur au cours duquel ils se convainquent : « Comme j'ai cédé à ce premier verre, comme j'ai perdu pied sur ce 1 %, alors tout est fichu et ça vaut le coup de vider la bouteille. »

Je suis passé par là, moi aussi (pas par l'alcoolisme), mais j'ai compris que ces petites erreurs de parcours dans l'acquisition d'une nouvelle habitude ne sont pas la preuve de votre inaptitude, mais font partie intégrante du jeu.

Tout comme il est inévitable de transpirer si on fait du jogging, vous trébucherez tôt ou tard si vous essayez de changer une habitude. Tout cela est parfaitement naturel et ne fait pas de vous un raté, mais témoigne simplement du fait que vous êtes un être humain, vous aussi ; ne prenez pas ça pour vous et n'allez pas croire que le problème vient de vous. Même les personnes les plus auréolées de succès échouent à entretenir leurs « habitudes gagnantes ». Ce qui fait la différence entre elles et les autres, ce n'est pas leur force de volonté ou leur motivation, mais leur capacité à se remettre rapidement sur les rails.

**ON NE FAIT PAS LA DIFFÉRENCE SI ON TOMBE
ON FAIT LA DIFFÉRENCE SI ON SE RELÈVE**

Il en va de même pour vous. Il y aura toujours des imprévus et la formation d'une habitude dépendra au moins en partie de votre capacité à vous remettre en selle en cas de faux pas. C'est sur cela que vous devez porter votre attention, et non sur la peur de tomber.

À ce propos, il peut être très utile de cultiver un dialogue intérieur centré sur la compassion plutôt que sur la critique de nos inaptitudes supposées. Revenons-en à l'exemple du petit écart qui risque de nous faire baisser les bras en matière de régime. Si nous nous montrons agressifs et violents envers nous-mêmes, il est plus probable que les choses empirent. Souvent, le problème, quand on abandonne le cheminement vers un changement d'habitudes, n'est pas lié à l'écart en soi, mais à la sensation de honte, de culpabilité et de perte de contrôle et d'espoir sous-jacente. Toutes ces sensations, en effet, provoquent une augmentation du stress et du sentiment de désespoir, deux leviers fatidiques qui nous pousseront à nous jeter une fois de plus sur la nourriture à la recherche d'un nouveau réconfort (passager, hélas).

Nous venons de voir quelle est l'alternative : acceptons notre humanité et faisons preuve d'une saine autocompassion, en devenant solidaires et gentils envers nous-mêmes.

C'EST LE PARDON, ET NON LA CULPABILITÉ, QUI NOUS AIDE À PRENDRE LA RESPONSABILITÉ DE CE QUE NOUS AVONS FAIT

Le pardon balaye la honte, et si celle-ci disparaît, de concert avec la culpabilité et la critique de soi, nous n'aurons plus rien à fuir et nous pourrons reprendre le travail sur nos nouvelles habitudes avec plus de sérénité.

Ces prémisses étant posées, je souhaite maintenant vous proposer quatre stratégies supplémentaires, quatre états d'esprit que vous pouvez adopter pour vous remettre en selle dans ces situations.

1. Ce n'est pas un échec, c'est un feedback

Chaque erreur apporte un enseignement : nous pouvons l'ignorer, ou bien nous activer pour le comprendre et être mieux préparés la prochaine fois que nous devrons affronter la même situation. Au lieu de panser nos plaies après notre faux pas, il est plus judicieux d'observer les choses avec curiosité et de nous demander ce que nous pouvons en tirer.

En d'autres termes, nous ne devons pas voir cette erreur comme un échec personnel, comme un jugement moral sur nous, mais simplement comme un retour d'informations, des données stratégiques qui nous manquaient et qui pourraient être utiles pour nous améliorer.

L'échec est une fin, le retour d'informations est un début. Il vous revient de décider comment voir les choses.

CE N'EST PAS QUE VOUS N'ÊTES PAS ASSEZ MAIS QUE VOUS NE SAVEZ PAS ASSEZ

Si vous étiquetez une erreur comme un échec, vous en concluez que vous n'*êtes* pas assez. Si, en revanche, vous la considérez comme un retour d'informations, vous comprendrez que vous n'en *savez* pas assez, que vous n'avez pas encore suffisamment appris à gérer un changement précis. C'est en écoutant l'échec présumé avec curiosité qu'on le transforme en retour d'informations.

2. Tenez-vous-en au programme, même à petites doses

Nous avons déjà abordé ce sujet, tout du moins en partie, quand nous avons parlé de simplification (zéro jour zéro, vous vous souvenez ?). Ce qu'il faut garder à l'esprit, c'est que, quand on fait un faux pas, ce n'est pas cet écart en particulier qui pose problème. C'est plutôt l'impact cumulé de nombreux petits écarts qui vous empêchera de revenir en piste. Si vous manquez un entraînement, vous ne perdrez pas votre forme physique du jour au lendemain. Par contre, si vous commencez à manquer votre entraînement tous les jours pendant trois semaines d'affilée, les choses sont bien différentes.

Pour cette raison, une bonne stratégie consiste à vous en tenir au programme que vous aviez prévu, même si vous n'en faites qu'une petite partie.

Vous n'avez pas assez de temps pour faire une séance de sport complète ?

Faites juste quelques pompes.

Vous n'avez pas assez de temps pour écrire un article ? Écrivez un paragraphe.

Vous n'avez pas assez de temps pour faire du yoga ? Prenez dix secondes pour respirer.

Vous n'avez pas assez de temps pour partir en vacances ? Offrez-vous une pause et une escapade dans la ville d'à côté.

Individuellement, ces comportements semblent insignifiants, mais ils deviennent significatifs sur le long terme. En effet, ce n'est pas l'impact individuel qui fait la différence : c'est l'impact cumulatif de vous en tenir quand même à votre programme, même à petites doses, qui vous mènera au succès au fil du temps.

3. Essayez d'avoir quelqu'un qui attend quelque chose de vous

Quand j'étais plus jeune, j'ai joué dans différentes équipes de foot et j'ai pratiqué la boxe et plusieurs autres sports. Savez-vous ce que j'ai remarqué ? Quand on a des amis, des coéquipiers et des entraîneurs qui nous attendent à l'entraînement, on y va plus facilement. Certaines personnes ne réussissent à aller à la salle de sport régulièrement que si elles savent que leur coach personnel les attend et compte sur elles (y compris du point de vue de la « survie économique ») ; d'autres sont motivées pour aller aux entraînements parce qu'elles savent qu'elles jouent un rôle important au sein de la dynamique de l'équipe.

La bonne nouvelle, c'est que vous n'avez pas besoin de faire partie d'une équipe à proprement parler pour que la chose fonctionne. Discutez avec des inconnus et nouez des amitiés à la salle : le simple fait de savoir qu'un visage familier s'attend peut-être à vous voir peut devenir un coup de pouce suffisant pour que vous vous présentiez.

4. Ça peut aller même si c'est imparfait

J'ai remarqué que de nombreuses personnes sont très attachées à l'idée qu'il faut faire les choses « le mieux possible ». Dommage qu'elles restent totalement paralysées, du coup. Par exemple, quelqu'un qui voudrait améliorer son régime alimentaire pourrait se dire : « Je veux éliminer les sucres ajoutés, mais j'ai une rencontre de mon club de lecture tous les jeudis et, à 21 heures, on prend toujours une glace. Je ne veux pas être le seul qui ne se joint pas au groupe. Mieux vaut changer d'objectif. » Ce genre de raisonnement est un piège : bien manger six jours par semaine vaut mieux que ne jamais manger sainement.

**N'ATTENDEZ PAS LA PERFECTION
POUR FAIRE LE PREMIER PAS
FAITES LE PREMIER PAS
POUR VOUS APPROCHER DE LA PERFECTION**

On est d'accord ? En effet, même manger sain un jour par semaine vaut toujours mieux que rien. Votre rôle, c'est de faire en sorte que votre objectif se rapproche : par exemple, mangez sainement le lundi. Le simple fait que vous ne puissiez pas respecter le plan de manière optimale ne signifie pas que vous devez l'abandonner totalement. Les bonnes habitudes se construisent progressivement, 1 % à la fois. Commencez doucement, vivez votre vie et améliorez-vous durant le parcours. Le progrès est une direction, pas un lieu spécifique.

En somme, il nous arrivera probablement de faire deux pas en avant et un pas en arrière au cours de notre processus d'acquisition d'une nouvelle habitude, surtout au début. Ce n'est pas un problème dans la mesure où nous savons anticiper ces revers et réussissons à nous remettre en selle le plus vite possible.

7
Les fondamentaux en pratique

DE LA THÉORIE À LA PRATIQUE

Au chapitre 3, nous avons abordé le concept d'anatomie des habitudes et nous avons vu que les habitudes correspondent à un cercle composé d'un signal, d'une action et d'un bénéfice.

1. *Signal.* Le déclencheur qui fait automatiquement adopter un certain comportement.
2. *Action.* L'acte en lui-même, ce qu'on fait en réponse à un signal donné.
3. *Bénéfice.* La gratification, la récompense découlant de l'action déclenchée par le signal.

Pour éclaircir cette notion, nous avons évoqué l'exemple des feux tricolores régulant la circulation : quand le feu passe au vert (signal), nous appuyons sur l'accélérateur (action), nous traversons le carrefour et nous nous rapprochons de notre destination (bénéfice). Nous avons aussi vu que, pour se maintenir dans le temps, une action doit être activable, accessible et intéressante.

Voyons maintenant, concrètement, ce qu'est l'anatomie des habitudes en prenant pour exemple un comportement quotidien : se lever tôt le matin. (Au cas où vous ne le sauriez pas, il s'agit de l'une des habitudes que nombre de personnes ayant atteint de grands résultats dans la vie considèrent comme « gagnantes ».)

Habitude n° 8 : se réveiller à 6 heures du matin

Prendre l'habitude de me réveiller tôt, à 6 heures du matin, n'a pas été facile pour moi. Au lycée, je faisais partie de ces ados qui préfèrent sauter le petit-déjeuner pourvu qu'ils puissent dormir un quart d'heure supplémentaire. À un certain moment dans l'évolution de mon travail et de ma vie personnelle, j'ai toutefois compris que pour donner le meilleur de moi-même en tant que père, mari et professionnel tout en accordant un peu de temps à mes intérêts, la seule solution consistait à mettre le réveil plus tôt. Conformément au modèle dont nous avons parlé, j'ai procédé par étapes.

- *Signaux.* J'ai travaillé sur les signaux chauds nécessaires pour me mettre en route. Après quelques tentatives que mon épouse n'a pas particulièrement appréciées (une sonnerie rock, un simulateur d'aube – une sorte de lampe qui diffuse des chants d'oiseaux et inonde la chambre de lumière au lever du soleil –, un essai avec les volets levés et la fenêtre ouverte), j'ai trouvé la solution idéale pour moi. Quelle est-elle ? Je règle à 6 heures la fonction « vibreur » de mon FitBit, une montre que je porte jour et nuit. Il est objectivement impossible de continuer à dormir quand votre poignet se met à vibrer. Une fois debout, vous avez fait la majeure partie du chemin.
- *Simplification.* Après avoir paramétré les signaux, je me suis concentré sur la simplification de l'action, en essayant de rendre mon objectif le plus accessible possible. Avant tout, j'ai changé mon horaire de coucher : deux heures plus tôt, à 22 heures au lieu de minuit. Puis, sachant qu'aucun changement structurel ne se fait du jour au lendemain, j'ai avancé mon réveil peu à peu : 6 h 50, puis 6 h 45 et ainsi de suite jusqu'à 6 heures. J'ai suivi mon rythme intérieur afin que ce changement ne soit pas trop fatigant, et donc insoutenable, pour mon physique et mon mental. J'ai aussi essayé de laisser mon portable dans une autre pièce, mais j'ai vite dû laisser tomber cette option, car toute la famille se réveillait en même

temps que moi et n'était pas du tout enthousiaste. Enfin, après avoir découvert qu'on se sent souvent somnolent et fatigué au réveil parce qu'on est déshydraté, j'ai pris l'habitude de mettre un verre d'eau sur ma table de chevet pour le boire dès que je me réveille afin de me mettre en route.

- *Motivation.* Enfin, j'ai travaillé sur la motivation intérieure, le dernier ingrédient pour compléter la recette de l'acquisition d'une nouvelle habitude. Pour agir sur les sensations agréables, j'ai associé ce moment de la journée à l'écoute de bons morceaux pendant que je vaque à mes occupations. En ce qui concerne les attentes, j'ai mis par écrit tous les éléments positifs découlant de ce réveil anticipé : ce que je peux obtenir grâce aux heures que je gagne ainsi (et que je n'obtiendrais pas en dormant). J'ai aussi lu des livres écrits par des personnes qui racontent comment leur vie a changé en mieux grâce à leur routine matinale et j'ai imaginé ce qui changerait dans la mienne en un an. Sur le plan de l'appartenance, j'ai trouvé un partenaire de réveil (quelqu'un avec qui avoir rendez-vous à 6 heures du matin) et un groupe de personnes qui avaient besoin de se lever à 6 heures, et, pendant plusieurs jours, nous nous sommes dit bonjour sur MindLab (mon groupe en ligne consacré au développement personnel).

Par transparence, je dois préciser que, après avoir pris cette habitude et l'avoir maintenue un certain temps, j'ai fini par l'abandonner et j'ai réglé mon réveil sur un horaire plus tardif. En effet, si me lever à 6 heures m'a été très utile à une certaine période de ma vie, les choses ont évolué par la suite. Tout allait bien avec un enfant, mais, quand j'en ai eu trois, cette habitude a commencé à jouer contre moi : en me levant aussi tôt, j'étais trop fatigué le soir, et je m'endormais au moment où j'aurais pu consacrer un temps précieux à mes enfants et ma femme.

Ce que je voudrais vous dire, c'est qu'il n'existe pas de bonne ou de mauvaise habitude en soi, mais des habitudes qui nous rapprochent ou nous éloignent de nos objectifs et nos valeurs. Et tant les objectifs que les valeurs changent au cours de notre vie : nos habitudes doivent alors changer également et il convient de les revoir et de les optimiser.

EXERCICE N° 9 : RELIEZ LES POINTS

Repensez à tous les sujets que nous avons vus jusqu'à présent et à comment vous pouvez les adapter à l'habitude que vous voulez prendre. Quels signaux chauds pouvez-vous insérer pour activer l'action ? Quel comportement simplifié pouvez-vous activer ? Comment pouvez-vous augmenter votre motivation ?

LES HABITUDES CLÉS

Avant de passer au prochain chapitre, j'aimerais introduire le concept d'habitude clé, que j'ai découvert en lisant les études de Charles Duhigg[1] et qui a tout de suite attiré mon attention.

Partons du principe que les mauvaises habitudes ne sont pas faciles à abandonner, mais doivent être remplacées par des habitudes plus fonctionnelles. Dans ce contexte, il est utile de s'appuyer sur les « habitudes clés », celles qui peuvent marquer un tournant dans le mode de vie d'un individu.

L'impact d'une habitude clé sur notre quotidien est semblable à ce qu'on appelle l'effet domino. Imaginons une personne qui prend l'habitude de faire du jogging trois fois par semaine. À la longue, peut-être en complétant sa pratique par la lecture de livres sur la course à pied, elle découvre que courir sera moins fatigant et qu'il lui sera plus facile d'améliorer sa performance si elle suit un régime plus équilibré. Par la suite, elle comprendra qu'une alimentation plus saine et soignée lui permet de mieux respecter l'environnement et elle commencera à trier ses déchets. Ou bien elle comprendra qu'elle serait plus endurante si elle arrêtait de fumer et elle sera donc plus motivée pour réduire la cigarette, etc.

[1] C. Duhigg, *Le Pouvoir des habitudes. Changer un rien pour tout changer*, op. cit.

Ici, une habitude clé (la course à pied) en a entraîné plusieurs autres qui lui sont directement liées (l'amélioration de l'alimentation, le respect de l'environnement, l'arrêt du tabac).

Même s'il est impossible de faire une liste d'habitudes valables pour tous, vu que tout dépend de la personne, les habitudes que j'ai le plus vu revenir chez mes patients sont l'exercice physique, la méditation, le fait de tenir un journal quotidiennement, la formation (lire, suivre des cours, dédier du temps à des vidéos pédagogiques, etc.) et se lever plus tôt le matin.

Il est tout aussi impossible de déterminer à l'avance quelle sera l'habitude clé de Pierre, Paul ou Jacques, car, souvent, on ne comprend qu'un comportement donné est une habitude clé qu'après l'avoir adopté durablement. Dans ce cas, c'est en regardant en arrière qu'on constate que le changement a commencé une fois que l'habitude était acquise. Comme toujours, c'est à vous de trouver la vôtre.

EXERCICE N° 10 : VOTRE HABITUDE CLÉ

Pour essayer de cerner votre habitude clé, il peut être utile de vous poser la question suivante : que faites-vous dans vos meilleures journées ?
Prenez un peu de temps et notez ce que vous faites dans les journées que vous considérez comme positives. Essayez de repérer les comportements récurrents. Votre habitude clé se trouve peut-être là.
Sinon, essayez de mettre en place une habitude capable de provoquer un effet domino parmi celles que j'ai suggérées précédemment, puis observez et analysez les résultats.

8
Les habitudes basées sur l'identité et les habitudes basées sur les valeurs

Jusqu'ici, nous avons analysé et approfondi deux piliers fondamentaux pour acquérir de nouvelles habitudes. Le premier, celui des prérequis, est principalement lié à l'identification des valeurs, qui permettent de suivre la bonne direction de vie, et à l'état d'esprit. Le deuxième, celui des fondamentaux, concerne l'anatomie des habitudes, qui réunit le travail sur les signaux, la simplification et la motivation.

J'apprécie aussi beaucoup une approche proposée par James Clear[1], qui est moins basée sur *ce qu'il faut faire* pour instaurer une habitude donnée que sur *qui nous voulons devenir*, c'est-à-dire l'identité que nous devons adopter pour acquérir un certain comportement. Cette nouvelle approche ne s'oppose pas à la précédente. Au contraire, elles sont complémentaires et peuvent avancer de concert, en parallèle.

POUR CHANGER CE QUE VOUS AVEZ, VOUS DEVEZ TRAVAILLER SUR CE QUE VOUS ÊTES

Pour comprendre le principe de l'identité, essayez d'imaginer un oignon, qui, on le sait, se compose de différentes couches visibles lorsqu'on le coupe en deux. La couche externe correspond à l'apparence, la couche suivante est celle de la performance, et la dernière, le cœur de l'oignon, est celle de l'identité.

[1] J. Clear, *Un rien peut tout changer*, traduit par Emmanuelle Hautbois, Larousse, Paris, 2019.

Quand nous voulons atteindre un but ou adopter un certain comportement, nous commençons généralement le parcours depuis l'extérieur, à partir de l'apparence. Si je veux perdre 10 kg, je pars de la couche de l'apparence, qui correspond à l'objectif que je veux atteindre, à savoir perdre du poids. En progressant vers le cœur de l'oignon, nous arrivons à la performance, aux actions qu'il est nécessaire d'accomplir pour atteindre la destination. Dans la plupart des cas, nous nous arrêtons là et « mangeons » seulement les deux couches les plus externes, sans compléter le parcours qui va jusqu'au cœur de l'oignon.

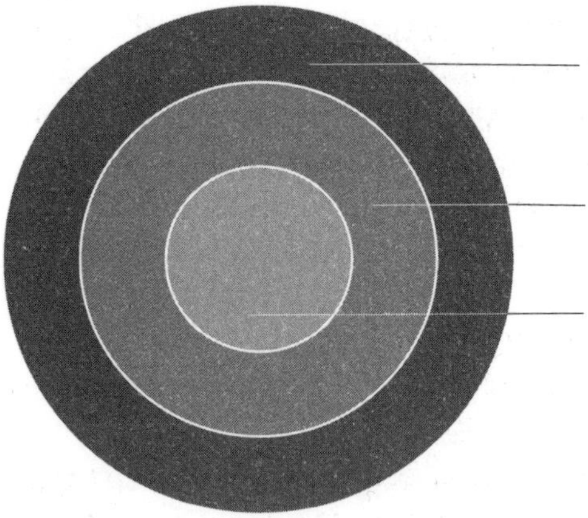

Figure 8.1 – les couches de la personnalité

Si je demande à quelqu'un qui gagne très bien sa vie comment il ou elle fait, la réponse sera vraisemblablement « Je travaille seize heures par jour, six jours par semaine ». Cette réponse concerne la performance : on m'indique l'action à accomplir pour atteindre l'objectif. Si je veux perdre dix kilos et que je demande à un ami qui a beaucoup minci comment il s'y est pris, il me dira probablement : « Je suis allé à la salle de sport trois fois par semaine et j'ai suivi le régime "the zone" ». Encore une fois, cette réponse porte sur les performances.

Nos efforts et notre attention se concentrent systématiquement sur les deux premières couches de l'oignon, en oubliant la couche plus interne, alors qu'il faudrait changer complètement de point de vue et partir du cœur, de l'identité. Une habitude basée sur l'identité vient du cœur et est donc plus profondément enracinée en nous, et par conséquent plus solide.

La question que nous devrions poser à notre interlocuteur (et à nous-mêmes) n'est pas ce qu'il a fait pour perdre dix kilos, mais quel type de personne il est devenu pour atteindre ce poids. Essayez de vous poser les questions suivantes : quel genre de personne ne manque pas le moindre entraînement à la salle durant la semaine et finit par perdre dix kilos ? Quel genre de personne réussit à travailler avec joie et passion seize heures par jour sans perdre en lucidité et, donc, parvient à gagner beaucoup d'argent ? Nous devrions aussi nous demander comment mieux connaître cette personne, comprendre son mode de pensée, comment elle se comporte face aux obstacles, comment elle organise ses journées, quelles sont ses valeurs et quels sont ses plus grands rêves.

En substance, nous devons dépasser le stade de la performance et aller droit au cœur de la question, à l'identité. Pour acquérir de nouvelles habitudes, nous devons adopter des personnalités plus fonctionnelles pour mener les actions nécessaires afin d'atteindre l'objectif.

Pour commencer, posez-vous la question clé : « Quel type de personne dois-je devenir pour arriver là où je veux aller ? » Vous pourrez ensuite vous concentrer sur l'identité de ceux qui ont déjà franchi la ligne d'arrivée que vous aspirez à atteindre, par exemple en lisant leurs livres, en regardant leurs vidéos sur YouTube, en respirant la même atmosphère, en parlant avec eux et leurs proches et en trouvant un moyen de vous mettre à leur place et d'adopter leur tournure d'esprit. Si vous connaissez la personne directement, c'est encore mieux.

Ce processus vous permettra de déplacer votre attention des actions vers la personnalité. Il est clair que le fait de travailler sur une couche plus profonde vous permettra d'obtenir un changement plus solide et enraciné. De fait, la majorité des gens souhaitent changer de comportement sans essayer de modifier leurs croyances de fond, ce qui n'est pas toujours possible.

En tant que psychologue et psychothérapeute, j'ai longtemps travaillé en étroit contact avec des personnes qui voulaient changer de personnalité et je peux vous garantir que ce n'est pas un jeu d'enfants. Certains changements sont clairement plus faciles que d'autres, tout comme certains d'entre nous ont plus de facilité à modifier certains traits là où d'autres sont plus en difficulté. Travailler sur son identité, même partiellement, demande du temps, et, parfois, l'aide d'un spécialiste s'avère indispensable.

Je vais maintenant vous fournir quelques pistes qui peuvent être utiles en ce sens. J'ai testé ces outils moi-même et je les trouve très puissants, même s'ils ne sont, bien sûr, pas miraculeux.

UNE NOUVELLE IDENTITÉ EN TROIS ÉTAPES

Penchons-nous sur une proposition de protocole pour commencer à modifier notre identité dans cette nouvelle direction. Le processus s'articule en trois étapes fondamentales :

1. acquérir la nouvelle identité ;
2. exercer l'identité ;
3. partager.

Supposons que vous soyez salarié et que vous souhaitiez vous lancer à votre compte pour que votre carrière prenne un nouveau tournant. Pour cela, vous devriez adopter un état d'esprit axé sur l'entrepreneuriat. Voici comment vous pourriez procéder au cours des trois phases indiquées ci-dessus.

1. Acquérez la nouvelle identité

L'objectif de cette première marche de l'escalier est de comprendre les besoins qui mettent les entrepreneurs en action, c'est-à-dire ce qui les enthousiasme et les recharge, comment ils affrontent les problèmes, ce à quoi ils s'intéressent, comment ils prennent des décisions, ce qui les préoccupe. En d'autres termes, il s'agit de cerner leur identité et d'en comprendre le sens. Vous pouvez participer à des ateliers en compagnie d'entrepreneurs, aller à leur rencontre dans d'autres contextes ou lire des livres écrits par des personnalités de renom. Bien sûr, vous rencontrerez des éléments récurrents dans leurs approches, tout comme des divergences. Prêtez attention à tout et réfléchissez à ce qui peut vous être utile et s'il est pertinent d'intégrer tel ou tel élément dans votre réflexion actuelle.

2. Exercez l'identité

Après avoir compris la logique du fonctionnement mental de cette identité, il vous reste à la mettre en pratique afin de mieux la maîtriser. Ce n'est qu'en agissant, en effet, que nous pouvons apprendre et comprendre ce que nous avions seulement pressenti, en prenant conscience du sens des actions et en les réinterprétant en fonction de notre unicité. Dans notre exemple, vous pourriez participer à un « start-up week-end », ces évènements durant lesquels vous avez l'opportunité de travailler sur votre projet durant deux jours au sein d'un écosystème fictif reproduisant à l'identique celui d'un véritable *startuper*. À l'issue de cette immersion, vous pouvez essayer de lancer concrètement votre entreprise. Bien sûr, ce n'est pas votre succès ou votre échec qui compte, mais le fait de « mettre la main à la pâte » et de cimenter la nouvelle facette de votre personnalité à laquelle vous consacrez vos efforts.

3. Créez des occasions de partage

La dernière étape consiste à raconter votre expérience aux autres. Vous pouvez en parler avec des amis et confronter votre point de vue au leur, ou bien publier un article sur votre blog et inviter vos lecteurs à s'exprimer en commentaire. Indiquez ce que vous avez compris, les nouvelles idées que vous avez ajoutées dans votre besace, les modifications que vous comptez apporter dans votre vie. Une méthode très efficace consiste à écrire une lettre à un interlocuteur qui compte pour vous (sans forcément l'envoyer) et lui expliquer pourquoi cet aspect identitaire vous semble important et peut jouer un rôle positif dans votre vie. N'hésitez pas à entrer dans les détails, comme si vous deviez suggérer à votre destinataire d'agir comme vous, et motivez votre choix. Le simple fait d'écrire ces informations renforcera le point de vue en question en vous.

Au début de ce chapitre, j'ai indiqué que nous devons travailler sur deux éléments en parallèle : l'identité et l'anatomie des habitudes. Pourquoi ? Parce qu'en agissant ainsi, nous œuvrons dans deux directions et nous augmentons nos chances d'atteindre l'objectif. En substance, si nous mettons en place un changement au niveau de l'identité, nous ferons des choses différentes ; si nous activons des changements sur le plan de l'anatomie des habitudes et nous nous concentrons sur des choses différentes, alors nous finirons par changer sur le plan de l'identité.

Pour prendre un exemple personnel, j'étais quelqu'un de très différent quand j'ai commencé à faire des vidéos pour le web. Non seulement parce que pas mal d'années se sont écoulées depuis et que le temps a suivi son cours, mais aussi parce que le fait même de créer des vidéos m'a fait évoluer, intérieurement. Pour monter une chaîne YouTube, j'ai dû apprendre à parler en public, à me tenir devant une caméra et à gérer l'émotivité efficacement. J'ai appris les bases du storytelling, je me suis familiarisé avec les techniques de montage, j'ai approfondi les stratégies de marketing sur Internet pour diffuser mes vidéos au mieux et j'ai lu des centaines de livres pour trouver l'inspiration et des concepts à aborder. Je me suis aussi confronté à des collègues, j'ai connu de nouvelles personnes, je me suis regardé sur écran d'innombrables fois pour comprendre comment m'améliorer… Tous ces éléments et bien d'autres encore ont fait de moi un professionnel plus aguerri et mieux informé, une personne différente. La vie nous transforme. Dans ce cas, la création de vidéos a comporté un changement de mon identité et m'a poussé à trouver un nouvel état d'esprit que j'ai adopté progressivement.

Dans le même temps, je me suis efforcé de mettre en œuvre une nouvelle identité capable de renforcer mon processus d'acquisition des compétences nécessaires à la construction de ma chaîne YouTube afin qu'elle devienne la référence pour le plus grand nombre de personnes possible. Je me suis rapproché d'autres youtubeurs et influenceurs pour comprendre leur démarche. J'ai suivi leurs formations, j'ai tenté de les rencontrer, j'ai participé à des projets à quatre mains pour entrer dans leur mode de vie et de travail et les comprendre en profondeur.

Avant de conclure cette réflexion, j'aimerais rappeler ce qu'il se passe quand on se concentre uniquement sur la performance, en négligeant le travail sur l'identité. En continuant sur l'exemple initial, qui consistait à perdre dix kilos en allant à la salle de sport trois fois par semaine, que se passe-t-il quand, pour une raison ou une autre, on manque une ou plusieurs séances ? On se prend pour un incapable, un raté, et on pense qu'on n'y arrivera jamais. Si, au contraire, on se concentre sur le cœur de l'oignon, en œuvrant pour nourrir son identité de personne qui ne manque jamais un entraînement, nous n'accorderons plus d'importance au fait de rater un jour ou de faire une demi-heure alors que notre « modèle » fait deux heures. Ce qui comptera vraiment pour nous, ce sera d'avoir paramétré le nouvel état d'esprit permettant d'atteindre l'objectif. C'est le nouvel état d'esprit qui nous permet de faire preuve de constance. Par la suite, agir sur l'intensité de l'effort nous demandera moins de travail.

En résumé, si nous bâtissons d'abord l'identité, en parvenant à nous approprier la manière de penser et de voir les choses de ceux qui ont déjà atteint le but qui nous intéresse, les actions à déployer ensuite pour influencer notre performance seront identifiées et maintenues spontanément.

EXERCICE N° 11 : AU CŒUR DE L'OIGNON

Prenez une feuille de papier et répondez à ces questions : quel genre de personne devez-vous devenir pour arriver là où vous voulez aller ? Quel genre de personne peut atteindre le type d'objectif que vous vous êtes donné ? En particulier, que fait-elle pour y parvenir ? Comment structure-t-elle sa journée type ? Quelles sont ses aspirations ? Ses passions ? Comment se comporte-t-elle envers les autres ? Que mange-t-elle ? Que pense-t-elle de la vie ? À quelle heure se couche-t-elle ? Etc.

LES HABITUDES BASÉES SUR LES VALEURS

Les habitudes basées sur l'identité nous montrent que, pour obtenir des résultats différents de la situation actuelle, on peut (et on doit) travailler non seulement sur l'action, mais aussi sur l'être.

Si nous devenons une personne différente, en effet, nous faisons automatiquement des choses différentes et, par conséquent, nous récoltons de nouveaux résultats.

Au cours des années, j'ai approfondi ce processus et j'ai fait un pas supplémentaire dans le voyage qui nous mène de la connaissance de l'identité d'autrui (pour essayer de nous modeler en conséquence) à l'utilité de découvrir *nos* valeurs.

En effet, comme nous avons déjà commencé à le montrer dans le chapitre sur les prérequis, les valeurs qui nous guident au quotidien sont un levier très puissant pour promouvoir le changement, à condition de savoir les reconnaître et les utiliser de manière adaptée.

Je vais maintenant vous parler un peu de moi. Jusqu'à mes trente ans environ, je n'ai jamais prêté grande importance à l'idée de préserver mon énergie et de favoriser ma longévité. Au contraire, je voyais le sport comme un truc de masochistes, je ne renonçais pas au moindre aliment que j'appréciais et je ne passais des examens médicaux que s'ils étaient strictement nécessaires. Mes comportements et mes habitudes, en bref, avançaient à grand train dans une direction pas très favorable à ma santé.

Plus j'approchais de la quarantaine, toutefois, plus j'entrais dans une nouvelle phase de ma vie. Et avec trois enfants, plusieurs entreprises et une trentaine de collaborateurs à gérer, mes priorités ont progressivement changé. J'ai commencé à voir ma santé différemment et à penser à combien il est important de la protéger le plus possible pour pouvoir soutenir les personnes que j'aime et qui ont besoin de moi sur de nombreux plans.

J'ai donc commencé à apprécier le plaisir des muscles endoloris après une séance de sport, à être fier de l'attention que je portais à mon alimentation, à m'interroger activement sur les spécialistes de la santé auxquels je pouvais m'adresser pour m'aider à gérer mon énergie, et bien d'autres choses encore. En deux mots, ce que je voyais autrefois comme une perte de temps ou un sacrifice insensé m'apparaît maintenant comme un geste d'amour longtemps refusé au Luca Mazzucchelli du futur et à mes enfants, qui auront plus de chances d'avoir un père en bonne santé plus longtemps[2].

Cette histoire illustre une évolution importante et puissante de mon comportement et de mes habitudes qui s'est produite suite à un changement dans la hiérarchie de mes valeurs. En effet, deux valeurs que j'avais snobées jusque-là (la famille et la santé) sont passées sur le devant de la scène et sont entrées dans le top 3. Cela est essentiellement dû à des évènements de vie qui m'ont fait revoir mes priorités : le fait de devenir père, qui a donné de l'élan à la valeur famille, et l'âge qui avance, qui a fourni une assistance non négligeable à la valeur santé.

Quand vos valeurs changent et que vous en avez conscience, vous vous exposez potentiellement à une véritable révolution copernicienne dans votre vie. Mais procédons par ordre et

[2] La quatrième partie de cet ouvrage détaille ce changement (et comment la méthode 1 % l'a en grande partie rendu possible) sur le plan pratique.

découvrons le réel pouvoir des valeurs dans l'élan et le soutien qu'elles apportent aux habitudes.

Pour cela, laissons de côté le modèle de l'oignon que nous venons de présenter et qui nous encourage à aller à la recherche d'une identité inspirante, et imaginons un train composé de quatre voitures, que nous allons étudier en commençant par celle placée le plus à l'avant.

Figure 8.2 – le train du changement

Voiture des résultats : vous trouverez ici tout ce que vous avez. Un corps en forme, un partenaire fabuleux, un compte en banque bien garni, mais aussi une dépression, un réseau d'amitiés pauvre et triste, une maison mal rangée et ainsi de suite. La voiture des résultats est directement influencée par celle qui la précède, à savoir la…

Voiture des actions : vous trouverez ici toutes les actions que vous effectuez, dont dépendent strictement les résultats. Si vous mangez cinq glaces par jour, votre corps sera en surpoids. Si vous travaillez sur vos compétences, votre réseau et votre curiosité, vous aurez un solde plus favorable sur votre compte en banque. Si vous continuez à dévaloriser votre partenaire et à ne pas reconnaître ses qualités, votre relation sentimentale sera à bout de souffle. Ce que vous décidez de faire ou de ne pas faire est principalement influencé par la voiture précédente, c'est-à-dire la…

Voiture des idées : cette voiture comprend vos croyances sur le monde qui vous entoure et sur vous-même. Si vous croyez que le sport est un truc de masochistes, vous irez probablement à la salle en traînant des pieds et vous laisserez vite tomber (voiture des actions), en conséquence de quoi vous vous retrouverez avec un corps peu athlétique (voiture des résultats). Si vous estimez que c'est à vos amis de vous contacter, votre voiture des actions se remplira d'attitudes critiques envers les autres, de prétextes et d'immobilisme total dans l'entretien de la relation, et la voiture des résultats n'abritera rien d'autre que la solitude. Pourtant, tout au fond, les idées que nous épousons avec le plus de ténacité proviennent de ce qui mijote dans la voiture motrice.

La locomotive des valeurs : cette voiture est la plus importante, car il s'agit en réalité de la locomotive. C'est elle qui contient le moteur qui pousse en avant le train tout entier. Elle abrite les principes qui vous guident, les valeurs les plus importantes qui constituent votre boussole éthique pour vivre dans le monde. Grâce à elles, vous donnez du sens à ce qui vous arrive, vous jugez ce qui est bon ou mal selon votre point de vue, vous priorisez vos actions et vous décidez comment vous comporter[3]. Si vous embrassez la valeur santé, vous ne serez pas porté à penser automatiquement qu'aller à la salle de sport est une corvée ; au contraire, vous vous sentirez bien chaque fois que la voiture des actions comprendra des comportements cohérents avec cette valeur. Vous commencerez donc à cultiver de plus en plus d'idées capables d'aligner la locomotive avec la voiture des actions.

Ce processus explique de nombreux changements que nous réussissons à obtenir dans la vie, mais nous indique aussi une dynamique possible pour faire évoluer ceux qui nous entourent. Si la voiture des résultats d'un collaborateur, par exemple, contient des retards systématiques sur le lieu de travail, c'est peut-être

[3] Comme on peut l'imaginer facilement en lisant ces lignes, la dimension des valeurs est extrêmement précieuse pour notre « être au monde ». Malheureusement, la plupart des personnes ignorent totalement son existence, ce qui a pour résultat que les trois voitures progressent en étant privées de la force et de la détermination qui seraient garanties par la locomotive.

parce que cette personne ne s'est pas approprié la valeur du respect dans sa locomotive. Ou bien, elle apprécie cette valeur, mais pas excessivement. Si elle l'embrassait à 100 %, toutefois, elle commencerait automatiquement à penser que la ponctualité est importante, ce qui générerait dans la voiture des actions une série de précautions pour ne pas arriver en retard : elle avancerait son réveil, elle se coucherait plus tôt le soir et il serait beaucoup plus probable de ne plus la voir arriver en retard[4].

Je pourrais faire des centaines d'exemples similaires dans la vie de couple, les rapports que l'on entretient avec ses clients ou ses responsables, mais la morale de l'histoire est claire : les valeurs auxquelles vous adhérez mettent en mouvement des idées et des croyances particulières dans votre esprit. Celles-ci sollicitent des actions qui leur correspondent, qui vous amèneront inévitablement à recueillir un certain type de résultats.

Tout ceci nous amène à trois réflexions opérationnelles supplémentaires sur ce sujet.

1. Créez de la cohérence entre la locomotive et la tête du train

Comme nous avons déjà eu l'occasion de l'évoquer dans le chapitre consacré à l'orientation de vie, si vous travaillez pour automatiser des comportements qui vous mèneront à des objectifs en conflit avec vos valeurs, vous ramez à contre-courant.

C'est pour cela qu'il est si important de bien identifier ses valeurs. Dans le cas contraire, on est privé de la boussole qui permet de trouver le droit chemin dans la tempête.

Si vous réussissez à raccorder votre nouvelle habitude à l'une des valeurs qui vous guident, le chemin sera beaucoup plus facile.

[4] C'est pour cette raison que, lorsque nous travaillons pour produire des changements durables en entreprise, nous recommandons toujours de réfléchir sur les valeurs prévalentes dans l'environnement de travail et nous incitons les responsables à faire leur possible pour modifier la culture d'entreprise avant tout. Pour bien me faire comprendre, il est très difficile que vos collaborateurs se mettent à innover si l'entreprise ne promeut pas une culture de l'innovation au préalable.

Par exemple, demandez-vous pourquoi vous voulez prendre l'habitude de lire une page par jour. Peut-être voulez-vous stimuler la valeur de la créativité ? Ou bien voulez-vous augmenter vos revenus grâce à de nouvelles connaissances ? Ou encore renforcer vos compétences afin de venir en aide aux autres ?

Si vous souhaitez vous mettre à la course à pied, quelles sont vos motivations ? Voulez-vous vivre plus longtemps en bonne santé ? Voulez-vous être plein d'énergie quand vous passez du temps avec vos enfants ? Voulez-vous participer à un marathon à but caritatif ?

Chacune de ces réponses associe l'action à une locomotive différente. Il n'existe pas de valeur juste dans l'absolu et pour tous. Vous devez connaître les vôtres et comprendre comment les lier aux autres voitures afin de donner le plus d'élan possible au train du changement.

2. Travaillez pour modifier vos valeurs

Nous avons vu que les valeurs ne sont pas gravées dans le marbre, mais peuvent changer au cours du temps. Nous pouvons aussi agir pour renforcer stratégiquement certaines valeurs, afin de soutenir avec plus d'énergie les habitudes dont nous savons qu'elles nous rapprocheront de la meilleure version de nous-mêmes.

Voici les facteurs qui peuvent le plus influencer nos valeurs et sur lesquels je vous invite à réfléchir pour paramétrer votre stratégie de changement.

- *Le lieu de travail que nous fréquentons.* Il est plus facile d'embrasser la valeur de l'innovation quand on est employé chez Google que quand on travaille à la chaîne. Essayez de vous demander si et comment votre travail actuel influence vos valeurs.
- *Les médias auxquels nous nous exposons.* Quels profils suivez-vous sur les réseaux sociaux ? Quels journaux lisez-vous ? Quelles radios écoutez-vous ? Quels groupes avez-vous

rejoints sur Telegram ou WhatsApp ? Quels programmes télé regardez-vous ? Il est clair que *L'Île de la tentation* met en avant des valeurs bien différentes d'une émission de vulgarisation scientifique bien conçue. Recensez les médias qui remplissent votre esprit d'informations et triez-les en fonction des valeurs que vous voulez rendre plus solides.

- *Le groupe de pairs.* Si vous fréquentez des délinquants toute la semaine, ce n'est certainement pas la valeur de l'honnêteté que vous renforcerez. Trancher dans ses relations est un acte complexe, mais vous finirez par dépérir si vous ne le faites pas.
- *Évènements de vie.* On s'interroge sur sa place dans le monde quand on devient orphelin. On refait le point sur ce qu'on a accompli jusque-là quand on fête ses cinquante ans. Si on a la vie sauve dans un accident mortel, on réévalue avec attention le temps qu'on reçoit en don chaque jour. Certains évènements bouleversent la hiérarchie de nos valeurs d'une façon tout à fait indépendante de notre volonté. Dans certains cas, nous pouvons délibérément faire des expériences spécifiques pour nous déstabiliser, ce qui nous oblige à trouver un nouvel équilibre plus fonctionnel (citons par exemple le chemin de Compostelle, dont de nombreuses personnes reviennent totalement transformées).
- *Activités diverses.* Si vous vous inscrivez à un cours de musique, vous renforcerez probablement la valeur de la créativité. Si vous participez à une collecte alimentaire, il vous sera plus facile d'exercer la valeur de l'entraide. Quelles valeurs les activités que vous menez aujourd'hui, sur votre temps libre mais pas seulement, sollicitent-elles ? Quelles activités pourriez-vous envisager pour renforcer stratégiquement d'autres valeurs ?
- *Nouveaux rôles.* Devenir parent vous fait revoir vos priorités et vos objectifs, et donc aussi vos valeurs. Si vous changez d'emploi pour un poste où vous avez deux fois plus (ou moins) de responsabilités, vos valeurs peuvent évoluer aussi. De quelle façon les rôles que vous jouez actuellement dans la société influencent-ils les vôtres ?

3. Connaissez-vous vous-même et devenez qui vous êtes

Quand nous pensons à notre avenir et à la manière dont nous pouvons changer pour le rendre possible, il nous arrive parfois de trop nous laisser influencer par un mode de pensée très répandu dans le monde du développement personnel outre-Atlantique.

Je fais référence à l'idée naïve selon laquelle n'importe qui, pourvu qu'il soit doté d'une foi à toute épreuve et d'une volonté d'acier, peut atteindre n'importe quel résultat : « Si vous le voulez vraiment, alors vous pouvez l'obtenir, car vous pouvez devenir tout ce que vous voulez ». D'après mon expérience, cette idée a généré surtout de la frustration, car elle nous amène à réfléchir à la dimension de l'*avoir*, en mettant au second plan la dimension de l'*être*.

Pour commencer : ce n'est pas vrai, que vous pouvez devenir tout ce que vous voulez. Tout le monde ne peut pas être président des États-Unis, joueur de la NBA, parent aimant et partenaire irréprochable à la fois. Nous avons des limites que nous ne pouvons pas ignorer ou combattre, mais que nous devrions au contraire connaître et respecter[5].

Je vais m'expliquer plus précisément en utilisant la métaphore du menuisier et du jardinier.

Le menuisier a un morceau de bois entre les mains et une idée nette, dans sa tête, de la forme que ce morceau devra avoir quand le travail sera accompli. Ainsi, il se met à la tâche avec ardeur et, un coup de burin après l'autre, il sculpte sa matière première et lui donne la forme et l'apparence de son idée d'origine.

Quand nous épousons la philosophie « si vous le voulez, vous le pouvez », nous devenons les menuisiers de notre avenir[6].

[5] Ces limites sont en partie génétiques, comme nous le verrons au chapitre 11.

[6] Malheureusement, de nombreux parents commettent cette erreur dans l'éducation de leurs enfants : ils se placent dans le rôle du menuisier et non du jardinier. J'en parle dans *Cresci come un fiore* (« Pousse comme une fleur », Giunti, Florence, 2021, uniquement disponible en italien), un album destiné aux enfants de 3 à 9 ans, qui comprend aussi quelques conseils pratiques à destination des parents.

Pour que s'épanouisse le potentiel humain existant en nous, toutefois, je crois qu'il est plus sage et productif de laisser le menuisier travailler le bois et d'adopter le point de vue du jardinier.

Le jardinier commence par une graine et apprend à connaître ses besoins afin qu'elle fleurisse. Ce n'est qu'en étant conscient de ses caractéristiques, ses limites et sa nature que nous pourrons lui donner la bonne quantité d'eau, de soleil et d'engrais pour qu'elle se développe correctement. Une graine de rosier ne donnera jamais le parfum d'un magnolia, même si vous la cultivez comme si elle en était un, pas plus qu'une graine de marguerite ne se transformera en plante grimpante si vous la traitez comme une glycine.

VOUS NE POUVEZ PAS DEVENIR TOUT CE QUE VOUS VOULEZ VOUS POUVEZ DEVENIR TOUT CE QUE VOUS ÊTES

Une fois que vous connaissez votre graine, une fois que vous savez que vous avez entre les mains un tournesol, oui, vous devez tout faire afin que cette graine donne le plus beau tournesol ayant jamais existé. Il est juste et nécessaire, en d'autres termes, d'avoir de grands rêves et d'être ambitieux, mais il faut toujours le faire dans le respect de nos prémisses, de notre nature ; car si nous la violons, nous ne pouvons que nous exposer au malheur.

Pour filer la métaphore, on pourrait dire que vos valeurs sont votre graine. Nous avons vu que vous pouvez les modifier dans une certaine mesure, mais vous ne pouvez plus agir en désaccord avec elles une fois que vous les avez comprises et cernées avec précision. Donc, travaillez pour éclaircir vos valeurs et entrer en lien avec elles, évaluez si vous pouvez en renforcer des nouvelles afin de soutenir la mise en place des habitudes que vous souhaitez acquérir, mais restez toujours fidèle à vous-même.

Pour clore ce chapitre, je tiens à préciser, pour éviter tout malentendu, que les habitudes basées sur l'identité et celles basées sur les valeurs ne sont pas non plus en contradiction. Certes, on demande, dans le premier cas, d'« imiter » l'identité d'une autre personne, mais il ne s'agit pas de la copier sans exercer le moindre esprit critique. L'idée est de faire l'expérience de contextes, de rôles, de relations et d'activités différentes, autant de facteurs qui, nous l'avons vu, ont une influence sur nos valeurs, y compris les plus profondes.

EXERCICE N° 12 : CRÉEZ DE LA COHÉRENCE ENTRE HABITUDES ET VALEURS

Reprenez l'exercice du chapitre 1, qui vous a permis de commencer à travailler sur vos valeurs. Est-il possible de lier l'habitude que vous cherchez à prendre à l'une ou l'autre d'entre elles ? De quelle façon ? Pouvez-vous agir stratégiquement pour renforcer certaines valeurs ou en créer de nouvelles afin qu'elles vous soutiennent dans la mise en place de l'action qui vous intéresse ? Sur quelles valeurs en particulier devriez-vous travailler et comment pouvez-vous le faire ? En faisant de nouvelles expériences ? En changeant de fréquentations ? En assumant de nouveaux rôles ?

Troisième partie
Les compléments

9
Changez d'environnement pour changer de comportement

LE POUVOIR DE L'ENVIRONNEMENT

Maintenant que nous avons cerné et compris les prérequis et les fondamentaux, passons à ce que j'appelle les « compléments », ces éléments qui viennent soutenir et cimenter les changements que nous essayons d'obtenir. Ils constituent le troisième pilier de la méthode.

Il est important de toujours garder en tête que le fait d'avoir atteint de nouveaux objectifs ne signifie pas avoir atteint des résultats tenables, c'est-à-dire capables de perdurer dans le temps. Cela ne se produit que lorsque nous adoptons un nouveau style de vie.

Nous arrivons ainsi à un premier élément crucial, quoique sous-évalué, qui modèle notre comportement de manière invisible mais décisive et permet à une habitude de se maintenir ou non. Nous parlons là de l'environnement.

Pour comprendre son pouvoir « magique » en matière de conditionnement, je vais évoquer un exemple particulièrement parlant, qui remonte à l'époque de la guerre du Vietnam[1].

[1] L. N. Robins, J. E. Helzer, M. Hesselbrock, E. Wish, « Vietnam veterans three years after Vietnam : How our study changed our view of heroin », *The American Journal on Addictions*, 19 (3), 2010, p. 203-211. L'étude est disponible en anglais à l'adresse https://bit.ly/VietnamHeroin. J'en ai entendu parler pour la première fois lorsque j'ai lu la traduction italienne de *Irresistible. The Rise of Addictive Technology and the Business of Keeping Us Hooked* d'Adam Alter (Penguin Press, New York, 2017). L'auteur, professeur de psychologie et de marketing à l'université de New York, étudie les dépendances comportementales : il explique pourquoi de nombreuses technologies actuelles sont littéralement « irrésistibles » et explore les pistes pour limiter le risque d'en devenir les esclaves.

Durant le conflit, deux sénateurs américains ont rendu visite aux troupes américaines déployées sur le terrain. De retour au pays, ils indiquèrent avoir été profondément choqués de voir combien de soldats consommaient de l'héroïne. Que la moitié des effectifs fût composée de toxicodépendants était un phénomène imprévu et gravissime, et ils sonnèrent donc tout de suite l'alarme au Sénat. L'étape suivante consista à organiser un projet de recherche en vue d'expliquer pourquoi les militaires avaient commencé à consommer des drogues. Les premiers résultats indiquèrent que la situation était grave, mais pas au point de qualifier de « dépendants » tous les soldats qui consommaient de l'héroïne : 20 % d'entre eux avaient développé une véritable dépendance, tandis que 40 % en prenaient occasionnellement. Il s'agissait, en tout état de cause, de chiffres très élevés.

Ce qui frappa le plus les chercheurs, puis l'opinion publique, fut de découvrir que, quand les soldats rentraient aux États-Unis, loin de l'environnement où ils avaient commencé à se droguer, le pourcentage d'entre eux qui continuait à prendre de l'héroïne diminuait jusqu'à atteindre environ 5 % – un chiffre proche du taux de toxicodépendants usuel dans la société.

Je ne veux pas dire par là qu'il suffit de changer d'environnement pour laisser la toxicodépendance derrière soi. Les dépendances ont des origines complexes et multifactorielles et répondent à des dynamiques particulières. Il ne suffit donc pas de changer d'air pour s'en débarrasser. Il est néanmoins vrai que l'un des principes de base des communautés de désintoxication consiste justement à arracher le sujet à son contexte de vie et à l'insérer dans un environnement très différent de celui dont il a l'habitude. En temps normal, en effet, le toxicodépendant est confronté à toute une série de « conditionnements » qui représentent autant d'invitations à consommer : le banc sur lequel il se pique, le bar où il sait qu'il pourra trouver son dealer, le groupe d'amis avec lesquels il passe son temps. Tous ces éléments sont absents des centres de désintoxication et ne peuvent donc pas déclencher les mêmes associations entre environnement et comportement.

Pour en revenir à l'exemple du Vietnam, il est très probable que nous aurions agi de la même façon que ces soldats si nous avions été envoyés combattre là-bas. Nous nous serions retrouvés en contact constant avec d'autres personnes qui s'injectaient tranquillement de l'héroïne dans les veines. Nous aurions vécu le stress inhérent à la vie dans une zone de guerre, où l'on est en danger de mort permanent et l'on est contraint de faire des choix très lourds psychologiquement. Nous aurions peut-être pris une dose pour nous soulager de la pression et de l'angoisse (ou, parfois, de l'ennui également).

Je vous invite à réfléchir sur une maxime que nous pouvons tirer de cet exemple : *pour changer radicalement le comportement, on doit commencer par changer radicalement le contexte.*

POUR CHANGER RADICALEMENT DE COMPORTEMENT, CHANGEZ RADICALEMENT L'ENVIRONNEMENT DANS LEQUEL VOUS AGISSEZ

Une fois de retour aux États-Unis, la majorité des vétérans cessait de consommer de la drogue. Ce phénomène s'explique par de multiples causes. Tout d'abord, si l'héroïne se trouvait très facilement au Vietnam, elle était nettement moins accessible aux États-Unis. Deuxièmement, leur niveau de stress était infiniment plus bas que celui qu'ils avaient connu sur le théâtre des opérations (sous les bombardements ennemis, avec des adversaires et des snippers en embuscade, les compagnons d'armes qui mouraient sous leurs yeux ou souffraient de blessures ou de mutilations terribles) et les effets de l'héroïne pour réduire le stress n'étaient donc pas nécessaires. En outre, le phénomène avait été exposé à la vue de tous et en quelque sorte accepté durant la guerre, mais il en allait bien autrement au pays, où consommer de la drogue n'était ni commun ni acceptable.

Une autre expérience classique très intéressante pour comprendre le poids de l'environnement sur le comportement des personnes a été menée au Massachussetts General Hospital[2]. Un groupe de chercheurs émit l'hypothèse qu'il était possible d'augmenter la vente et la consommation de bouteilles d'eau à la cafétéria aux dépens des boissons gazeuses, et ce sans passer par des opérations de marketing ou de communication. Les bouteilles d'eau, qui étaient auparavant situées à un autre endroit, furent placées près de la caisse et dans les réfrigérateurs qui ne proposaient jusque-là que des boissons gazeuses. Elles étaient ainsi plus visibles aux yeux des clients et plus accessibles. En substance, les chercheurs travaillaient sur l'environnement pour envoyer un nouveau message aux personnes entrant dans la cafétéria. Les boissons gazeuses ne furent pas retirées, mais elles étaient désormais côte à côte avec les bouteilles d'eau. En l'espace de six mois, les ventes d'eau augmentèrent de 20 %, tandis que celles de boissons gazeuses diminuèrent de 11 %. Pour bien comprendre combien le contexte avait conditionné le choix de boissons, il faut savoir que les gens répondaient « Parce que j'en avais envie » quand on leur demandait pourquoi ils avaient acheté de l'eau. Mais c'était faux. Ce n'était pas la vraie raison ; sinon, ils auraient déjà acheté de l'eau du temps de l'ancien agencement, vu qu'elle était déjà disponible. Ils avaient simplement reçu, inconsciemment, le stimulus environnemental qui les poussait plus qu'avant à acheter de l'eau.

Cette expérience montre comment l'environnement peut se révéler un allié puissant de la force de volonté. En synthèse, il est évident que l'environnement qui nous entoure conditionne de manière inconsciente, mais décisive, nos choix et nos actions. Cela signifie que nous ne choisissons pas toujours ce que nous voulons réellement, mais que nous choisissons en fonction de ce que l'environnement nous propose.

[2] La description de l'étude est disponible en anglais à l'adresse https://bit.ly/ArchitectureChoices.

VOUS NE CHOISISSEZ PAS EN FONCTION DE CE QUE VOUS VOULEZ. VOUS CHOISISSEZ EN FONCTION DE CE QU'ON VOUS PROPOSE

Autre exemple : pourquoi avez-vous un jour décidé d'acheter le t-shirt que vous portez en ce moment précis ? Avez-vous cherché activement et spécifiquement cette couleur, cette marque et ce modèle ? Ou bien êtes-vous allé en magasin sans idée précise et l'environnement vous a efficacement proposé cet achat en particulier ? Vous n'aviez peut-être même pas songé à acheter un t-shirt, mais vous avez accompagné quelqu'un faire du shopping, vous avez vu que celui-là était soldé et vous vous êtes dit : « Pourquoi pas… Allez… Ça pourrait m'être utile de l'avoir, prenons-le ». Aviez-vous vraiment envie du crayon à papier que vous êtes en train d'utiliser pour souligner les passages intéressants de ce livre, ou bien n'importe quel crayon faisait-il l'affaire et avez-vous pris le premier qui était exposé à côté de la caisse de la papeterie ? Dans la majorité des cas, nous décidons d'acheter des produits, des services et même des idées et des comportements pour la simple raison que l'environnement dans lequel nous vivons nous les propose. Ils sont là, ils sont faciles à attraper et, par conséquent, nous les intégrons à notre vie.

Cette prise de conscience est surtout importante parce qu'elle nous amène à réfléchir à la manière dont nous pouvons agir sur l'environnement autour de nous pour l'utiliser à notre avantage.

AU SECOURS DE LA FORCE DE VOLONTÉ

Tout comme le talent est un ingrédient important du succès mais n'est pas pour autant indispensable, la force de volonté est généralement surestimée. Les directeurs marketing de la grande distribution (et donc des supermarchés) connaissent parfaitement l'influence de l'environnement sur le comportement et la force de volonté. Vous êtes-vous jamais demandé pourquoi le rayon fruits et légumes est toujours situé à l'entrée du magasin ou à proximité, tandis que les chips, le chocolat, les gâteaux et les snacks hypercaloriques sont en fin de parcours, plus près de la sortie ? Parce que si nous plaçons tout de suite les fruits et les légumes dans notre chariot, nous avons la conscience tranquille et nous sommes plus enclins à y glisser aussi quelques « cochonneries ». De même, l'eau est toujours située près des caisses pour éviter que les clients encombrent leur chariot dès le début de leurs courses et ne puissent plus y placer grand-chose par la suite. D'ailleurs, avez-vous remarqué que les chariots sont de plus en plus grands ? Si vous y repensez, ils étaient plus petits pendant les années soixante-dix ou quatre-vingt. Ils n'ont pas grandi d'un coup, mais progressivement, dans le but de nous inciter à acheter toujours plus. Et pourquoi les bonbons et le chocolat occupent-ils généralement les rayons les plus bas, à portée de main des enfants ? Parce qu'il est plus facile de les *tenter* : les bonbons deviennent le *signal* qui leur rappelle que, avec une *action* très simple (le caprice du jour), ils peuvent obtenir un grand *bénéfice* (la sucette qui leur fait tant envie).

Les exemples ne manquent pas. Savez-vous où se trouve le gros sel dans votre supermarché ? Personne n'en sait rien, et devinez pourquoi ? Parce que c'est un produit indispensable et que vous continuerez à chercher tant que vous ne l'aurez pas trouvé. Entretemps, vous aurez rempli votre chariot de biscuits, de gâteaux apéritifs, de bougies parfumées et de crème hydratante, sans oublier un flacon d'après-rasage, une mangue et trois tomates, trois tablettes de chocolat et deux paquets de galettes de riz.

L'exemple du supermarché nous incite à nous interroger. S'il est vrai que l'environnement détermine nos choix, comment pouvons-nous le modifier pour en faire un allié de notre force de volonté, faciliter certains comportements et en compliquer d'autres ? Comment pouvons-nous construire notre quotidien pour nous « vendre » les meilleurs choix à nous-mêmes ? Comment passer du statut de victime de l'environnement à celui d'architecte de sa propre vie ? Comment transformer notre contexte en fonction de l'habitude que nous voulons adopter pour devenir un certain type de personne ?

Il existe heureusement différentes possibilités d'action. Il suffit d'observer avec attention l'architecture « psychologique » de l'environnement qui nous entoure et de la manipuler afin qu'elle devienne utile pour nous.

PSYCHOLOGIE DES SUPERMARCHÉS : QUAND L'ENVIRONNEMENT DÉCIDE DE VOS ACHATS

Je liste ci-dessous six exemples de stratégies déployées dans les supermarchés pour orienter nos achats grâce au pouvoir de l'environnement. Vous disent-elles quelque chose ?

1. *Quand vous arrivez à la caisse, cédez-vous à un dernier achat ?*
   Une stratégie de marketing utilisée dans de nombreux commerces consiste à placer des produits près de la caisse afin d'inciter les clients à ajouter quelque chose dans leur chariot pendant qu'ils attendent de payer et de quitter le magasin. Elle est efficace car les produits en question sont faciles à attraper et à portée de main et présentent un prix modeste. Le client, en effet, a terminé ses courses et fait la queue pour s'en aller ; il n'est pas prêt à dépenser davantage. Un prix trop élevé le découragerait, tandis qu'il ajoute volontiers un paquet de bonbons à quelques euros dans son chariot.
2. *Le rôle de la musique au supermarché : comment elle nous incite à dépenser plus*
   Les recherches montrent que les consommateurs ont tendance à dépenser plus dans les supermarchés diffusant de la musique. Le panier moyen augmenterait même de plusieurs points de pourcentage. En effet, les clients restent plus longtemps dans les rayons quand il y a un fond sonore ; ils prennent plus leur temps et seront donc plus tentés de faire des achats.
3. *Le marketing des produits « en vrac »*
   On constate dans la plupart des supermarchés la présence de grands bacs dans lesquels les produits sont mélangés sens dessus dessous. Ce n'est pas un hasard : l'objectif est de nous donner l'impression qu'il s'agit d'articles à bas coût, voire d'invendus. Notre esprit associe le

désordre à un produit bon marché, il baisse donc ses défenses et induit plus facilement l'achat (il en va de même pour les objets vendus « à prix coûtant »). Cette technique est typique des marchés de rue, où les articles sont souvent déversés sur les stands avec le prix écrit en gros, parfois à la main plutôt qu'en une police imprimée, le tout afin d'augmenter la sensation qu'il s'agit d'un produit – et donc d'un prix – « amateur ».

4. *Achats par association*
Nous l'avons vu, rien n'est agencé au hasard dans un supermarché. Vous pourrez constater que les boissons typiques de l'apéritif sont souvent placées à côté des chips, du pop-corn et autres biscuits salés. Nous avons là un exemple de ventes croisées, une technique qui consiste à mettre côte à côte des produits de catégories différentes, mais qu'on consomme dans le même contexte. Il est ainsi plus probable que le client achète les deux articles à la fois. D'autres exemples : fraises et crème chantilly, salade et croûtons, pain et charcuterie, pâtes et sauces. Parfois, cette stratégie est effectivement utile pour le consommateur ; dans de nombreux cas, en revanche, on lui suggère un achat qu'il n'avait pas prévu et on le persuade de remplir son chariot et de vider son portefeuille.

5. *Le secret des produits placés à notre droite*
Une autre astuce de supermarché consiste à installer les produits dont on souhaite soutenir la vente à droite des clients. En effet, la majorité de la population est droitière et les vendeurs savent bien que nous attraperons plus facilement les articles sur notre droite que ceux sur notre gauche.

6. *Combien de machines faites-vous tourner avec cette lessive ?*
Imaginons-nous au supermarché, dans le rayon entretien du linge. On voit de plus en plus de lessives négliger les informations liées à la contenance du bidon pour mettre en avant la quantité de doses, et donc de lessives, que le bidon en question est censé permettre. Dommage que le nombre de lavages varie même quand la quantité de liquide est identique. Où est la ruse ? Cette opération porte le consommateur à acheter sa lessive non en fonction des litres effectivement proposés, mais en se fiant au nombre d'utilisations affiché.

Travaillez pour créer un environnement favorable

Par le passé, j'ai assuré auprès d'ENI, la principale société italienne d'hydrocarbures, plusieurs formations sur différents sujets, dont la réduction des accidents du travail grâce à la science des habitudes. À l'entrée des plateformes, une fois que j'avais remis mon document d'identité, on m'installait dans une salle équipée d'un ordinateur et je devais regarder une vidéo de quelques minutes fournissant des informations sur le comportement à adopter dans les locaux : quel numéro contacter en cas d'urgence, la signification des différentes alarmes sonores, la marche à suivre si je voulais fumer, etc. À la fin de la présentation, l'écran affichait quelques questions, une sorte de bref examen qui me permettait (ou non) d'accéder à l'établissement. Je devais répondre correctement à toutes les questions, ou bien continuer à répondre jusqu'à ce que j'aie prouvé que je maîtrisais les concepts que l'entreprise considérait comme fondamentaux. En conclusion, ENI a créé un environnement qui m'obligeait à mémoriser certaines notions avant d'accéder à la plateforme. Grâce à cette étape forcée, j'entrais en contact avec la structure et le personnel dans un état d'esprit précis, différent de celui que j'aurais eu sans la formation. En changeant l'environnement, mon esprit a changé aussi et, donc, les comportements que j'allais adopter ou ne pas adopter.

Voyons d'autres exemples de la manière dont nous pouvons agir sur le contexte qui nous entoure en fonction de nos souhaits.

Supposons que vous vouliez passer moins de temps devant la télévision afin de lire plus de livres. Votre mission serait impossible si vous aviez une télé dans votre chambre, juste devant votre lit ; une telle organisation vous inviterait à faire exactement le contraire de ce que vous voudriez. Après une journée épuisante, vous rentreriez chez vous au bout du rouleau, vous vous effondreriez sur votre lit et vous auriez devant vous un téléviseur, un signal clair, une invitation à l'allumer. Ce signal visuel vous inviterait à accomplir une action « tellement simple qu'on ne peut pas lui dire non » : il suffirait de tendre le bras pour attraper la télécommande et d'appuyer sur un bouton pour tomber sur la dernière émission de téléréalité... Vous commenceriez à vous passionner pour les épreuves des candidats... Et je pense que vous avez compris comment se terminerait la soirée. Dans une pièce où tout est organisé contre votre objectif, l'effort à accomplir est très grand et la partie est souvent perdue d'avance, comme si les dés étaient truqués. Et si vous n'aviez plus de télé dans la chambre, mais seulement dans le salon ? Et si elle ne trônait plus à la vue de tous, mais était cachée dans un de ces placards télé qui permettent de refermer les portes une fois l'émission terminée ? Et si vous mettiez une pile de livres sur la table basse ? Des textes qui vous intéressent ou qui vous touchent, peut-être pas trop exigeants pour commencer... Voilà que l'environnement réagencé ainsi vous incitera à lire plutôt qu'à regarder le dernier épisode de téléréalité. Une simple action a fait de votre salon l'allié de votre force de volonté et non son « ennemi ». Vous voulez créer une condition encore plus radicale et efficace ? Supprimez tout simplement la télé et évaluez, à la fin du mois, combien de minutes supplémentaires vous avez consacrées à la lecture !

Si vous voulez prendre l'habitude de boire plus d'eau, ne laissez pas la bouteille fermée au frigo, mais placez-la juste à côté de votre bureau ; ainsi, vous la verrez chaque fois que vous déplacerez le regard de ce côté-là et cela vous rappellera de prendre une gorgée. Si vous remplacez la bouteille par un paquet de bonbons, vous aurez paramétré le signal qui déclenche l'action de les manger et le bénéfice (qu'est-ce que c'est bon, les bonbons !), à tel point que vous les mangerez tous, les uns après les autres. Et si les bonbons ne sont pas emballés individuellement ? C'est encore plus simple, car l'action vous demande encore moins d'effort.

Vous voulez manger moins de gâteaux ? N'en achetez pas. Vous voulez faire de la course à pied au saut du lit ? Dormez en tenue de jogging (sans les chaussures, éventuellement...). Vous voulez apprendre l'anglais ? Modifiez tout de suite la langue dans les paramètres de votre téléphone, de votre GPS et de votre ordinateur. Tous ces éléments simples ont pour objectif de construire un environnement capable de vous soutenir, de vous aider à garder l'équilibre même lorsque la force de volonté vous fait défaut. Comme nous l'avons vu, la force de volonté a beau être un élément important dans les processus d'apprentissage et de changement, elle nous abandonne malheureusement dans 80 % des cas.

Notre environnement peut donc nous fournir de multiples solutions pour voler au secours de notre force de volonté. Il s'agit de les chercher, de les tester et de les adopter. Si nous n'apprenons pas à organiser l'environnement dans lequel nous évoluons d'une manière utile pour nos choix, les autres choisiront à notre place.

SI VOUS N'AVEZ PAS UN PLAN POUR VOTRE FUTUR, QUELQU'UN D'AUTRE EN AURA UN À VOTRE PLACE

De toute ma vie professionnelle, je n'ai jamais connu personne capable d'adopter de bonnes habitudes dans un environnement qui ne les favorisait pas, et ce pour une raison simple : l'effort de volonté nécessaire est intenable. Notre objectif, à présent, est de revoir notre environnement afin de promouvoir les bonnes habitudes et d'éloigner les mauvaises.

EXERCICE N° 13 : INTERVENEZ SUR VOTRE ENVIRONNEMENT

Comment pouvez-vous modifier votre environnement pour encourager l'habitude que vous voulez prendre et/ou décourager le comportement que vous voulez abandonner ?

Quel objet pouvez-vous exposer à la vue afin qu'il soit accessible et à portée de main ? Que pouvez-vous cacher afin de le rendre moins accessible ? Devez-vous déplacer quelque chose ou le préparer très à l'avance ? De quelles autres façons pouvez-vous intervenir sur votre environnement pour en faire votre « allié » ?

Prenez du temps pour observer les espaces dans lesquels vous menez les actions que vous voulez renforcer et demandez-vous ce qui vous freine et ce qui pourrait, au contraire, vous faciliter le travail.

COMMENT DÉCOURAGER LES HABITUDES 2.0

La technologie a toujours transformé la vie des êtres humains. Pensons aux changements apportés par la révolution industrielle, non seulement du point de vue de la production mais également sur le plan purement sociologique. Juste à l'époque de l'apparition des machines à vapeur ou à charbon et des grandes usines, le regard porté sur les enfants au sein de la famille a commencé à changer aussi : ils n'étaient plus des ressources utiles au travail et sont peu à peu devenus le centre affectif du foyer. La natalité a diminué d'année en année, progressivement, jusqu'à arriver à la situation actuelle, où avoir quatre enfants est considéré comme une exception curieuse.

Il est incontestable que nous subissons aujourd'hui aussi, plus ou moins consciemment, l'influence de la révolution technologique. Il y a trente ans, combien d'entre nous auraient pu imaginer dormir avec leur téléphone portable sur la table de chevet ? Personne, je crois (ou peut-être quelques utilisateurs en avance sur leur temps). Selon une enquête récente, 70 % des personnes détenant un smartphone s'endorment après avoir vérifié leur appareil une dernière fois[3]. Une autre étude a montré qu'un mail interrompt généralement le flux de travail de son destinataire environ six secondes après son arrivée[4]. Le fait est que, même si nous n'y répondons pas immédiatement mais nous limitons à lire le message reçu en diagonale, le temps nécessaire à retrouver la concentration perdue est en moyenne d'une minute. Tout cela peut poser problème sur le plan de la productivité et, si on analyse bien le phénomène, on peut voir que la quasi-totalité des interruptions sont en réalité des auto-interruptions, c'est-à-dire des interruptions que nous décidons de faire. Je veux dire que si une notification arrive au moment où j'écris cette page et je

[3] Donnée tirée de l'étude *Global Mobile Consumer Survey 2015* de Deloitte Italy. Pour en savoir plus, rendez-vous sur www2.deloitte.com.

[4] A. Atler, *Irresistible. The Rise of Addictive Technology and the Business of Keeping Us Hooked*, op. cit.

regarde de quoi il s'agit, c'est moi qui décide de le faire, ce n'est pas mon smartphone qui me tord le bras.

Heureusement, l'environnement et son architecture peuvent aussi nous venir en aide pour tempérer notre rapport avec les nouvelles technologies. Exactement comme il s'est révélé fonctionnel pour acquérir de bonnes habitudes, l'environnement peut favoriser le recul des mauvaises.

Différents outils et astuces peuvent nous aider à freiner les habitudes « technologiques » peu favorables à nos objectifs.

Si nous travaillons beaucoup à l'ordinateur, nous pouvons installer sur notre navigateur un logiciel qui bloque les annonces publicitaires présentes sur de nombreux sites Internet, ce qui permet d'économiser du temps de chargement et de la bande passante tout en évitant les distractions inutiles. Sur Facebook, on peut éliminer toutes les notifications du fil d'actualité grâce à des plug-ins spécifiques, de telle sorte que la page d'accueil reste vide et que nous devons aller chercher la page d'une personne pour la consulter ; ainsi, nous sommes les seuls à décider qui et ce que nous voyons. Il existe aussi des applications bloquant l'accès à certains sites Internet, tant sur ordinateur que sur téléphone, durant des horaires à paramétrer soi-même. Enfin, pour éviter d'être distrait par son téléphone, on peut aussi le mettre en silencieux ou tourner l'écran dans une autre direction, voire le laisser dans une autre pièce, loin de soi.

Habitude n° 9 : comment freiner les mauvaises habitudes 2.0

Clyde Beatty a été le dompteur de lions le plus renommé du siècle dernier. Il doit sa célébrité à une découverte en particulier : l'utilisation d'une chaise comme instrument de dressage. En bref, il comprit qu'en relevant la chaise vers l'animal, l'attention de celui-ci se fragmente entre différents endroits (les quatre pieds). Le lion est désorienté et ne sait plus sur quoi se concentrer. La conséquence ? Il devient beaucoup plus facile à dompter.

Avec l'avènement des nouvelles technologies, nous sommes un peu devenus comme le lion : nous sommes soumis simultanément à de très nombreux stimuli, qui ne nous paralysent peut-être pas mais nous font quand même perdre beaucoup de temps. Comment nous défendre de ces atteintes incessantes à notre attention ?

Pour ma part, une petite astuce a largement amélioré ma capacité de concentration : quand j'écris à l'ordinateur, je mets mon logiciel de traitement de texte (Word) en plein écran. Ainsi, je ne vois pas les notifications des autres programmes et je suis à l'abri de ces dangereux signaux qui viennent miner mon attention toutes les cinq minutes[5].

Une autre stratégie qui a nettement amélioré ma capacité de concentration a consisté à désactiver toutes les notifications sur mon téléphone. Mon écran n'affiche pas continuellement de petits rectangles colorés signalant l'arrivée d'un sms, d'un message sur WhatsApp, d'un mail ou d'un like sur Facebook. Si je veux voir qui m'a contacté et comment, c'est donc moi qui décide de le faire, sans qu'un signal externe induise mon action. De plus, pour éviter d'avoir un accès immédiat à des comportements qui me font perdre du temps, j'ai aussi réduit au maximum les icônes sur l'écran d'accueil. Au final, je n'en ai laissé qu'une : ma *to-do list*, dans laquelle je note tout ce que je dois faire et ne veux pas oublier. De cette manière, je dois faire défiler l'écran des applications si je veux aller sur Facebook, YouTube ou Instagram ou consulter mes mails. J'ai simplement mis un « obstacle » entre moi et le comportement que j'entends décourager (perdre du temps) en modifiant l'environnement (dans ce cas, mon téléphone et mon ordinateur).

En substance, nous pouvons nous emparer de l'environnement qui nous entoure sans effort particulier afin qu'il encourage ou décourage certaines habitudes.

[5] Si vous disposez d'un espace de travail généreux, je vous suggère d'essayer aussi d'utiliser deux écrans. De cette façon, vous pouvez placer sur l'écran principal la tâche à laquelle vous travaillez et laisser sur l'écran secondaire toutes les activités qui ne sont pas prioritaires.

10
Le feedback

QU'ENTEND-ON PAR « FEEDBACK » ?

Le mot anglais *feedback* peut se traduire par *rétroaction* : c'est le processus par lequel l'effet d'une action du système se reflète sur le système lui-même afin d'en modifier ou d'en corriger le fonctionnement. Ces derniers temps, ce terme, qui jusque-là s'employait essentiellement dans les milieux techniques et scientifiques, a aussi été adopté par d'autres disciplines telles que la linguistique et la psychologie ; il désigne alors l'effet rétroactif d'un message ou d'une action sur la personne qui l'a émis ou l'a mise en œuvre.

Prenons un exemple et supposons que vous interveniez durant un congrès. L'expression et la posture de vos spectateurs seraient le feedback que ces derniers vous envoient, plus ou moins consciemment, et que vous pourriez utiliser pour organiser au mieux la suite de votre présentation. S'ils bâillent, vous êtes probablement en train de les ennuyer ; s'ils hochent la tête, ils sont probablement intéressés par vos propos et d'accord avec vous. De ce point de vue, le feedback est un signal précieux que notre environnement nous renvoie en conséquence d'une action que nous accomplissons. Nous pouvons ensuite adopter des correctifs : si je me rends compte que mon public s'ennuie, je peux hausser la voix ou laisser de côté certains détails peut-être trop techniques, puis réévaluer si le feedback des spectateurs évolue positivement.

ENVIRONNEMENT À RETOUR DÉCALÉ VS ESPRIT À RETOUR IMMÉDIAT

Dans son splendide ouvrage *Sapiens. Une brève histoire de l'humanité*[1], l'essayiste israélien Yuval Noah Harari explique que le cerveau humain est resté essentiellement identique au cours des deux cent mille dernières années, depuis l'apparition d'*Homo sapiens* jusqu'à aujourd'hui. Le seul changement remonte à il y a environ soixante-dix mille ans, quand, grâce à une mutation génétique, *Homo sapiens* est devenu capable, d'une part, de concevoir des pensées abstraites, depuis l'idée du divin jusqu'au fait de s'imaginer sur un yacht, multimilliardaire et entouré de playmates, et, d'autre part, de concevoir des fictions. Cette *révolution cognitive* a permis à l'homme d'atteindre le stade actuel. Au fil du temps, d'autres révolutions extrêmement importantes ont influencé son devenir : la *révolution scientifique*, il y a cinq cents ans, puis les quatre *révolutions industrielles* ont bouleversé les méthodes de travail et donc le mode de vie des humains, et même nos interactions.

Arrêtons-nous un instant ici. La première révolution industrielle concerne principalement les secteurs du textile et de la métallurgie ; elle se produit durant la deuxième moitié du XVIIIe siècle et découle de l'apparition des machines à vapeur. La deuxième révolution industrielle commence en 1870, environ cent vingt ans plus tard, avec l'introduction de l'électricité, des produits chimiques et du pétrole. La troisième révolution industrielle se fait attendre cent ans : nous sommes en 1970 et l'industrie recourt massivement à l'électronique, aux télécommunications et à l'informatique.

Ces premières dates nous indiquent déjà que le délai entre deux révolutions se réduit peu à peu. Cette accélération, toutefois, devient exponentielle si nous nous intéressons à la

[1] Y. N. Harari, *Sapiens. Une brève histoire de l'humanité*, traduit par Pierre-Emmanuel Dauzat, Albin Michel, 2015.

quatrième révolution industrielle[2], à savoir la pénétration croissante entre les mondes physique, numérique et biologique, qui a commencé aux alentours de 2014 et que nous sommes en train de vivre. Le temps d'attente entre deux révolutions diminue et l'on en vient spontanément à se demander : dans combien d'années assisterons-nous à la prochaine ?

Ce sujet présente un intérêt certain pour de nombreuses raisons, mais j'aimerais attirer l'attention sur un point en particulier dans le cadre de ce livre : globalement, nous sommes en train de vivre cette révolution (et probablement les prochaines, désormais imminentes) avec le même cerveau d'*Homo sapiens*, c'est-à-dire un esprit adapté pour résoudre les problèmes d'il y a deux cent mille ans, ou, dans la meilleure des hypothèses, d'il y a soixante-dix mille ans.

Cette prémisse est fondamentale pour comprendre ce qu'est le feedback et quel est son rôle dans les processus de changement. Selon Harari, nous vivons aujourd'hui avec un esprit « ancestral », le même qui, il y a soixante-dix mille ans, a habitué l'être humain à appréhender un *environnement à retour immédiat*. À l'époque, les gens avaient des préoccupations contingentes comme la faim, le froid ou le danger posé par un animal féroce, autant de signaux immédiats auxquels correspondaient des actions et des solutions immédiates : j'ai faim, je me procure de la nourriture ; une bête féroce arrive, je m'enfuis en grimpant dans un arbre ; il pleut, je cherche un abri. Les feedbacks étaient également immédiats : j'ai faim (signal), je me procure de la nourriture (action), je mange à ma faim (feedback) ; il pleut, j'entre dans la grotte, je reste au sec ; s'il y a une bête féroce, je m'enfuis dans un arbre et je suis sain et sauf.

Aujourd'hui, bien entendu, les choses ont changé. Nous vivons dans un environnement à retour décalé, où la dimension du feedback se dilue. Par exemple, nous menons des études

2 Il s'agit de la somme des progrès en intelligence artificielle, robotique, Internet des objets, impression 3D, génie génétique et d'autres technologies.

pour obtenir un travail que nous pourrons exercer – si nous avons de la chance – seulement des années plus tard.

Cela signifie que nos efforts ne sont plus récompensés au moment où nous les déployons. Action et rétroaction ne sont plus contemporaines. Prenons un autre exemple : nous investissons dans des fonds de pension plus ou moins sûrs qui ne nous offrent pas de retour immédiat mais repoussent le résultat dans le temps, ce qui s'appuie sur notre capacité d'abstraction.

En somme, en vivant dans une société à retour retardé avec un esprit calibré sur le retour immédiat, nous perdons le feedback, c'est-à-dire la preuve que ce que nous faisons est juste ou non. Et cette perte a un impact dévastateur sur notre façon de rester motivés et constants dans le temps.

CE QUE VOUS MESUREZ GRANDIT

Recevoir un retour sur nos actions est extrêmement puissant et important. Pensez aux écrans de signalisation qui nous indiquent à quelle vitesse nous roulons et si celle-ci respecte les limites prévues par la loi. Grâce à cette information, nous pouvons ralentir si nous allons trop vite, en évitant ainsi de perdre des points et, parfois, de subir de terribles accidents de la route. D'ailleurs, certaines études[3] ont révélé qu'on a naturellement tendance à réduire sa vitesse de 10 % en moyenne quand on est exposé à ces panneaux et à la maintenir à ce niveau pendant plusieurs kilomètres. Dans ce cas, l'écran de signalisation se transforme en feedback capable de modifier nos actions.

Ce principe n'est pas valable uniquement en matière de sécurité routière. Tout ce que nous mesurons croît plus facilement. Tous les systèmes de rétroaction améliorent de 10 % nos prestations[4], un fait à ne pas négliger si l'on songe au nombre de prestations sur lesquelles vous pouvez agir. Dans certains cas, l'effet

[3] T. Goetz, « The feedback loop », in D. Ariely, T. Folger (éd.), *The best American science and nature writing*, Mariner Books, New York, 2012.

[4] *Ibid.*

est probablement encore plus élevé. Quand j'ai changé de voiture, la fonctionnalité indiquant directement sur le tableau de bord combien de kilomètres je parcourais avec un litre d'essence a piqué ma curiosité. Cette donnée est mise à jour en temps réel en fonction de mon mode de conduite (si je « gaze » trop, si je choisis la bonne vitesse, si je freine inutilement, etc.). Depuis que j'ai un retour en temps réel sur mes consommations, je fais beaucoup plus attention à ma conduite, qui a pas mal changé : j'utilise moins d'essence, ce qui implique également un moindre impact environnemental[5]. Le feedback nous aide non seulement à augmenter nos prestations physiques (les passionnés de stepper adorent regarder le compteur de calories pendant leur pratique, ce qui les incite à donner toujours plus), mais aussi à mieux retenir – et donc à apprendre plus rapidement – les comportements les plus fonctionnels à adopter. Imaginons un joueur de golf qui n'aurait pas la possibilité de savoir où est passée la balle qu'il vient de lancer : il pourrait s'entraîner toute la journée sans progresser d'un iota.

Il devient donc important de s'interroger sur la manière dont nous pourrions obtenir des retours sur le comportement que nous voulons transformer en habitude. De ce point de vue, il peut tout d'abord être utile de bien formuler notre intention.

Des expressions telles que « je veux avoir une alimentation plus saine », « je veux faire plus d'exercice » ou « je veux être plus productif le matin » sont pleines de bon sens, mais elles définissent les habitudes de façon vague et risquent de nous empêcher de prendre conscience des progrès accomplis, ce qui, *in fine*, pourrait nous faire abandonner notre projet. Si, au contraire, nous réussissons à être spécifiques dans l'exposé de nos intentions, nous avons plus de chances d'atteindre nos objectifs.

[5] Le livre *Nudge* du prix Nobel Richard Thaler et de Class Sunstein (traduit par Laurence Nicolaïeff, édition revue et augmentée, Vuibert, Paris, 2022) évoque la manière dont les producteurs de technologies polluantes pourraient faire évoluer leurs méthodes en prévoyant des mécanismes de feedback poussant les utilisateurs à employer les machines en question avec parcimonie, ce qui comporterait de nombreux avantages pour notre planète.

« Je veux manger au moins trois fruits par jour », « chaque jour ouvré, je veux faire un jogging de quinze minutes à six heures du matin », « le samedi et le dimanche, après le petit-déjeuner, je veux écrire sept cents mots de mon livre » : voilà des formulations qui nous permettront de mesurer facilement nos progrès.

EXERCICE N° 14 : MESUREZ POUR AVOIR UN RETOUR

Posez-vous les questions suivantes pour que votre habitude devienne la plus spécifique possible et soit donc en mesure de vous fournir un feedback : combien de fois par semaine voulez-vous acter le nouveau comportement ? Quels jours ? À quelle heure ? Combien de temps vous faudra-t-il pour le mener à bien ? Y a-t-il d'autres paramètres que vous devez prendre en considération pour évaluer si vous avez mené votre action à son terme ?

LE FEEDBACK DANS LA VIE DE TOUS LES JOURS

Un des systèmes de feedback les plus fonctionnels est celui des check-lists, qui sont par exemple adoptées dans certains hôpitaux. Au fur et à mesure que le personnel accomplit des tâches, il les coche dans une liste de procédures afin de réduire les risques autant que possible, tant pour le médecin que pour le patient. Un bel exemple de cette stratégie est présent dans le *Petit livre de la check-list*[6]. L'auteur, Atul Gawande, montre les résultats obtenus dans les hôpitaux ayant adopté la check-list comme système de feedback ; dans certains cas, on a enregistré une baisse de la mortalité allant jusqu'à 60 % aux urgences.

La check-list est un excellent système de feedback car, au fur et à mesure qu'on coche les tâches réalisées, on a un cliché précis de ce qui a été accompli et de ce qu'il reste à accomplir.

[6] A. Gawande, *Le petit livre de la check-list. Pour bien faire les choses*, traduit par Anne-Marie de Nailly, Valor éditions, Hendaye, 2022.

C'est un peu comme avoir à vos côtés un assistant personnel qui, quand vous avez fini une tâche, vous donne le feu vert et vous invite à poursuivre comme prévu.

Lorsque je collabore avec des professionnels pour les aider à accélérer leur croissance, j'encadre souvent la mise en place de systèmes de feedback. Le plus évident est le suivi des statistiques de l'entreprise et des collaborateurs. Prenons le tableau de bord de gestion, ce registre des dépenses divisé par catégories, avec chiffre d'affaires et frais : il permet immédiatement au chef d'entreprise d'évaluer l'état de son activité, puis l'analyse de certains paramètres spécifiques lui indique s'il doit intervenir et, dans ce cas, sur quels éléments. Songeons aussi à l'importance de surveiller le nombre de clients potentiels qui contactent la société tous les mois. Par exemple, si le nombre d'inscrits à ma newsletter passe de mille cinq cents à mille en un mois et continue de baisser au cours des mois suivants, une alerte m'inciterait immédiatement à chercher des actions pour résoudre le problème. Savoir combien de nouveaux clients votre commercial rencontre chaque semaine, combien de contrats il parvient à décrocher et combien de factures il émet est un instrument utile non pas pour contrôler son travail, mais pour disposer des informations nécessaires pour mieux comprendre comment le motiver et le soutenir. Une entreprise qui suit attentivement les principaux paramètres de ses collaborateurs augmente rapidement ses performances.

Dans le domaine de la sécurité au travail, on peut envisager d'installer un compteur indiquant depuis combien de jours aucun incident ne s'est produit au sein des locaux, de manière à offrir un retour d'informations et un challenge aux ouvriers se consacrant à des tâches potentiellement dangereuses. On peut aussi créer des check-lists détaillées sur la séquence et les modalités des actions à appliquer pour ne pas courir de risques, ou bien récompenser mensuellement et publiquement les employés qui signalent les conditions structurelles mettant en péril leurs collègues afin de renforcer ce comportement (ENI a déployé dans ses établissements une sorte de permis à points, ces derniers augmentant ou diminuant selon que le collaborateur adopte des comportements sûrs ou non).

Tous ces systèmes nous fournissent des indications sur notre performance, en rendant à notre esprit ancestral ce qu'il a perdu dans le contexte moderne, mais dont il a bien besoin afin de fonctionner au mieux, c'est-à-dire le feedback.

À ce stade, notre tâche est d'apprendre à ajouter un système de feedback dans notre quotidien afin de venir soutenir le comportement que nous voulons favoriser. Après avoir constaté l'importance de l'état d'esprit, de l'anatomie des habitudes et de l'environnement, nous devons ajouter maintenant des retours d'information qui nous informent de nos progrès.

Si, par exemple, votre objectif est de contacter cent nouveaux clients par jour, vous pouvez utiliser une méthode de feedback très simple, mais incroyablement puissante : prenez un bocal plein de trombones et un autre vide, puis, chaque fois que vous téléphonez à un prospect, prenez un trombone dans le bocal plein et placez-le dans le bocal vide. Le matin, quand vous vous installez à votre bureau, vous ne pouvez pas ne pas voir les trombones (le signal), qui vont vous rappeler quoi faire, c'est-à-dire passer un coup de téléphone (action). Au moment de quitter le bureau, vous pouvez regarder le bocal que vous avez rempli pour avoir un feedback. En outre, le fait de déplacer les trombones tout au long de la journée vous permet de mesurer et contrôler vos progrès. Et plus vous aurez déplacé de trombones, plus votre motivation augmentera, car l'objectif final – vider le premier bocal – sera de plus en plus proche.

Vous pouvez en faire de même si vous voulez prendre l'habitude de faire cent pompes par jour : mettez dix trombones dans un bocal et déplacez-en un dans un autre bocal chaque fois que vous faites une série de dix. Et si vous voulez boire dix verres d'eau par jour, l'équivalent des deux litres quotidiens recommandés ? Un verre d'eau bu, un trombone.

Seth Godin, écrivain et entrepreneur américain expert en marketing, explique que le meilleur moyen de changer des comportements sur le long terme est d'adopter des systèmes de feedback sur le court terme. N'oublions jamais de mesurer nos progrès afin de ne pas perdre de vue là où nous en sommes déjà arrivés dans la poursuite de notre objectif ; dans le cas contraire, notre cerveau aura l'impression de tourner à vide. Quand j'ai décidé d'exprimer chaque jour une pensée de gratitude, je marquais la journée d'une croix rouge sur le calendrier dès que j'avais accompli ma tâche. Je gardais ainsi la situation sous contrôle. Et au fil du temps, cet exercice, que j'ai d'abord eu du mal à appliquer systématiquement, a cessé de représenter une simple tâche obligatoire, car j'étais concentré sur l'aspect ludique, le fait de remplir mon calendrier de petites croix sans interrompre leur succession.

La règle que nous devons nous imposer, si nous décidons d'utiliser la technique du calendrier, est de ne jamais sauter deux croix consécutives (la situation optimale serait de ne pas même en sauter une : zéro jours zéro, vous vous souvenez ?). Toutefois, si cela arrive, il est bon de prévoir un plan d'urgence, du type « *si* je manque telle action… *alors* je fais telle chose ». Par exemple, si je n'effectue pas mon exercice de gratitude ce matin, alors je devrai, ce soir, repenser à ma journée et exprimer trois pensées de gratitude. Si je ne respecte pas mon plan alimentaire ce midi, je cuisine quelque chose d'encore plus sain au dîner.

En conclusion, je vous suggère de toujours paramétrer un système de feedback et d'avoir un plan d'urgence sous la main afin que, grâce au suivi de vos prestations, vous n'interrompiez jamais le mouvement que vous avez initié pour adopter votre nouvelle habitude.

Dans la dernière partie de ce livre, vous trouverez une fiche de suivi des progrès. N'hésitez pas à vous en servir. Il s'agit d'un graphique qui vous permet de suivre votre progression au quotidien. Chaque jour, quand vous avez accompli l'action dont vous voulez faire une habitude, tracez une croix dans la case correspondante ou coloriez-la. Vous aurez un retour immédiat sur vos progrès et cela vous aidera à garder la motivation, ou éventuellement à corriger le tir.

Le feedback en entreprise

Il existe un type de feedback particulièrement délicat : suggérer une piste de progression à un collègue.
S'il est bien communiqué, le feedback n'est pas seulement un des instruments les plus efficaces pour améliorer les prestations ; il nous aide également à éviter les malentendus, il favorise un climat de responsabilité partagée et il réduit le besoin d'une hiérarchie et de règles rigides.
Pourtant, encourager les retours francs en entreprise est une tâche ardue. Dans son livre *La Règle ? Pas de règles !*[7], Reed Hastings, le fondateur de Netflix, présente sa méthode pour émettre des feedbacks sans blesser la personne qui les reçoit.
La première étape est décidément contre-intuitive : il ne faut pas inciter le responsable à adresser de nombreux retours au personnel, mais au contraire solliciter le personnel pour qu'il fasse des retours honnêtes sur le responsable. Si on y parvient, on commence à faire décoller les bénéfices de la franchise sur le lieu de travail.
En règle générale, en effet, on reçoit de moins en moins de retours au fur et à mesure qu'on grimpe les échelons dans les grandes entreprises. La probabilité de commettre des erreurs évidentes aux yeux de tous, sauf de celui qui les commet, va donc croissant. Ce n'est pas seulement un processus dysfonctionnel, mais surtout un danger. Si un assistant commande le mauvais café sans que personne ne le lui fasse remarquer, ce n'est pas grave. Mais si le directeur financier se trompe royalement dans son rapport et que personne n'a le courage de contester la chose, l'entreprise peut mettre la clé sous la porte rapidement.
Pour obtenir des retours sincères de la part des collaborateurs, les managers de Netflix commencent par les favoriser autant que possible. En voici un bon exemple : ils insèrent toujours une partie dédiée aux feedbacks au début ou à la fin de l'ordre du jour des entretiens individuels. Le fait de la placer en début ou en fin d'entretien est très important, car cela la différencie clairement des autres échanges opérationnels et lui rend ses lettres de noblesse. En outre, l'attitude à adopter durant le feedback doit être la plus sereine possible ; il s'agit de prouver au collaborateur qu'il ne court pas de risques et de réagir avec gratitude à chaque critique. Le message à transmettre, en somme, est

[7] R. Hastings, E. Meyer, *La Règle ? Pas de règle ! – Netflix et la culture de la réinvention*, traduit par Cécile Leclère, Buchet-Chastel, Paris, 2021.

que le feedback sincère du collaborateur fait de lui un membre plus important de l'équipe.
Je me permets d'ajouter aux conseils de Reeds deux pistes supplémentaires issues de ma propre expérience.
La première est que cette méthode est d'autant plus fonctionnelle si vous avez une équipe composée de collaborateurs compétents : recevoir les retours de gens extraordinaires vous enrichit forcément, tandis qu'il n'est pas toujours facile de s'améliorer en suivant les indications de personnes indolentes, démotivées et fâchées envers la vie.
La deuxième porte sur la présentation du feedback, qui peut l'aider à être reçu de manière constructive. La structure employée devrait être la suivante : compliment sincère, critique, compliment sincère. La partie la plus dérangeante devrait toujours être placée entre deux points forts réels de la personne qui reçoit les retours. De cette façon, la sensation d'être attaqué ou dévalorisé, typique de la personne recevant une critique, est désamorcée et le feedback est mieux accueilli.

Habitude n° 10 : un euro pour améliorer vos relations

Une des habitudes que j'ai vu faire le plus la différence dans nos relations avec les autres est celle d'exprimer notre appréciation envers nos proches. Beaucoup d'entre nous ont la mauvaise habitude de se concentrer presque exclusivement sur les manques de leur partenaire, leurs enfants et leurs collaborateurs, comme si les qualités et actions positives de ces derniers allaient d'elles-mêmes et ne méritaient guère d'attention. Il s'agit pourtant d'une grande erreur : les gens autour de nous ont besoin de notre appréciation et s'épanouissent dans la mesure où nous leur offrons ce précieux carburant. Les compliments, pourvu qu'ils soient honnêtes et sincères, renforcent l'estime de soi des autres, leur apportent la reconnaissance dont ils ont besoin, les motivent à continuer à exercer le comportement qui a été renforcé et, cerise sur le gâteau, leur permettent de développer leur potentiel.

Cette saine habitude peut facilement être mise en œuvre à l'aide du levier du feedback. Voilà comment je m'y suis pris. Tous les matins, je plaçais dix pièces de dix centimes, soit un total d'un euro, dans la poche droite de mon jean (vous vous souvenez de la leçon du supermarché ? Si, comme moi, vous êtes droitier, vous mettrez plus facilement la main dans votre poche droite). Pendant que je vaquais à mes occupations tout au long de la journée, le cliquetis des pièces me servait de signal pour me souvenir d'accomplir l'action que je m'étais fixée : exprimer dix fois mon appréciation à des personnes qui m'étaient chères. Chaque fois que je faisais un compliment, je déplaçais donc une pièce de ma poche droite à ma poche gauche, jusqu'à la fin de la journée et des pièces.

Aujourd'hui, le fait d'exprimer mon appréciation fréquemment a trouvé sa place dans ma routine d'action et de pensée et je n'ai plus besoin d'un système m'aidant à m'y tenir. L'habitude a été automatisée et fait partie de moi.

Habitude n° 11 : la to-do list

Une habitude qui a changé de manière extraordinaire mes journées et qui se base principalement sur le feedback est la to-do list, la liste des tâches à faire dans la journée.

Les solutions pour créer une liste de tâches sont multiples. Vous pouvez utiliser une application (Google en intègre une à sa boîte mail : elle s'appelle Task et elle se synchronise facilement avec l'agenda-calendrier) ou votre agenda papier. Personnellement, je préfère la version numérique, mais je ne cache pas que j'ai parfois besoin de prendre une feuille pour trier les priorités de la journée en les écrivant noir sur blanc. Le fait même de noter ce que je dois faire me permet de libérer instantanément de l'espace mental et de me concentrer plus sereinement sur ce que je suis en train de faire ici et maintenant. En outre, je ne risque pas d'oublier quelque chose. En effet, quand je finis une activité, j'ouvre ma to-do list et je choisis la tâche suivante en fonction du temps à ma disposition. Puis, quand j'ai fini, je biffe la tâche complétée et je dispose ainsi d'un feedback clair (le fait de biffer est un feedback) qui me dit que je peux passer à la tâche suivante.

La plus grande satisfaction arrive le soir, quand je regarde la liste établie en début de journée et que je vois que de nombreuses entrées ont été biffées. J'ai un feedback positif et encourageant sur le fait que j'ai avancé dans mon travail, en archivant les obligations et en progressant dans mes plans. Supprimer les éléments d'une to-do list est tellement gratifiant que je suggère – surtout quand on commence à travailler sur cette habitude – d'insérer des tâches simples ou de diviser les tâches complexes en de nombreuses sous-tâches faciles à réaliser. De cette façon, les actions biffées en fin de journée seront plus nombreuses et la gratification sera d'autant plus grande.

CONSEILS PRATIQUES POUR DRESSER UNE LISTE

Il existe plusieurs méthodes pour organiser les tâches au sein d'une to-do list. Pour ma part, j'utilise une version légèrement adaptée de la subdivision proposée par Stephen Covey dans *Priorité aux priorités*[8], en organisant les différentes activités en fonction de leur urgence et/ou de leur importance.

Tout en haut de ma liste, dans ce que j'appelle la partie 1, je recense les choses à faire qui sont importantes *et* urgentes. Par exemple, revoir mes diapositives pour une présentation devant un client stratégique avec qui j'ai rendez-vous le lendemain.

Un peu plus bas, dans la partie 2, je mets les choses importantes *ou* urgentes. Par exemple, envoyer un mail à un collègue pour lui proposer une interview (c'est important, mais je ne suis pas pressé de produire de nouvelles vidéos, donc ce n'est pas urgent) ou régler une facture de gaz ou d'électricité (ça a relativement peu d'importance à l'échelle de mon existence, mais il y a une certaine urgence).

Enfin, j'inscris dans la partie 3 toutes les tâches qui ne sont ni importantes ni urgentes et que j'essaierai le plus possible de déléguer ou d'accomplir durant les temps morts, ou bien quand je suis fatigué et que ma concentration maximale n'est pas nécessaire.

Il est aussi possible de créer des listes suivant des critères différents : par *temps d'exécution* (rapide, intermédiaire, long), de manière à voir

[8] S. Covey, *Priorité aux priorités – Vivre, aimer, apprendre et transmettre*, traduit par Pierre Saint-Jean et Marc Villette, J'ai lu, Paris, 2010.

rapidement ce que je peux faire si j'ai un quart d'heure de libre entre deux rendez-vous ; par *lieu*, vu que certaines tâches ne peuvent être menées à bien qu'à la maison ou au bureau ; par *activité*, comme les coups de téléphone à passer et les mails à envoyer ; par *contrôle des tâches déléguées aux collaborateurs* et tout ce que vous pourrez imaginer.
Dans tous les cas, je vous suggère de commencer par une liste unique dans laquelle noter tout ce qui vous vient à l'esprit, puis d'attribuer une priorité aux différentes tâches, peut-être en fonction des éléments mentionnés ci-dessus. Vous trouverez peu à peu votre style et la méthode la plus adaptée pour vous soutenir au quotidien et vous deviendrez beaucoup plus productif qu'avant. Essayez !

Une réflexion supplémentaire a vu le jour alors que je discutais de to-do list et du classement par importance/urgence de Stephen Covey avec le psychologue Giorgio Nardone[9]. Quand nous nous trouvons face à des choses que nous n'avons vraiment pas envie de faire ou qui présentent peu d'intérêt, il ne suffit pas de les insérer dans une liste en leur attribuant un degré d'urgence ou d'importance pour nous inciter à nous y mettre. En effet, nous savons très bien ce que nous devrions faire, mais nous continuons à les repousser à cause de ce qu'on appelle les « résistances », qui apparaissent lorsque nous sommes face à des obligations qui ne nous plaisent pas.

Pour affronter ce type de situation dans la vie quotidienne et contourner le problème, Nardone propose d'utiliser un critère en plus de celui de l'importance et de l'urgence. Il le considère comme fondamental, car il est basé sur le plaisir. Dans cette méthode extrêmement personnelle, Nardone « dose » le plaisir dans les différents moments de la journée afin de se motiver dans les activités qu'il trouve peu stimulantes. Voyons cela de plus près.

[9] Giorgio Nardone, psychologue à la renommée mondiale, est le fondateur du modèle de psychothérapie stratégique et l'un des auteurs et vulgarisateurs les plus incisifs et fascinants. Il est aussi l'un de mes mentors. Quand j'ai un nouveau projet en chantier, j'ai souvent la chance de pouvoir en discuter avec lui. Il en est allé ainsi pour ce livre. Nos échanges ont donné vie à des réflexions et des ajouts importants, dont sa routine quotidienne fait justement partie.

Habitude n° 12 : la routine de Giorgio Nardone

Giorgio Nardone commence sa journée par quelque chose qui lui plaît et qui l'aide à se mettre en route : il prend un long petit-déjeuner, en mettant la table, en discutant avec sa femme et en jouant avec sa fille. Puis il passe à quelque chose d'utile qui ne lui déplaît pas : il lit deux quotidiens aux orientations différentes et il regarde un journal télévisé. Il se consacre ensuite à quelque chose qui lui est indispensable et qui ne lui déplaît pas non plus : il fait trente minutes d'arts martiaux. Après, il se penche sur ce qui est indispensable et ne lui plaît pas : lire des textes qu'il trouve peut-être ennuyeux, mais qu'il doit connaître pour ses recherches ou son travail. Une fois cela fait, il s'occupe de tout ce qui est indispensable : son travail, c'est-à-dire le reste de ses engagements, qu'ils lui plaisent, comme dans la majorité des cas, ou non. À la fin de la journée, il en revient à des activités qui lui plaisent et qui le relaxent en même temps, comme regarder un film ou faire une partie d'échecs, passer du temps avec ses proches et s'endormir avec sa famille.

De cette façon, le plaisir, stratégiquement dosé en différentes quantités en fonction des moments de la journée, devient une fine ligne invisible qui l'accompagne dans toutes ses activités et qui, à l'image d'un phare, l'aide à traverser les tâches qu'il n'aurait pas envie d'accomplir et qui ne soulèvent pas son intérêt. Ces activités deviennent plus faisables dans la mesure où elles laissent rapidement la place à d'autres activités liées au plaisir.

N'oubliez donc pas d'associer au double critère de l'importance et de l'urgence le critère nardonien du plaisir.

Habitude n° 13 : la shutdown routine

Une autre habitude très intéressante et étroitement liée au feedback est celle de la « shutdown routine », l'ensemble des actions que nous voulons ériger en habitude avant de clore notre journée de travail ou de nous coucher. Personnellement, avant de fermer le bureau, je prends un peu de temps pour passer en revue ma to-do list et préparer les choses importantes pour le lendemain. Ou encore, avant d'éteindre la lumière, je fais le point sur la situation dans ma tête, en repensant à ce que j'ai accompli, et je me pose quelques questions : ce que j'aurais pu faire pour que la journée se passe encore mieux, ce que j'aurais pu éviter, quelles leçons j'ai apprises. D'autres personnes utilisent ce temps pour répondre aux messages sur les réseaux sociaux, qu'elles ont peut-être ignorés toute la journée ; juste avant d'éteindre leur cerveau côté travail, elles consacrent quinze minutes au suivi de leurs profils et des commentaires. Certaines ont des rituels avant d'éteindre la lumière, comme prendre soin de leur corps, appliquer des crèmes ou boire une tisane relaxante. Nombre d'entrepreneurs à succès se concentrent sur la journée à venir et évaluent quelles seront les deux ou trois actions les plus importantes à accomplir le lendemain.

Dans ce cas aussi, bien entendu, il n'existe pas de règle préétablie. Je vous invite toutefois à investir un peu de votre temps pour réfléchir à comment vous pourriez exploiter cette piste et créer votre routine personnelle de fin de journée.

CINQ MINUTES POUR ALLÉGER SON ESPRIT

Une étude publiée dans le *Journal of Experimental Psychology* a révélé que prendre cinq minutes avant le coucher pour mettre par écrit les tâches à compléter le lendemain permettrait de s'endormir plus rapidement[10]. Cette action, qui constitue un entre-deux entre la liste de tâches et la shutdown routine, reviendrait à « décharger » l'esprit ; cela réduirait l'inquiétude par rapport aux tâches du lendemain, ce qui aurait à son tour pour résultat de favoriser le sommeil. Les chercheurs ont aussi identifié un détail intéressant : plus les sujets de l'étude créaient des listes détaillées, plus ils s'endormaient vite.

[10] M. K. Scullin, M. L. Krueger, H. K. Ballard, N. Pruett, D. L. Bliwise, « The effects of bedtime writing on difficulty falling asleep : A polysomnographic study comparing to do lists and completed activity lists », *Journal of Experimental Psychology : General*, 147 (1), 2018, p. 139-146.

Pour le cerveau aussi, donc, avoir un retour sur l'état de ses activités semble constituer une étape importante afin de trouver l'apaisement et de se laisser aller à un sommeil serein.

11
Les habitudes entre biologie et contexte social

GÈNES, ENVIRONNEMENT ET POISSONS D'AQUARIUM

John Endler a été l'un des premiers chercheurs à apporter une preuve concrète de la théorie de Darwin dans le monde réel : il a identifié un exemple de la manière dont l'environnement et les gènes interagissent pour induire d'importants changements.

Bien que ce processus se manifeste généralement sur des échelles de temps très longues, l'expérience d'Endler sur les poissons *Poecilia reticulata*[1], aussi appelés guppys, a permis d'observer les résultats spectaculaires de la sélection naturelle dans des délais très brefs. Les guppys mâles ont une belle robe très colorée, qui permet aux femelles de les repérer. Cette particularité, toutefois, présente un inconvénient tout aussi marqué : les mâles les plus colorés sont facilement visibles aux yeux des prédateurs également. Endler a donc préparé trois aquariums différents. En plus des guppys, le premier contenait un prédateur peu agressif et le deuxième un prédateur agressif. Le troisième, lui, n'abritait que des guppys. Après seulement vingt mois, soit quinze générations de guppys, le nombre de taches avait diminué chez les mâles vivant dans l'aquarium avec le prédateur agressif, tandis qu'il avait augmenté dans les deux autres

[1] J. A. Endler, « Natural selection on color patterns in *Poecilia reticulata* », *Evolution*, 34, 1980, p. 76-91.

aquariums, c'est-à-dire en présence d'un prédateur moins agressif et en l'absence de prédateur.

En outre, dans l'aquarium dont le sol se composait de graviers de petites dimensions, les taches avaient tendance à rapetisser au fil des générations en présence du prédateur agressif, ce qui contribuait au mimétisme des guppys, et elles avaient tendance à grossir quand il n'y avait pas de menace, ce qui rendait l'animal plus visible. Dans les aquariums où les graviers étaient plus gros, la dimension des taches augmentait en présence d'un prédateur agressif et diminuait en son absence. Concrètement, les poissons s'adaptaient à leur environnement en fonction de son degré de sécurité ou de danger.

J'ai évoqué cette expérience car elle nous montre un lien entre deux forces invisibles, qui, de concert avec l'environnement dont nous avons déjà parlé, façonnent notre comportement et nos habitudes : la biologie et le contexte social.

LE RÔLE DE LA GÉNÉTIQUE ET LES BARRIÈRES BIOLOGIQUES

L'exemple des guppys, valable pour tous les êtres vivants, nous montre que le comportement est en partie influencé par les gènes et la biologie, cette partie de nous qui relève de l'inné et ne dépend pas de notre volonté. Les gènes interagissent constamment avec l'environnement, à tel point que la dimension et le nombre des taches des poissons mâles peuvent changer en fonction du contexte (la présence et la dangerosité des prédateurs et l'aspect du fond marin). Toutefois, quel que soit leur potentiel d'évolution entre deux générations, les taches restent la caractéristique des guppys mâles, car elles sont inscrites dans leur génome. C'est pour cela que je crois important d'évoquer le thème de la biologie et de la génétique, même si ce n'est que sommairement, étant donné qu'il ne s'agit pas de mon domaine de compétence.

Bien que, comme nous l'avons déjà vu, le slogan « quand on veut, on peut » ou « vous pouvez obtenir tout ce que vous désirez ardemment » soit de plus en plus à la mode, je crois que le rôle de la génétique reste très important pour favoriser ou défavoriser des comportements précis et qu'il ne faut en aucun cas l'ignorer. La difficulté réside dans le fait que ce paramètre est en dehors de mon contrôle (et de celui de n'importe lequel d'entre nous). Le conseil le plus précieux qui me vient à l'esprit est « prenez-en acte le plus tôt possible ».

Certes, la force de volonté peut faire beaucoup. Mais, de même que nous avons vu qu'une graine de tournesol ne donnera jamais une rose et que la robe des guppys mâles aura toujours un minimum de taches, quel que soit leur environnement, nous devons connaître les points forts et faibles de notre génétique. C'est ainsi que nous pourrons mettre en place une stratégie de changement réellement susceptible de durer.

EXERCICE N° 15 : IDENTIFIEZ VOS BARRIÈRES BIOLOGIQUES

Pensez à l'habitude que vous voulez prendre et plus particulièrement aux différents obstacles qui vous en séparent. Certains sont probablement des obstacles environnementaux (les plus faciles à lever), tandis que d'autres sont peut-être liés à votre bagage génétique. Au début, il ne sera pas facile de tracer une démarcation nette entre les deux, mais il est utile de commencer à y réfléchir.

Vous voulez peut-être prendre l'habitude d'écrire tous les jours en vue de publier un livre. Puis vous vous rendez compte que vous avez du mal à trouver l'inspiration. Parmi les causes de votre difficulté, vous pourriez identifier les distractions engendrées par votre téléphone, auquel cas les conseils fournis dans les chapitres précédents vous aideront à neutraliser le problème.

Toutefois, l'inspiration peut se faire attendre même si vous éliminez cet obstacle (et d'autres obstacles éventuels, une chose à la fois). Si vous prenez conscience que vous n'êtes pas taillé pour les travaux créatifs (et donc que vous vous trouvez potentiellement face à une barrière biologique), vous devrez réévaluer vos points forts et envisager un nouvel angle d'attaque pour atteindre le comportement qui vous intéresse, voire, dans certains cas, revoir l'objectif vers lequel diriger vos efforts et votre énergie.

UNISSEZ TALENT ET ENTRAÎNEMENT

Lorsque je parle des habitudes et de leur importance dans l'accomplissement des objectifs, l'une des questions qu'on me pose le plus souvent est celle-ci : qu'est-ce qui compte le plus, les facteurs génétiques et l'ADN ou bien l'implication, l'entraînement, la constance et la détermination ?

Ces deux points de vue divisent depuis toujours les milieux scientifiques et non scientifiques. Certains soutiennent que les gènes sont les principaux responsables du succès et d'autres estiment que l'entraînement, la persévérance et les efforts peuvent faire de n'importe qui un champion. Compte tenu de ce que nous avons vu dans le précédent paragraphe et des dernières avancées scientifiques en la matière, je crois que la vérité, comme souvent, se trouve quelque part entre ces deux extrêmes. Bien que nous puissions développer nos capacités, il existe des limites structurelles, génétiques, qui indiquent jusqu'où une personne donnée pourra aller sur une route donnée. Cela veut dire que si vous mesurez un mètre quarante-cinq, il sera vraiment difficile de devenir Monsieur Univers ou le plus grand joueur de la NBA, et ce quels que soient vos efforts.

C'est un peu comme si nos gènes délimitaient une frontière que nous ne pouvons franchir. Certaines études[2] allant dans ce sens ont évalué que l'ADN peut influencer les performances à hauteur de 30 % en moyenne. Cela signifie qu'une partie de nos chances de nous réaliser dans un domaine donné est « limitée » par notre héritage biologique.

Si on regarde cet élément du côté positif, on peut affirmer que les gènes dont nous avons hérité (et qui nous fournissent une prédisposition, un « talent naturel » pour quelque chose) peuvent nous soutenir dans notre cheminement dans une certaine direction. Malgré toute son influence, néanmoins, la génétique ne détermine pas nos performances et il ne faut donc pas

[2] R. Plomin, J. C. DeFries, V. S. Knopik, J. M. Neiderhiser, *Behavioral genetics*, sixième édition, Worth Publishers, Londres, 2013.

confondre l'opportunité (les gènes) avec le destin (l'entraînement). C'est un peu comme quand on joue aux cartes : on peut recevoir une bonne main (opportunité), mais, pour gagner, il faut aussi savoir jouer.

Alors, comment puis-je apprendre à bien abattre mes cartes ? Comment puis-je optimiser mon bagage génétique pour l'exploiter au mieux ? Les routes à notre disposition sont au nombre de deux – et nous allons exclure la première d'emblée.

1. Être le numéro un dans une catégorie donnée. C'est fantastique, mais c'est très difficile, car il n'y a pas beaucoup de numéro un. Comme son nom l'indique, il n'y en a qu'un.
2. La seconde route est moins fréquentée, peut-être parce qu'elle est moins « éblouissante » : être bon dans deux domaines. Cette stratégie est pourtant très efficace. Pour atteindre d'excellents objectifs dans la vie, il n'est pas nécessaire d'être le meilleur dans l'absolu dans un secteur : il suffit d'être très bon dans deux secteurs. En effet, nous avons tous au moins deux compétences, deux disciplines dans lesquelles nous pouvons viser un excellent niveau, c'est-à-dire nous placer parmi les 25 % les plus brillants – avec les efforts, l'implication, la constance et la détermination nécessaires, bien sûr. Si on étudie, qu'on s'entraîne et qu'on se prépare, il est tout à fait réaliste d'espérer se hisser dans le quart des meilleurs. Un exemple ? Supposons que vous dessiniez très bien, sans pour autant être un artiste, que vous disposiez d'un grand capital sympathie et que vous fassiez facilement rire les autres. En entraînant ces deux capacités, en les combinant et en en faisant votre profession (par exemple illustrateur humoristique), vous pouvez atteindre un résultat tout à fait remarquable. Vous pouvez apporter de la valeur aux gens (c'est-à-dire contribuer à améliorer leur vie), vous distinguer et de ne pas avoir trop de concurrents. Donc, même si la loterie génétique n'a pas été hypergénéreuse et que vous n'avez pas le talent du numéro un, rassurez-vous. Identifiez deux domaines dans lesquels vous avez de bonnes capacités, entraînez-les avec constance et volonté et unissez-les. C'est

ce que j'ai fait : j'ai uni mes compétences de bon psychologue à celles de bon communicant et je suis devenu une « figure tierce », un oiseau rare aussi bien parmi les psychologues que parmi les communicants.

Revenons-en à nos moutons et à ce que nous disions sur la génétique et le talent. Sun Tzu, auteur de l'*Art de la guerre*, soutenait que les seules batailles qu'il vaut la peine de mener sont celles où la probabilité de gagner est très élevée. De même, nous pouvons décider de nous concentrer sur les batailles où la génétique est de notre côté ou, tout du moins, ne joue pas complètement contre nous.

De manière générale, il est sage de développer et d'exercer les habitudes pour lesquelles nous avons une prédisposition, y compris dans le cas de celles qui servent un but précis. Si nous sommes plutôt doués en danse, par exemple, il peut être judicieux de développer cette capacité plutôt que de se jeter avec l'obstination d'un nouveau Rocky Balboa dans la boxe (surtout si on ne dépasse pas les soixante-dix kilos).

L'entraînement, en effet, permet de s'améliorer, de jouer au mieux les cartes qui nous ont été distribuées et de transformer le potentiel en réalité, mais il n'est pas suffisant à lui tout seul. Il est donc fondamental d'aligner nos ambitions et nos talents naturels.

L'INFLUENCE DU CONTEXTE SOCIAL

Nous avons abordé nombre de facteurs influençant notre comportement et l'acquisition de bonnes habitudes : de l'approche mentale à l'architecture de l'environnement, de l'anatomie des habitudes à notre biologie. Le dernier élément à connaître est le contexte social.

LES INDIVIDUS ONT TENDANCE À APPRENDRE LES UNS DES AUTRES

Le contexte familial dans lequel nous grandissons et le type d'éducation apportée par nos parents nous aident à adopter certains comportements plutôt que d'autres. Si, par exemple, un parent passe son temps à regarder la télévision, il est possible que l'enfant en fasse de même. Si le parent passe ses journées un livre à la main, il est plus facile qu'il transmette la passion de la lecture.

En deux mots, les personnes avec lesquelles nous grandissons et sommes le plus en contact finissent par nous influencer. Pensez à ce qu'il arriverait à quelqu'un qui, après avoir passé sa vie dans un quartier où personne ne s'occupe de protection de l'environnement, déménage dans un immeuble dont tous les occupants trient leurs déchets. La personne en question prendrait l'habitude de séparer le papier, le verre et le plastique, même si elle n'y avait jamais accordé une pensée auparavant, adoptant ainsi un nouveau comportement déterminé par son nouveau contexte social. La pression sociale est cruciale dans nos choix. Si les membres de notre environnement se comportent d'une certaine façon, nous avons naturellement tendance à imiter leur comportement dans notre vie.

À titre d'exemple, penchons-nous sur les résultats de quelques recherches.

- Les adolescentes qui voient d'autres adolescentes devenir mères ont plus de chances de connaître une grossesse également[3].
- L'obésité est contagieuse : si nos amis grossissent, notre risque de prendre du poids augmente[4].
- Les chaînes télévisées s'imitent les unes les autres, produisant ainsi des tendances passagères autrement inexplicables

[3] G. A. Akerlof, J. L. Yellen, M. Katz, « An analysis of out-of-wedlock childbearing in the United States », *Quarterly Journal of Economics*, 111, 1996, p. 277-317. https://bit.ly/WedlockChildbearing

[4] N. A. Christakis, J. H. Fowler, « The spread of obesity in a large social network over 32 years », *The New England Journal of Medicine*, 357 (4), 2007, p. 370-379. https://bit.ly/SpreadObesity

dans la programmation (pensez à la mode des émissions de téléréalité sur la gastronomie ou la découverte de nouveaux talents, etc.).

- L'application des étudiants universitaires est influencée par leur groupe de pairs[5], ce qui peut avoir des conséquences énormes sur leurs notes et donc leurs perspectives à venir. Il semblerait que les parents devraient un peu moins s'inquiéter de l'université que fréquentent leurs enfants, mais plutôt s'intéresser aux camarades avec lesquels ceux-ci partagent leur quotidien et leur appartement.

La dure réalité face à laquelle ces données nous placent, c'est que nous aimons être conformistes. Nous en ressentons un besoin tellement irrépressible que, même quand nous avons conscience de prendre des décisions nocives pour nous-mêmes, nous continuons pourvu que nous préservions notre appartenance au groupe.

Un autre exemple de contexte social influençant le style de vie et les habitudes est l'environnement de travail. Je conseille souvent aux personnes sur le point de commencer dans une nouvelle entreprise d'observer attentivement leurs futurs collègues, car il est probable que, à force de les côtoyer, elles finissent par leur ressembler. Si vous êtes embauché dans un bureau où tout le monde éteint l'ordinateur à 16 heures pile et vide les lieux, vous prendrez la même habitude tôt ou tard, peu importe combien vous êtes proactif, zélé et volontaire. Si vous vous entourez de champions, vous commencerez à être un champion, peu à peu et en fonction de vos caractéristiques. En Italie, tout le monde ou presque se souvient du footballeur Gennaro Gattuso, qui a joué au Milan AC et au sein de l'équipe nationale. Même avec toute la bonne volonté du monde, on pouvait difficilement le qualifier de champion à ses débuts. Toutefois, il jouait dans

[5] B. Sacerdote, « Peer effects with random assignment : Result for Dartmouth roommates », *The Quarterly Journal of economics*, 116 (2), 2001, p. 681-704. https://bit.ly/PeerEffects

une équipe de champions (le Milan AC était au sommet de sa forme) et, à force d'être en contact avec eux (et de tout faire pour s'améliorer constamment), il a pu transformer ses caractéristiques en forces si déterminantes qu'il est devenu un grand champion, lui aussi.

SI VOUS VOULEZ ÊTRE UN AIGLE, VOUS NE POUVEZ PAS RESTER AVEC LES DINDES

Pour acquérir ou renforcer une habitude, vous devez par conséquent fréquenter des personnes qui la pratiquent déjà et en ont fait leur mode de vie.

L'adage « Seul, on va plus vite, ensemble on va plus loin » nous rappelle qu'il peut être sage d'exploiter le pouvoir du contexte social afin de prendre de nouvelles habitudes. Courir en solo, en effet, est différent de courir avec un groupe d'entraînement ; porter votre habitude avec un camarade (ou groupe) de changement vous facilitera la tâche. Si le camarade que vous avez choisi n'habite pas à proximité, vous pouvez discuter sur Skype une fois par semaine. L'idéal est que vous ayez déjà une relation avec cette personne ; si vous choisissez quelqu'un qui vous connaît et qui croit en vous, vous réussirez mieux à vous motiver mutuellement.

Une erreur fréquente, que l'on devrait avoir la sagesse d'éviter, consiste à penser qu'on peut tout faire tout seul durant le processus d'acquisition d'une habitude, qu'on est assez fort pour tout faire en totale autonomie. En réalité, tout est beaucoup plus difficile si on ne demande pas d'aide. Au contraire, en y réfléchissant bien, je ne connais personne qui a trouvé le succès sans demander de l'aide pour évoluer plus rapidement, pour comprendre comment affronter les imprévus, pour le plaisir d'échanger avec d'autres points de vue, pour comprendre ses erreurs et y remédier.

LE SUCCÈS COMMENCE PAR DEMANDER DE L'AIDE

Personnellement, pas un jour de ma vie ne passe sans que je ne demande de l'aide. Je peux me tourner vers des livres, mes collaborateurs, ma famille ou des professionnels plus expérimentés que moi. Bref, tout du moins durant la phase initiale de votre changement, essayez de vous joindre à des joggeurs si vous voulez courir, fréquentez des lecteurs si vous voulez lire un livre par mois et évitez les inconditionnels du barbecue si vous voulez devenir végane.

EXERCICE N° 16 : LES CINQ PERSONNES QUE VOUS FRÉQUENTEZ LE PLUS

Jim Rohn, entrepreneur et auteur d'ouvrages de développement personnel, a expliqué que nous sommes tous la moyenne des cinq personnes que nous fréquentons le plus. Ici, « fréquenter » peut aussi faire référence au fait de lire les livres d'un auteur qui peut être une source d'inspiration, une grande figure ou un professionnel. Pour ma part, je ne crois pas que nous soyons seulement la moyenne des cinq personnes que nous fréquentons le plus, car nous disposons objectivement de nombreux autres leviers pour définir notre avenir. Il est toutefois indéniable que nos proches nous influencent énormément, souvent sans que nous nous en rendions compte.

Essayez de faire le point sur les cinq personnes que vous avez fréquentées le plus aujourd'hui, la semaine dernière, le mois dernier et les six derniers mois. Écrivez leurs noms sur une feuille. Réfléchissez à leurs capacités et leurs défauts ainsi qu'aux émotions qu'elles suscitent en vous. Essayez de comprendre si elles vous aident à développer votre potentiel ou si vous avez l'impression qu'elles le freinent et le consument. Le but de cette partie de l'exercice est de vous faire prendre conscience de la manière dont votre contexte social influence votre orientation de vie.

Ensuite, essayez d'imaginer les caractéristiques que devraient avoir les cinq personnes que vous voudriez idéalement avoir autour de vous et essayez autant que possible de les faire entrer dans votre quotidien.

Vous vous demandez probablement comment faire si vous souhaitez être entouré de Bill Gates ou de personnes hors de portée, voire mortes, ou parlant une langue que vous ne maîtrisez pas. Pourtant, il est possible d'instaurer un dialogue constructif et transformateur avec bien des individus, notamment grâce aux nouvelles technologies. Un des

grands avantages de notre époque, en effet, est la facilité d'accès à des figures et à des informations qu'il aurait été impossible ou inabordable d'avoir jusqu'à il y a quelques années. Par exemple, vous pouvez vous abonner à la chaîne YouTube de Bill Gates, sur laquelle il publie des vidéos avec ses réflexions ou son avis sur ses lectures. Vous pouvez aussi le suivre sur LinkedIn, afin de prendre connaissance de ses pensées et d'enrichir votre propre réflexion et donc vos actions.
En synthèse : recherchez la compagnie des hommes et des femmes qui pourraient vous aider à vous améliorer, des personnes qui ont déjà pris l'habitude que vous voudriez acquérir. Fréquentez-les directement si vous le pouvez, ou bien lisez leurs livres et regardez leurs contenus sur Internet. Tout cela vous aidera à atteindre l'objectif que vous vous êtes fixé.

Je vous propose maintenant de découvrir quelques bonnes habitudes qui m'ont aidé à modifier mon contexte social afin qu'il m'aide, à son tour, à exploiter pleinement mon potentiel au lieu de l'anesthésier.

Habitude n° 14 : une conférence TED par jour

À un moment donné, j'ai pris l'habitude regarder une conférence TED (Technology Entertainment Design) par jour afin d'attaquer ma matinée avec des idées nouvelles, fraîches et pas du tout banales. Les TED durent dix-huit minutes et permettent à une personnalité du monde scientifique, artistique ou culturel de raconter une idée qui vaut la peine d'être diffusée parce qu'elle peut changer le monde. Accessibles gratuitement, ces vidéos utilisent un langage compréhensible par tous et transmettent souvent une forte intensité émotionnelle, ce qui marque le spectateur. J'ai adopté cette habitude dans une période de ma vie où je voulais améliorer mon anglais, et le fait de regarder les conférences en version originale, avec éventuellement des sous-titres, m'a aidé à travailler sur deux axes d'amélioration : apprendre de nouvelles idées chaque jour et progresser en anglais.

Habitude n° 15 : le groupe de réflexion

Durant plusieurs mois, j'ai fréquenté un « groupe *mastermind* », habitude qui m'a nettement fait avancer dans ma transition de professionnel libéral à entrepreneur.

Un *mastermind* se compose de quatre ou cinq personnes œuvrant dans des secteurs différents, mais se trouvant à un stade similaire de leur carrière et partageant des ambitions communes. Il se réunit un soir par mois pour comparer les actions accomplies et les succès ou échecs. L'organisation exacte dépend des membres, qui définissent ensemble ce qui leur semble le plus efficace. Je vais décrire ici comment mes compagnons d'aventure et moi-même avons structuré notre groupe.

Lors de notre première rencontre, chacun s'est présenté, puis a passé en revue ses points forts et ses objectifs à moyen et à long terme, ainsi que les actions prévues pour les atteindre. Les autres membres ont alors apporté leur contribution, en racontant ce qu'ils auraient fait, à sa place, au vu de leur propre expérience. Bénéficier du point de vue de personnes provenant de secteurs différents et utilisant des schémas mentaux différents, mais non moins efficaces que les nôtres, est extrêmement enrichissant.

À la réunion suivante, nous avons analysé tous ensemble ce qui s'était passé durant le mois écoulé, puis nous avons repris le tour de table pour poser les objectifs et les actions du mois à venir.

Insérer ce genre de réunion dans mon contexte social (environ quatre heures par mois sur une soirée unique, c'est-à-dire le type d'engagement « si simple qu'on ne peut pas dire non ») m'a permis de m'approprier de nouvelles idées et une nouvelle énergie, m'a aidé à m'ouvrir à d'autres mondes et m'a fait vivre des situations que je n'aurais jamais connues autrement.

Habitude n° 16 : la formation

Une des habitudes clés pour faire décoller sa croissance personnelle et professionnelle consiste à investir sur soi-même grâce à la formation. Tout le monde voudrait avoir plus, mais peu de personnes sont prêtes à payer le prix nécessaire pour obtenir ce qu'elles veulent. Je connais énormément de gens qui voudraient avoir une meilleure vie de couple, des amis plus proches et un travail plus rémunérateur, mais bien peu d'entre eux sont disposés à faire le nécessaire pour devenir un partenaire de rêve, un ami de compétition ou un professionnel plus compétent. Nos résultats dépassent rarement notre niveau de préparation dans un domaine donné, raison pour laquelle nous ne devrions jamais cesser d'apprendre.

Dans la pratique, cela signifie suivre des formations et se tenir au fait des évolutions, lire des ouvrages, regarder des vidéos YouTube qui nous stimulent et nous apportent de nouvelles idées. Pour en revenir à l'acquisition d'une nouvelle habitude, on peut supposer, par exemple, que quelqu'un qui n'a jamais suivi la moindre formation aurait un peu de mal à s'inscrire en master avec des cours toute la semaine, ainsi que des coûts d'inscription potentiellement élevés, ou à lire vingt livres par an sur le développement personnel s'il a tout au plus lu quelques aphorismes sur Instagram. Aujourd'hui, cependant, nous disposons d'outils qui nous permettent de nous rapprocher progressivement du monde de la formation, sans exiger trop d'efforts (sur le plan mental et économique) et en optimisant notre temps. Citons les podcasts[6] et les livres audio qu'on peut écouter sans aucune difficulté tandis qu'on fait la queue à la Poste ou au supermarché et qui abreuvent l'esprit de contenus intéressants. Je pense aussi au monde infini de YouTube, où l'on trouve des vidéos de toutes les durées sur tous les sujets et dont le pouvoir de transformation ne doit absolument pas être sous-évalué.

À l'époque de mes parents, l'accès aux contenus était le principal problème susceptible de décourager les personnes intéressées par la formation. Par exemple, les « gourous » de

[6] Les podcasts sont des programmes audio diffusés sur Internet, que l'on peut télécharger et archiver sur son smartphone grâce à une application dédiée. Certains sont gratuits et tous les sujets sont représentés : du jardinage à la photographie, du développement personnel à la médecine, de la finance aux divertissements, etc.

l'autoformation vendaient leurs séminaires audio, leurs documents, leurs abonnements et leurs ateliers à prix salés. On pouvait aussi craindre que quelqu'un d'autre bénéficie de davantage d'informations pendant qu'on planchait sur autre chose. Avec Google et ses semblables, YouTube, WordPress, iTunes, n'importe qui a soudain pu trouver des informations et les partager de façon simple, instantanée et gratuite, ou en tout cas à des prix abordables. Depuis 2010, l'inquiétude s'est inversée : le problème est que nous avons accès à trop d'informations et que nous n'avons pas assez de temps pour en profiter.

Dans mon cas, j'ai besoin de me former facilement à l'aide des nouvelles formes de communication numériques. Il me serait très difficile de continuer mon travail de psychologue et d'entrepreneur tout en participant régulièrement à des séminaires, en lisant des ouvrages et en suivant des cours en ligne sur les avancées les plus récentes. J'ai donc résolu la difficulté en m'abonnant à une newsletter payante, qui, une fois par semaine, me permet de prendre connaissance des nouveautés du secteur en quelques minutes.

Les services de ce type sont aujourd'hui innombrables, et beaucoup d'entre eux sont gratuits. Ils abordent les sujets les plus divers, du marketing des contenus aux investissements immobiliers, du sport aux stratégies de vente, des compétences rédactionnelles au développement personnel[7]. À nous d'essayer différentes solutions et de trouver celle qui fait pour nous.

[7] Par exemple, mon Mindlab est un abonnement mensuel réunissant une communauté de passionnés de psychologie et de développement personnel. Les membres peuvent interagir avec moi régulièrement à l'occasion de vidéos en direct, durant lesquelles je réponds de manière personnalisée à leurs questions et j'aborde des thématiques du secteur avec le style qui me caractérise. Toutes ces vidéos sont enregistrées et sauvegardées dans une archive consultable à tout moment. Les membres ont également accès à de nombreuses autres initiatives exclusives. Nous pouvons ainsi créer un contexte social qui, bien qu'il soit né de manière virtuelle, peut entraîner des changements concrets dans la vie réelle.

Quatrième partie
Les habitudes en pratique

12
Retrouver la forme à 40 ans sans effort : mon expérience

Dans ce chapitre, je souhaite vous montrer comment j'ai utilisé la méthode 1 % pour atteindre un objectif ambitieux et plutôt complexe : retrouver la forme à 40 ans.

La démarche que je vous propose dans ce livre, en effet, peut aussi bien être utilisée pour acquérir une bonne habitude (de boire plus d'eau à exprimer sa gratitude, de pratiquer la méditation à utiliser le fil dentaire) que pour enclencher de véritables changements de vie. Voici comment s'est déroulée ma transformation.

À 37 ans, j'ai ressenti le besoin de revoir mon échelle de valeurs. Jusque-là, la santé n'avait jamais été une priorité pour moi. Je ne faisais pas non plus partie de ces gens qui font tout leur possible pour jeter leur forme physique aux orties, mais je ne faisais rien de particulier pour préserver ma santé le plus longtemps possible. Pour vous donner une idée : à un moment donné, j'avais l'habitude de manger une glace par jour.

Entre l'approche de la quarantaine, la responsabilité de subvenir aux besoins de trois enfants et, je dois l'avouer, la responsabilité sociale engendrée par mon rôle croissant aux yeux du public, je me suis dit : « Que puis-je faire pour essayer de ne pas raccourcir mon espérance de vie, voire pour l'allonger, ou tout du moins pour vieillir dans les meilleures conditions et avec autant de lucidité que possible ? »

1. Le raccord aux valeurs

Comme nous l'avons vu dans le chapitre 8, la route du changement est nettement plus lisse lorsque vous vous donnez des objectifs cohérents avec vos valeurs, c'est-à-dire que la locomotive est bien alignée avec le wagon de tête. Il me serait très difficile d'investir plusieurs centaines d'euros par mois dans un fonds destiné à ma retraite si je n'adhérais pas un minimum à la valeur de l'épargne. J'aurais du mal à lire trois nouveaux livres par mois si je sentais que les idées de progression et d'amélioration ne me parlent même pas un tout petit peu. Les obstacles seraient insurmontables pour respecter mon entraînement sportif si je ne tenais pas à la valeur santé.

Pour que cette envie de prendre soin de moi s'inscrive dans ma vie de manière durable, j'ai donc dû commencer par créer un pont solide entre mes valeurs et l'objectif que je voulais atteindre. Je suis parti de mes valeurs essentielles, déjà bien enracinées en moi, et j'ai essayé de les lier à mon objectif de vivre plus longtemps et d'avoir plus d'énergie.

J'ai d'abord réfléchi à la valeur famille, qui fait indubitablement partie de mon top 3. Si je réussissais à vivre plus longtemps, me suis-je dit, je pourrais peut-être aider mes proches plus longtemps, voire regarder mes enfants grandir quelques années de plus. Cette connexion m'aide beaucoup, car elle me montre les conséquences positives potentielles du fait de prendre mieux soin de mon corps aujourd'hui, ce qui renforce ma détermination. L'idée de passer plus de temps avec mes enfants va droit au cœur de ma hiérarchie de valeurs et décuple mon énergie : la locomotive du train du changement roule ainsi à toute vapeur.

J'ai ensuite étudié un autre de mes chevaux de bataille, le fait d'être au service des autres, et j'ai essayé de faire un raisonnement semblable au précédent, en trouvant, soulignant et renforçant les liens entre ma valeur et mon objectif final. Au moment où j'écris ces lignes, j'ai 42 ans, plusieurs entreprises, une trentaine de collaborateurs et environ huit cent mille abonnés qui suivent mes contenus afin de trouver des outils fiables en vue d'améliorer leur vie, ne serait-ce qu'un peu. Chaque fois que j'éprouve des difficultés à respecter mes objectifs de santé, je pense à combien d'autres livres je pourrais écrire pour eux si je vieillissais en bonne santé et en forme, à combien d'autres vidéos YouTube je pourrais leur offrir, à combien d'autres projets je pourrais faire décoller pour partager les notions de psychologie de manière innovante. Ce levier joue un rôle extrêmement puissant pour que j'adhère à mon objectif de « retrouver la forme à 40 ans ».

Enfin, j'ai analysé le rapport que j'entretenais avec la valeur de la santé, qui, comme je l'ai dit en début de chapitre, avait de grosses marges de progression. J'ai donc essayé d'appliquer les stratégies dont nous avons parlé dans le chapitre consacré aux habitudes basées sur les valeurs et j'ai pensé que je pourrais fréquenter plus assidûment des personnes prêtant une grande attention à leur santé. Toutefois, je n'en ai pas trouvé beaucoup dans mon cercle social et j'aurais eu du mal à passer beaucoup de temps avec elles.

J'ai donc décidé de fréquenter ce genre de personnes non en face-à-face, mais à distance. Comment ? En lisant des livres qui expliquent combien il est important de prendre soin de sa santé, en regardant des documentaires télévisés sur les différents types d'aliments et leurs effets sur nos énergies et les maladies, en écoutant des podcasts et des livres audio présentant un mode de vie plus sain, etc.

Une fois le moteur de la locomotive allumé, je suis passé au wagon successif, celui des idées, et j'ai concentré mes efforts sur l'idée la plus importante dans l'absolu quand on veut prendre de nouvelles habitudes : l'état d'esprit 1 %.

2. État d'esprit 1 %

Deux ou trois fois dans ma vie, je me suis inscrit à la salle de sport dans l'idée de passer de zéro à trois séances par semaine. Il m'est ensuite arrivé ce qui arrive à environ 90 % des gens (et donc à vous aussi) : bien que j'aie respecté mes bonnes résolutions la première semaine, j'ai rapidement trouvé des excuses et des justifications pour ne plus y aller.

Je pourrais en dire de même à propos des changements d'alimentation : nous savons tous que nous devons manger plus de fruits et de légumes que nous n'en avons l'habitude, et, pourtant, notre choix se tourne toujours vers des plats moins recommandables après quelques jours d'efforts.

Connaissant mes erreurs passées, j'ai donc décidé de bien prêter attention à ne pas faire d'excès de zèle en voulant tout et tout de suite, et j'ai essayé de décomposer en petits pas les grands changements que je voulais mettre en œuvre dans mon mode de vie.

Tout d'abord, j'ai identifié plusieurs domaines sur lesquels intervenir pour retrouver la forme et mener une vie plus saine.

- *Alimentation* : je mangeais déséquilibré depuis toujours et il allait donc falloir revoir différents aspects. Je savais que je devrais certainement éliminer les trop nombreux aliments contenant des sucres ajoutés, remplacer les pâtes et le pain classiques par des pâtes et du pain de blé complet, manger plus de fruits et de légumes, ajouter des fruits secs au quotidien.
- *Compléments alimentaires :* il me semblait important de comprendre si et comment la prise de compléments alimentaires pouvait m'aider à mieux récupérer mon énergie. Du point de vue de la difficulté, avaler deux ou trois comprimés était simple comme bonjour et j'aurais donc pu commencer du jour au lendemain. Toutefois, je voulais bien faire les choses et je savais qu'une visite médicale était indispensable afin d'effectuer une prise de sang et de comprendre quels compléments pouvaient réellement être utiles à mon organisme. Le problème ? J'ai toujours eu une peur atroce des piqûres, ce qui, bien entendu, me faisait procrastiner la prise de rendez-vous.
- *Mieux dormir :* la qualité et la quantité de notre sommeil ont une incidence énorme sur notre niveau d'énergie et de lucidité et sur nos capacités de concentration durant la journée. On sait d'ailleurs que la privation de sommeil est une méthode de torture employée pour briser les prisonniers. Avec

trois enfants à la maison (et en bas âge, en plus) et deux chats décidément dynamiques durant la nuit, dormir d'un sommeil réparateur était un mirage et le resterait probablement encore un certain temps. Toutefois, je me demandais si je pouvais faire quelque chose pour améliorer mon sommeil sur le plan de la qualité, à défaut de dormir plus.

- *Boire plus d'eau :* il est incroyable de voir combien le bon apport d'eau nécessaire à notre organisme peut nous donner de l'énergie et entretenir notre forme sur le long terme. Bien que les besoins dépendent du poids de chacun, boire deux litres d'eau par jour ne fait pas de mal et je me trouvais nettement en dessous de cet objectif.
- *Prendre plus soin de mon corps :* certaines habitudes font du bien au corps et à l'esprit à la fois. Pensons à l'usage d'un bain de bouche après le brossage des dents, à l'application de crèmes apportant l'hydratation et la protection nécessaires à la peau, ou encore à l'usage du parfum. Certains penseront que ces petits gestes relèvent de la vanité, et c'est peut-être en partie le cas. Toutefois, en plus du fait qu'ils font du bien au corps, il faut dire qu'avoir une routine quotidienne pour prendre soin de son apparence est très puissant sur le plan psychologique : cela augmente l'estime de soi, renforce l'assurance et incite à prendre plus soin de sa personne. Personnellement, je n'avais jamais suivi de routine matinale bien élaborée et je m'étais toujours contenté de me rincer le visage et de me laver les dents. Je me sentais ridicule rien qu'à l'idée de m'installer devant la glace avec mes petites crèmes hydratantes. Toutefois, je reconnaissais l'utilité que cela pourrait présenter – pour mon apparence, mais pas seulement.
- *Activité physique :* après avoir pratiqué la boxe au début de ma vie d'adulte, je ne faisais pas de sport depuis des années et je voulais recommencer à bouger un peu. Toutefois, mon envie était inexistante : la simple idée de me fatiguer et de transpirer me faisait procrastiner.

Bien sûr, cette liste ne recense que quelques-unes des habitudes qui peuvent vous aider à mener une vie plus saine. J'aurais en effet pu décider de me concentrer sur une pratique plus régulière de la méditation, de perfectionner ma respiration, etc. Toutefois, il me semblait que j'avais déjà beaucoup de nouveaux paramètres à suivre et améliorer, et il s'agissait de ceux qui me faisaient le plus vibrer. J'ai donc décidé d'exclure toute autre activité de mon horizon de travail.

Après avoir réuni mes idées sur les six pistes d'amélioration que je viens de décrire, je me suis dit : « Bon, il y a plein de choses à changer. Si je me mets sur tout ça à la fois, je vais vite abandonner la mission. Essayons d'exploiter l'état d'esprit 1 % et de comprendre quels sont les premiers petits pas que je peux faire en direction du changement afin qu'ils ne me coûtent pas d'efforts ».

La première brique a été aussi simple à poser que le fait de boire un verre d'eau. Oui : le premier changement que j'ai opéré dans mon quotidien a été de boire un bon verre d'eau au réveil. Ce geste anodin a des conséquences importantes. Après une nuit de sommeil, en effet, nous sommes déshydratés et boire est nécessaire pour réveiller l'organisme et lui donner ce dont il a le plus besoin.

Pendant une bonne semaine, je n'ai rien fait d'autre que boire un verre d'eau au réveil. Si j'avais eu du mal à tenir cette habitude, j'aurais tâché de travailler sur mon environnement pour rendre la chose « tellement simple qu'on ne peut lui dire non ». Comment ? Par exemple en posant sur ma table de chevet un verre plein, la veille au soir.

Toujours dans l'optique 1 %, je me suis demandé ce que je pouvais faire pour améliorer mon alimentation. La réponse me semblait trop complexe. Les aspects sur lesquels intervenir étaient vraiment trop nombreux et je ne m'en sortais pas. Je me suis donc dit : « Pourquoi ne pas simplifier encore ? Prenons un seul aspect de l'alimentation, par exemple les sucres ajoutés, et voyons comment l'améliorer, 1 % à la fois. Je pourrais mettre une demi-cuillère de sucre en moins dans mon café. Si je bois deux cafés par jour, ça fait une cuillère de sucre raffiné en moins dans mon organisme chaque jour. Ça fait sept par semaine, trente par mois. Pas mal ! »

Je me suis concentré sur les sucres et, jour après jour, j'ai ajouté d'autres petits 1 % à ma routine. J'ai d'abord entièrement supprimé le sucre de mon café, puis j'ai commencé à supprimer un croissant par semaine : le mercredi, mon petit-déjeuner se compose d'une banane. Pourquoi une banane, me demandez-vous ? Déjà parce que c'est un fruit, bien sûr, mais aussi parce que ça se mange très facilement : il n'est nécessaire ni de l'éplucher au couteau ni de la laver. Je la mange en trois bouchées et je suis rassasié.

Les bananes se sont multipliées et ont fini par remplacer totalement les croissants fourrés à la crème. Par la suite, j'ai complété mon petit-déjeuner par une poignée de fruits secs.

Progressivement, 1 % à la fois, j'ai appliqué toutes les habitudes que j'avais identifiées. Aujourd'hui, je peux dire que je mène un mode de vie qui, s'il est encore loin de la perfection, en est toutefois beaucoup moins éloigné qu'avant.

3. Le travail sur les habitudes

Passons maintenant à la voiture des comportements et observons de plus près comment j'ai procédé pour faire évoluer les six pistes d'amélioration identifiées à l'aide la méthode 1 %. Mon intention n'est pas de proposer un protocole de changement des habitudes valable pour tous (chacun doit personnaliser son approche en fonction de ses spécificités et exigences), mais de fournir des éléments de réflexion pour illustrer concrètement les notions de cet ouvrage.

Comme vous le verrez, je n'ai pas exploité systématiquement tous les leviers que j'ai évoqués dans ces pages, car ils n'étaient pas tous adaptés à ma situation spécifique. Parfois, deux ou trois stratégies bien pensées et associées aux valeurs et à l'état d'esprit 1 % suffisent à atteindre de grands résultats.

ALIMENTATION

Mon parcours

Comme je l'ai dit, j'ai commencé par les sucres ajoutés. J'ai graduellement supprimé le sucre de mon café, puis je l'ai éliminé du petit-déjeuner, puis du dîner. J'ai décidé de conserver une transgression par semaine, une idée qui s'est révélée particulièrement judicieuse : non seulement je ne renonce pas aux desserts, que j'apprécie, mais en outre je les mange avec beaucoup plus de satisfaction, en les savourant pleinement au lieu de les ingurgiter en ayant l'esprit ailleurs.

Tout en limitant le sucré, j'ai créé des alternatives qui me paraissaient valables. Elles devaient répondre à deux caractéristiques principales : être faciles à manger (denrées sensiblement prêtes à la consommation) et, si possible, me rassasier. J'ai opté pour une combinaison de différents aliments : fruits secs déjà épluchés, pommes[1] (que je mange avec la peau après les avoir lavées), bananes et carottes.

J'ai fait en sorte de toujours avoir ces aliments en stock à la maison, puis j'ai réfléchi à comment les mettre en valeur dans mon environnement afin qu'il soit plus facile de les choisir en cas de petit creux.

Cette étape a été très importante. En effet, j'ai trois enfants et j'étais entouré de signaux liés aux goûters, aux biscuits et à bien d'autres aliments peu compatibles avec le nouveau mode de vie que je voulais adopter.

Chaque fois que j'avais faim, par conséquent, j'avais ce qui m'avait jusque-là manqué : la possibilité de choisir entre le goûter de mes enfants et une poignée d'amandes avec une banane. Pour me faciliter davantage la tâche, j'ai rangé les fruits secs dans des bocaux transparents bien en vue sur un

[1] Certaines variétés de pommes, comme les Pink Lady, sont tellement sucrées qu'elles sont clairement plus savoureuses que bien des desserts goûtés au restaurant.

meuble de la cuisine et j'ai sorti les fruits du frigo pour les exposer sur la table.

Avec ces premiers gestes, mon régime a connu un premier grand changement en quelques mois. Au fil du temps, j'ai ajouté d'autres petites nouveautés : j'ai remplacé les pâtes classiques par des pâtes de blé complet, j'ai limité la consommation de viande et de poisson au repas du soir, puis j'ai suivi les conseils d'un médecin nutritionniste. J'ai encore beaucoup de progrès à faire, mais le fait d'avoir déjà acquis toutes ces habitudes me permet de regarder vers l'avenir avec plus d'optimisme et d'assurance (sans compter que cela me procure une dose d'énergie précieuse au quotidien).

Ce qui a fonctionné pour moi

Signaux : fruits secs visibles dans des bocaux transparents, fruits frais placés sur la table (et non au frigo).

Simplification du comportement : j'ai choisi des fruits très simples à trouver en magasin, laver et manger ; les fruits secs sont vendus déjà épluchés et en prendre une poignée ne me demande aucun effort (au contraire, il faut plutôt faire attention à ne pas dépasser les quantités recommandées).

Conception de l'environnement : remplacer les pâtes classiques par des pâtes de blé complet dans les placards ; offrir une alternative crédible aux snacks déjà présents à la maison.

Feedback : j'avais en tête de verser une cuillère de sucre dans un bocal transparent pour chaque café amer que je buvais, afin d'avoir un feedback sur la quantité de cochonneries que j'épargnais à mon organisme. Au final, ma conviction a été suffisante et je n'ai pas eu besoin de cette astuce.

Relations sociales qui soutiennent l'acquisition de l'habitude : en m'informant et en lisant des livres sur l'alimentation (ou même en écoutant des podcasts), j'ai eu une sorte de conversation continue avec des personnes qui s'étaient déjà approprié l'habitude qui m'intéressait. Peu à peu, cela a influencé ma réflexion, puis mes comportements.

COMPLÉMENTATION ALIMENTAIRE

Mon parcours

Comme je l'ai évoqué, mon problème consistait à dépasser le blocage engendré par ma peur des prélèvements sanguins.

Pour cela, j'ai agi sur trois leviers.

Premièrement, je me suis informé plus en détail sur les bénéfices que d'éventuels compléments alimentaires pouvaient m'apporter. Cela a fait grandir mon envie d'atteindre mon objectif et la motivation pour y parvenir.

Deuxièmement, j'ai tenté d'approcher de ce que je redoutais 1 % à la fois. Prendre rendez-vous avec mon généraliste pour faire un bilan ne me faisait pas peur et était de toute façon indispensable pour mettre en place un plan de complémentation alimentaire. Je suis sorti du rendez-vous plutôt effrayé par ce que le médecin avait dit sur mon état de santé. En effet, une série de tests – qui n'impliquait pas de prise de sang – permettait déjà de comprendre qu'une analyse sanguine s'imposait pour savoir quelle démarche adopter.

Enfin, cette peur m'a donné un élan majeur pour m'interroger sur ce que je voulais faire de ma santé et donc sur le rapport que je voulais entretenir avec cette valeur. Si je voulais faire le grand pas pour retrouver la forme et vivre mieux (et peut-être plus longtemps), j'allais devoir affronter la prise de sang (à vrai dire, le médecin m'avait dit que nous pouvions aussi faire des examens salivaires, qui seraient un peu plus coûteux mais seraient adaptés à mon cas).

J'ai donc pris rendez-vous pour la prise de sang avec plus de motivation et, surtout, j'ai essayé de me rappeler ce qui me poussait à agir ainsi : mes enfants. Être en forme et plein d'énergie pour eux, leur donner un père qui n'était pas tout le temps fatigué, qui ne s'endormait pas sur place le soir alors qu'ils étaient encore réveillés, et surtout un père en suffisamment bonne santé pour subvenir à leurs besoins durant tout le temps nécessaire. Appeler mes valeurs et mes raisons d'agir en renfort a constitué l'arme la plus puissante de toutes pour me débloquer sur ce point.

Lorsque j'ai compris quels compléments alimentaires je devrais prendre au quotidien, le plus difficile a été de me rappeler lesquels prendre le matin et lesquels le soir. J'ai résolu le problème avec un beau calendrier dédié, que j'ai suspendu dans la cuisine et qui me sert à la fois de signal (pour me rappeler de prendre les comprimés) et de feedback (car je trace une croix dessus chaque fois que je les avale).

Le calendrier était situé tout près de l'évier. Ainsi, quand je me levais le matin pour boire mon verre d'eau (que je bois toujours à cet endroit), je pouvais associer à ce geste déjà bien implanté le nouveau geste lié aux compléments alimentaires.

Ce qui a fonctionné pour moi

Signaux : l'habitude de boire de l'eau est un signal pour déclencher l'habitude de prendre les compléments alimentaires ; le calendrier exposé à côté de l'évier est un signal supplémentaire me rappelant ce que je dois faire.

Simplification du comportement : je me suis approché de l'évènement que je redoutais (le prélèvement sanguin) progressivement.

Augmentation de la motivation (sensations/attentes/soutien social) : j'ai travaillé pour m'intéresser toujours plus aux bénéfices liés à ce comportement grâce à mes recherches, mes lectures et mes échanges avec des personnes prenant déjà des compléments alimentaires ; je suis entré en contact avec mes valeurs et les choses importantes pour moi, en essayant de faire émerger toute ma motivation pour surmonter ma peur.

Conception de l'environnement et *feedback :* ces leviers sont tous deux actionnés par le calendrier stratégiquement placé dans la cuisine.

Relations sociales qui soutiennent l'acquisition de l'habitude : en m'informant et en lisant des livres sur les compléments alimentaires, j'ai eu une sorte de conversation continue avec des personnes qui s'étaient déjà approprié l'habitude qui m'intéressait. Peu à peu, cela a influencé ma réflexion, puis mes comportements.

MIEUX DORMIR

Mon parcours

Maintenant que mon alimentation était plus saine et que le plan de complémentation alimentaire commençait à faire effet, je me suis consacré à l'amélioration de mon sommeil.

Sur le plan de la quantité, la chose me semblait complexe et j'ai tout de suite compris que ce n'était pas la bonne voie pour moi.

Les enfants se réveillent au cœur de la nuit et je ne peux pas ignorer leurs besoins. Il m'était également difficile d'essayer d'aller me coucher trente minutes plus tôt, car les soirées me sont très précieuses pour lire ou passer du temps avec ma femme.

J'ai donc tâché d'intervenir sur la qualité de mon sommeil.

Pour commencer, j'ai changé de matelas et d'oreiller, en choisissant des modèles plus confortables. Je ne me suis pas posé beaucoup de questions sur la somme à dépenser ; j'ai estimé que, vu que je passe un tiers de mon existence allongé dessus, je ne jetais pas cet argent par les fenêtres mais j'investissais dans mon bien-être.

Je suis ensuite passé aux stores de la chambre, qui laissaient jusque-là passer un peu de lumière, et j'ai obtenu le noir total.

J'ai pris soin d'aérer la chambre durant la journée et je me suis procuré un purificateur d'air. En effet, pour diverses raisons que je n'aborderai pas ici, la qualité de l'air à l'intérieur de nos logements peut être jusqu'à cinq fois inférieure à celle de l'air extérieur et nous pouvons donner un bon coup de main à nos poumons avec des gestes simples.

Enfin, je me suis procuré un appareil fournissant des informations sur la quantité et la qualité du temps de sommeil (ces mesures sont probablement approximatives, mais, comme on dit dans ce genre de cas, « c'est mieux que rien »).

Après avoir apporté ces premiers changements dans ma chambre à coucher, il m'a été plus simple d'envisager d'aller me coucher un peu plus tôt, toujours à la même heure, puis de passer à d'autres paramètres également importants pour bien dormir, de la température de la pièce à son niveau sonore en passant par quelques exercices de respiration avant de dormir.

Ce qui a fonctionné pour moi

Conception de l'environnement : 90 % de mes interventions pour améliorer mon sommeil ont porté sur ce point. Ce qui est intéressant, c'est qu'il n'y a plus rien à faire une fois qu'on a optimisé son environnement. Le changement de matelas et l'intervention sur le store ne doivent être faits qu'une fois, mais continuent à vous apporter leurs bénéfices nuit après nuit. Le purificateur d'air demande également un entretien limité : on change le filtre une fois par an environ, en fonction de l'utilisation effective, puis on peut oublier jusqu'à son existence.

Feedback : mon appareil a joué un rôle précieux pour avoir des retours sur la qualité de mon sommeil. Cela a été très important, car quand je voyais que j'avais réussi à dormir mieux ou davantage, j'étais plus motivé pour chercher à améliorer encore plus mes performances.

BOIRE PLUS D'EAU

Mon parcours

Notre planète est recouverte d'eau à 71 %, notre corps se compose principalement d'eau et nous mourons après seulement quelques jours en cas de privation d'eau.

L'eau est précieuse pour de nombreuses raisons. Par exemple, elle permet à l'organisme d'éliminer les toxines, elle stimule le métabolisme et elle est bénéfique pour la peau, les muscles, les organes et le cerveau.

Comme je le disais, ma toute première action a consisté à commencer la journée avec un grand verre d'eau rempli à ras bord. Je pouvais ensuite en boire un deuxième pour avaler mes compléments alimentaires.

Il restait une difficulté : boire plus de 9 heures du matin jusqu'au coucher. Pour y remédier, j'ai acheté une gourde graduée d'une contenance d'un litre (en verre, car l'eau se conserve mieux avec ce matériau) et je l'ai apportée au bureau.

Quand j'arrive le matin, je prends ma gourde et je la remplis. Je sais que je dois la vider avant le déjeuner, puis la remplir et la vider à nouveau avant 19 heures. Je bois ainsi un litre le matin et un litre l'après-midi. Objectif atteint !

La graduation est très pratique, car elle vous sert de feedback. Vous savez, à tout moment de la journée, où devrait en être le niveau d'eau. À 10 heures, la gourde devrait être pleine à peu près aux trois quarts ; à midi, elle devrait être quasiment vide. Vu que j'y étais, j'ai aussi eu l'idée d'acheter des filtres spéciaux, qui rendent l'eau alcaline et antioxydante et qui éliminent le chlore en évitant la formation de bactéries.

Ce qui a fonctionné pour moi

Signaux : la gourde graduée bien visible sur mon bureau est un signal clair qui me rappelle ce que je dois faire, à savoir boire une gorgée toutes les heures. Le fait d'avoir associé l'habitude du verre d'eau à celle des compléments alimentaires, en revanche, est un exemple d'action servant de signal et de déclencheur pour l'action successive.

Conception de l'environnement : le filtre que j'insère dans ma gourde fait partie de ces modifications structurelles qui œuvrent en faveur de votre bien-être sans que vous ayez quoi que ce soit à faire. Je sais que je dois le changer tous les trois mois, et j'ai mis une alerte périodique sur mon agenda numérique pour m'en souvenir. Une autre option consiste à prendre un abonnement :

le producteur vous envoie un nouveau filtre chez vous tous les trois mois, ce qui est encore plus simple.

Feedback : la graduation clairement apparente sur la gourde est un feedback qui m'indique constamment quelle quantité d'eau j'ai bue et quelle quantité il me manque pour atteindre mon objectif.

PRENDRE PLUS SOIN DE MON CORPS

Mon parcours

Je n'ai jamais prêté une grande attention au soin de mon aspect physique. Je savais que j'aurais pu, le matin avant de sortir ou le soir avant de me coucher, faire un certain nombre de choses utile à ma santé ou mon image, mais je ne m'y suis jamais particulièrement intéressé et je n'ai jamais eu envie de m'y mettre.

Cependant, quand vous commencez à prendre soin de votre alimentation, de votre sommeil et, de manière plus générale, de vos niveaux d'énergie, il peut vous arriver de voir ce qui vous laissait indifférent d'un œil neuf. Il s'agit un peu du mécanisme des habitudes clés dont nous avons parlé au chapitre 7 : un petit changement peut déclencher toute une série de changements vertueux.

Ceci pour dire que si j'avais commencé mon parcours de « remise en forme » par là, j'aurais probablement abandonné sur le champ. Porté par mon enthousiasme face à ma capacité à maintenir et acter de nombreux et précieux petits changements, j'ai toutefois décidé de m'attaquer aussi à cet aspect.

J'ai commencé par utiliser un bain de bouche tous les matins, après m'être brossé les dents. J'ai découvert que ces trente secondes sont somme toute agréables, car j'aime la sensation de fraîcheur que le produit apporte à mes gencives ; en plus, cela me réveille et je suis content de faire quelque chose pour protéger mes dents (et mon porte-monnaie lors de la prochaine visite chez le dentiste). Le problème était de m'en rappeler. J'ai donc décidé de laisser le flacon bien en vue sur le lavabo.

Après un peu de temps, j'ai décidé de faire aussi un bain de bouche le soir, avant le coucher.

À partir de là, j'ai attaqué peu à peu d'autres petits gestes : utiliser aussi une brossette interdentaire, appliquer une crème hydratante pour le visage, mettre un peu de parfum, me laver le visage non plus avec un savon quelconque mais avec un produit adapté à ma peau. Le résultat est que je mets quatre minutes de plus à me préparer le matin, mais j'ai l'impression de prendre soin de moi et cela se reflète dans mon attitude le reste de la journée.

Ce qui a fonctionné pour moi

Signaux : les produits exposés autour du lavabo, dans ma salle de bains, sont autant de signaux me rappelant de les utiliser. Dans ce cas aussi, j'ai exploité l'effet de « réaction en chaîne » : après m'être lavé les dents, je sais que je dois prendre mon bain de bouche ; pendant que je me rince la bouche, j'applique ma crème hydratante ; puis c'est au tour du parfum, etc.

Simplification du comportement : j'ai commencé par un petit aspect à la fois, en le fractionnant, si nécessaire, en parties plus simples à mener à bien (par exemple, je ne passe la brossette interdentaire que là où j'en ai le plus besoin, pas sur l'ensemble de mes dents).

EXERCICE PHYSIQUE

Mon parcours

Faire de l'exercice physique a été l'habitude la plus complexe à mettre en place de manière continue. C'est pour cela que je n'ai pas immédiatement commencé à travailler dessus :

j'ai pris le temps de renforcer d'abord les autres domaines dans lesquels je voulais évoluer.

Pour moi, tout a commencé de façon très peu professionnelle (on était loin du plan d'entraînement préparé par un pro en fonction de mes exigences et de ma situation de départ) et peu utile au renforcement concret des muscles.

Toutefois, comme je le répète souvent, l'important, dans la phase initiale, n'est pas de réussir à faire les choses parfaitement, mais d'initier et d'acquérir progressivement l'habitude d'un geste donné, en lui consacrant du temps mental.

J'ai donc commencé par cinq pompes par jour. C'était pratique car je pouvais les faire sans tapis de sol ou accessoires : que je sois à l'hôtel en raison d'un déplacement professionnel ou que je me réveille dans le confort de mon chez-moi, je pouvais faire cinq pompes tous les matins.

Une fois que la pensée de me réveiller pour faire ma petite série d'exercices ne m'a plus dérangé, j'ai décidé d'ajouter 1 % d'effort : dix abdominaux.

Faire cinq pompes et dix abdos ne me prenait pas un temps précieux (au début, j'ai eu du mal à dédier une partie de mon planning à ce genre de chose), mais me permettait tout de même de commencer à faire un peu d'exercice. En outre, cinq pompes et dix abdos par jour, ça fait cent cinquante pompes et trois cents abdos à la fin du mois, puis respectivement mille huit cents et trois mille six cents à la fin de l'année, et j'ai tendance à dire que c'est un beau pas en avant par rapport à rien du tout.

De pour cent en pour cent, j'ai ajouté quelques étirements ou augmenté le nombre de pompes et d'abdominaux. À l'époque, j'ignorais que ces exercices sont insuffisants, car ils négligent, par exemple, la partie inférieure du corps. Mais cela n'a pas grande importance durant la phase d'acquisition de l'habitude : l'important est de faire naître une flamme (voir chapitre 5) et de lutter pour la protéger et la faire grandir. Il sera temps, demain, de réfléchir à comment optimiser sa combustion.

Peu à peu, le temps que je consacrais à l'exercice physique a augmenté et atteint les cinq ou dix minutes. Un jour, je me suis senti prêt pour le grand saut : prendre un coach personnel pouvant enfin m'encadrer et me fournir toutes les informations qu'il me manquait. Le principal problème qui s'est alors posé était lié à un sentiment de culpabilité. Vu le peu de temps que je pouvais passer avec ma femme et mes enfants, comment aurais-je pu découper un créneau d'une heure par semaine à *me* consacrer ?

La solution a consisté à proposer à ma femme de s'entraîner avec moi, faisant ainsi d'une pierre deux coups : non seulement je pouvais faire mes exercices, mais cette activité devenait aussi un moment à partager en couple.

Actuellement, je m'entraîne une fois par semaine avec Silvia, ma *personal trailer*, pendant soixante à quatre-vingt-dix minutes, et j'arrive à dégager un autre créneau dans la semaine pour répéter en solo les exercices qu'elle me propose mois après mois en fonction de mon évolution. Je sais que je soulève des poids plutôt légers et que je devrais en faire plus pour avoir des résultats importants, mais j'ai également confiance dans le fait qu'avec le temps, 1 % à la fois, je pourrai continuer à me perfectionner.

Récemment, j'ai acheté un petit trampoline que j'ai installé au bureau et sur lequel je rebondis quelques minutes par jour, pour m'occuper durant les temps morts ou simplement pour me dégourdir les jambes entre deux réunions. (Je sais, ça semble fou, mais faire du trampoline avant d'animer un webinaire m'aide à activer des énergies et des émotions importantes qui me permettent ensuite d'avoir plus d'entrain devant la webcam.) Ce que je veux dire par là, c'est que, une fois qu'on prend le rythme et qu'on se passionne pour ce qu'on fait, de nouvelles idées inattendues viennent à nous pour nous aider à entretenir nos résultats. Personnellement, par exemple, j'ai commencé à m'intéresser à d'autres figures professionnelles, comme celle du chiropraticien ou de l'ostéopathe, pour évaluer si et comment elles pouvaient m'aider à me sentir plus en forme. Je me suis également intéressé à des produits dont je ne soupçonnais même pas l'existence : j'ai mentionné le trampoline, mais il y a aussi les semelles orthopédiques pour rééquilibrer sa posture, un usage plus intelligent et « stratégique » du vélo, et bien d'autres...

Bref, un monde entier d'outils peut jouer en votre faveur pour vous aider à atteindre vos objectifs. Vous les découvrirez lorsque vous serez prêt à les remarquer et à comprendre s'ils sont faits pour vous ou non. Comme toujours, il s'agit de faire le premier pas et de sélectionner peu à peu les leviers de changement les plus utiles dans votre situation spécifique.

Ce qui a fonctionné pour moi

Signaux : pour faire le premier pas (cinq pompes par jour), j'ai décidé d'accrocher mon habitude à une autre. Une fois le petit-déjeuner terminé, je me mettais tout de suite à faire mes pompes. Pour être certain de mon assiduité, j'ai aussi paramétré une alarme sur mon téléphone, qui, à 9 heures, me demandait « Tu as fait tes pompes, aujourd'hui ? ». Il était ainsi plus simple de contrôler mon comportement et, le cas échéant, d'y remédier. Laisser les poids bien en vue au pied du lit est un signal chaud qui m'a beaucoup aidé, par rapport à l'option consistant à les cacher en dessous et à soulever le matelas à chaque fois que je voulais m'en servir.

Simplification du comportement : commencer par les pompes m'a permis de simplifier le comportement, étant donné que je n'avais besoin ni de poids, ni de tapis, ni d'élastiques. Le poids de mon propre corps suffisait. L'idée d'en faire cinq – et non vingt par exemple – répond bien sûr à la même logique.

Conception de l'environnement : quelques interventions sur l'environnement qui m'entoure m'ont bien aidé à m'entraîner régulièrement. Sans surprise, me procurer un peu de matériel pour avoir une « salle de gym » à la maison m'a permis de couper court à toutes les excuses pour ne pas aller à la salle. Le fait que ma coach personnelle me rende visite chez moi m'a « obligé » à prendre le temps nécessaire. Le trampoline au bureau est aussi une restructuration de l'environnement venant soutenir mon activité physique, tout comme les semelles orthopédiques (elles n'influencent pas directement le temps que je consacre au sport, mais elles me permettent d'avoir plus de force durant la journée[2]).

Feedback : se regarder dans la glace et voir les résultats obtenus sur son propre corps est probablement le feedback le plus puissant, de concert avec les compliments des collègues et des amis qui ne vous ont pas vu depuis quelque temps. J'ai été très frappé de voir que j'ai l'air plus vieux dans mes toutes premières vidéos YouTube : bien que mon âge ait considérablement augmenté, mon corps semble avoir rajeuni.

Relations sociales qui soutiennent l'acquisition de l'habitude : dans mon cas, l'idée de proposer à ma femme de s'entraîner avec moi a vraiment changé la donne. Ma culpabilité s'est envolée et je suis content que nous nous maintenions tous les deux en forme, sans compter que cela nous rendra de plus en plus beaux aux yeux l'un de l'autre.

POUR CONCLURE

Pendant que j'avançais dans les différents domaines, j'ai toujours essayé de lier mes progrès entre eux afin de rendre l'ensemble le plus harmonieux possible et de créer une routine adaptée à mes exigences de temps et mes objectifs physiques.

Pour moi, aujourd'hui, tout commence toujours par ce célèbre verre d'eau. Et vous, quel sera votre point de départ ? Et les toutes premières étapes, juste après ? Prenez du temps pour réfléchir à la stratégie qui est faite pour vous, puis testez-la sur le terrain et apportez-lui les corrections nécessaires.

[2] Au sujet de cette remarque comme de toutes celles qui émaillent cet ouvrage, je tiens à préciser que les choix que j'ai pris pour mon bien-être ont toujours suivi des recherches approfondies et ont été encadrés, si nécessaire, par des médecins ou des spécialistes. Je ne vous invite donc pas à vous jeter naïvement dans le monde magique du « do it yourself » ou à acheter le cœur léger le dernier produit à la mode, mais à vous informer et à échanger avec les experts en qui vous avez confiance afin d'aborder votre bien-être avec une approche progressive, mais solide.

Donnez-vous les moyens d'expérimenter, regardez avec curiosité ce que font les autres et demandez-vous si et comment vous pouvez leur voler quelques secrets.

Conclusion

Notre voyage dans les mécanismes du changement abordable et durable est arrivé à son terme.

Pour commencer, nous avons vu à quel point les habitudes influencent nos choix et le type de personne que nous sommes et deviendrons. Ce processus se fait de manière silencieuse et lente, mais est inéluctable ; plus tôt nous en prenons conscience et plus tôt nous pouvons l'orienter délibérément dans la direction souhaitée. Nous avons évoqué la connotation négative du terme « habitude » dans l'inconscient collectif et constaté que celui de « motivation » est beaucoup plus séduisant et attirant, notamment lorsqu'il est employé par le gourou du moment, qui sait allumer des étincelles dans nos yeux même s'il nous laisse ensuite à l'arrêt sur la case départ, souvent plus frustrés qu'avant. Dans cet ouvrage, nous sommes partis du principe que la motivation ne représente que l'un des nombreux éléments nécessaires pour produire un changement. L'élan motivationnel est hors de notre contrôle et nous l'utilisons trop souvent comme alibi pour procrastiner ce que nous devons faire : « Je ne suis pas motivé, ce n'est pas le bon moment, je ferai ça demain ». Mais si, à l'inverse, nous apprenons à exercer nos habitudes, notamment les bonnes, non seulement nous pourrons décupler notre force de volonté, mais nous nous réapproprierons aussi la responsabilité de ces petites actions qui, jour après jour, collectivement, nous permettront de faire un saut qualitatif impensable. Ce sont justement ces habitudes qui nous mettront en contact avec la motivation intrinsèque, une alliée sincère et bienvenue.

Dans les premières pages, nous nous sommes concentrés sur les prérequis au changement et à l'acquisition de ces habitudes qui s'avèreront effectivement gagnantes *pour nous*. Il n'existe pas, en effet, d'habitude gagnante *pour tous* ; chacun doit identifier les siennes. Avant d'implanter des automatismes ou de déployer des actions et dépenser de l'énergie, il est donc indispensable de sélectionner avec soin la destination vers laquelle diriger notre embarcation. Si nous n'appréhendons pas l'orientation que nous voulons donner à notre vie, et, plus important encore, nos valeurs fondatrices, nous risquons de finir comme ce marin qui, ne sachant pas où il voulait aller, naviguait d'un rivage à l'autre, le cœur empli de frustration et de rancœur – ou, pire encore, comme ce capitaine qui, dans le doute, laissait son navire au port et renonçait à prendre le large.

La méthode 1 % constitue l'approche mentale avec laquelle se mettre en mouvement. La meilleure manière d'obtenir de grands changements consiste à en provoquer une multitude de petits qui se répètent dans le temps, en interprétant la vie non pas comme un cent mètres haies, mais comme un long marathon durant lequel il convient de gérer au mieux les ressources disponibles.

Nous avons alors plongé dans ce que nous avons appelé l'« anatomie des habitudes » et nous avons identifié les éléments sur lesquels agir pour rendre une action facile à répéter dans le temps et donc à automatiser. Dans ce contexte, nous avons traité le thème des signaux, ces indicateurs qui nous rappellent de nous diriger dans une direction donnée et qui déclenchent une action, si possible tellement simple (tout du moins au début) qu'on ne peut pas lui dire non. Pour cela, nous devons apprendre à insérer des signaux dans notre environnement. Étudier et comprendre les différentes typologies de signaux et les modalités de simplification du comportement est la clé pour parer au manque de volonté et nous aider à faire le premier pas vers l'acquisition de l'habitude souhaitée.

Après avoir mis au point les signaux et les comportements, il devient possible de se concentrer sur la composante motivationnelle, sans oublier de travailler sur la motivation intrinsèque ; la motivation extrinsèque, en effet, ne suffit pas à elle seule et ne dure pas longtemps. Les changements plus durables impliquent une modification de nos croyances les plus profondes et de notre façon de voir le monde et de nous voir, afin de créer un pont capable d'aligner la dimension de nos valeurs à celle de nos idées, actions et objectifs.

Dans la troisième partie, nous nous sommes attardés sur trois facteurs supplémentaires pouvant nous aider à soutenir, cimenter et amplifier les changements que nous nous efforçons de mettre en œuvre.

L'environnement dans lequel nous vivons et son architecture constituent la scène dans les limites de laquelle se déroulent nos comportements. Ne sous-évaluons pas la puissance de l'environnement, qui peut aussi bien décourager les meilleures intentions que nous « obliger » à accomplir des actions importantes pour nous. Comprendre son potentiel nous aide à modeler notre comportement pour l'orienter dans la direction voulue et à être plus conscients du contexte qui nous entoure quand, que nous le voulions ou non, nous devons demeurer dans des environnements conçus par les autres.

Nous sommes ensuite passés au feedback, le grand absent de notre contexte social et culturel, et nous avons constaté combien on peut se sentir perdu sans les informations qu'il nous fournit sur la pertinence de nos décisions, nos actions et nos investissements. Nous avons vu que le fait de paramétrer un système de feedback à court terme est le meilleur moyen pour avoir des résultats à long terme.

Nous avons enfin évoqué l'influence de la génétique et du contexte social dans lequel nous grandissons. Le facteur biologique ne peut être modifié et il est indispensable de bien prendre conscience des limites structurelles avec lesquelles nous cheminons lorsque nous nous proposons de provoquer un changement. Nous avons, en revanche, plus de marge d'action pour ce qui est de la composante sociale, autre clé nécessaire au « déclic » qui permettra au changement de se maintenir dans le temps.

PLANTEZ LA GRAINE, COMBINEZ LES ÉLÉMENTS ET CROYEZ EN CE QUI N'EST PAS LÀ

Confucius disait que le meilleur moment pour planter un arbre, c'était il y a vingt ans – mais que le deuxième meilleur moment, c'est maintenant. Je veux dire par là que la balle est maintenant dans votre camp. À vous de décider si vous voulez ranger ce livre dans la bibliothèque et temporiser encore, ou bien vous mettre en route, 1 % à la fois, pour entamer votre propre processus de floraison.

Pour bien se développer, une fleur a besoin de beaucoup d'attentions. L'eau, le terreau et la lumière ne suffisent pas. Tout un cocktail d'éléments en synergie les uns avec les autres est indispensable pour la faire fleurir. Un bon jardinier en a conscience et sait les combiner. Il réfléchit à l'endroit où planter la graine, il applique des engrais, il vérifie le degré d'exposition au soleil et il dose savamment l'arrosage. Un bon jardinier sait comment utiliser toutes les ressources à sa disposition et les harmoniser pour faire de n'importe quel champ un merveilleux jardin fleuri.

Vous aussi, comme le jardinier, vous devez réunir tous les éléments que nous avons passés en revue dans ces pages, les étudier, les expérimenter, les intégrer à votre réflexion et les décliner à votre façon dans votre approche du changement et de la vie.

Toutefois, il ne suffit pas d'appliquer un ensemble de techniques. Comme le jardinier nous l'apprend, il faut aussi croire en ce que nous faisons. Dans un terrain plein de mauvaises herbes et de terre sèche, le jardinier plante une graine. Au lieu de la vendre ou de la manger, il décide d'avoir la foi et de prendre le risque de la perdre ou de voir un oiseau affamé la lui voler. C'est la seule manière pour que la graine se transforme en quelque chose de plus grand. En ayant d'abord cru à ce qui n'était pas visible, le jardinier peut maintenant profiter de son jardin.

Pour faire fleurir un jardin splendide, nous devons également avoir le courage de croire en ce que, aujourd'hui, nous ne voyons pas.

Nous aussi, nous ne pouvons pas nous appuyer seulement sur la technique pour changer, mais nous avons besoin de croire que nos efforts en vaudront la peine, et – même dans les moments difficiles – nous devons nous souvenir qu'une graine a besoin de temps pour fleurir. En ce moment précis, vous êtes le résultat des habitudes que vous avez adoptées au cours des cinq dernières années. Dans cinq ans, vous serez le résultat des habitudes que vous décidez d'entreprendre à partir d'aujourd'hui. Tout ce que vous décidez de faire ou de ne pas faire maintenant est un vote en faveur ou en défaveur de la personne que vous voudrez devenir : ce sont les petits pas qui, cumulés, portent au résultat final.

N'oubliez jamais les vertus et les techniques du jardinier : agissez comme lui en reliant tous les piliers des habitudes que nous avons vus ensemble et faites de votre vie un merveilleux jardin fleuri.

Appendice

Protocoles d'intervention et plans de référence

Dans cette partie, nous vous proposons quelques protocoles que nous utilisons dans nos MindCenter pour accompagner les personnes souhaitant changer leurs habitudes.

- Changement 1 % : fiche de suivi des progrès
- Plan de référence pour l'acquisition d'une nouvelle habitude – vue d'ensemble
- Plan de référence pour décourager une mauvaise habitude – vue d'ensemble
- Plan de référence pour l'acquisition d'une nouvelle habitude – exemple : boire plus d'eau
- Plan de référence pour l'acquisition d'une nouvelle habitude (version vierge)
- Plan de référence pour atteindre des objectifs complexes grâce à de petites habitudes – exemple : retrouver la forme à 40 ans

CHANGEMENT 1 %
FICHE DE SUIVI DES PROGRÈS

Cet outil vous permet de suivre la progression de vos habitudes dans le temps. Listez les comportements sur lesquels vous travaillez (souvenez-vous qu'il est toujours bon de commencer par un nombre limité de comportements simples, et même un seul au début) et, chaque fois que vous respectez le plan prévu, tracez une croix dans la case du jour correspondant ou coloriez-la. Exemple : chaque fois que je me lève et pense à mes trois objectifs de la journée, je trace une croix dans l'espace dédié à cet effet.

Cet outil est extrêmement puissant et vous aidera non seulement à avoir un feedback immédiat sur votre parcours, mais aussi à suivre votre avancée, à corriger plus facilement le tir en cas de besoin et, cerise sur le gâteau, à garder un haut degré de motivation pour tenir vos engagements.

Passons maintenant à quelques précisions supplémentaires.

- À la fin de chaque journée, vous trouverez une petite icône représentant un visage stylisé. Complétez-la avec l'expression adéquate (très satisfait ☺, moyennement satisfait 😐, peu satisfait ☹) afin de disposer d'un feedback supplémentaire sur votre respect ou non-respect de votre programme d'habitudes quotidien. Vous pouvez en faire de même à la fin du mois, pour avoir une idée globale de l'évolution de vos habitudes au cours des trente derniers jours.
- Toutes les habitudes n'ont pas forcément un rythme quotidien. Si l'habitude sur laquelle vous travaillez est hebdomadaire, par exemple, coloriez les cases non nécessaires en noir et adaptez le schéma à la fréquence souhaitée.
- N'oubliez pas l'importance de la philosophie « zéro jour zéro ». Même si vous n'avez pas pleinement respecté votre habitude, le plus important est de ne pas l'interrompre.

Par exemple, si vous êtes tellement fatigué que vous ne tenez pas jusqu'au bout de votre entraînement et n'en faites que la moitié, mon conseil est de quand même noter votre action sur votre fiche, éventuellement dans une autre couleur. Sur le long terme, vous récolterez aussi les fruits de cette journée « ratée », indispensable pour adopter la bonne mentalité.

Enfin, je vous rappelle que vous pourrez retrouver les versions PDF imprimables de ma fiche de suivi des progrès à l'adresse suivante : www.lucamazzucchelli.fr. Une dernière chose : j'ai fait réaliser la fiche de suivi des progrès en deux versions. Elles sont identiques du point de vue du contenu, mais elles sont agencées différemment. À vous de choisir le graphisme qui vous inspire le plus !

CHANGEMENT 1 % – FICHE DE SUIVI DES PROGRÈS

MOIS :

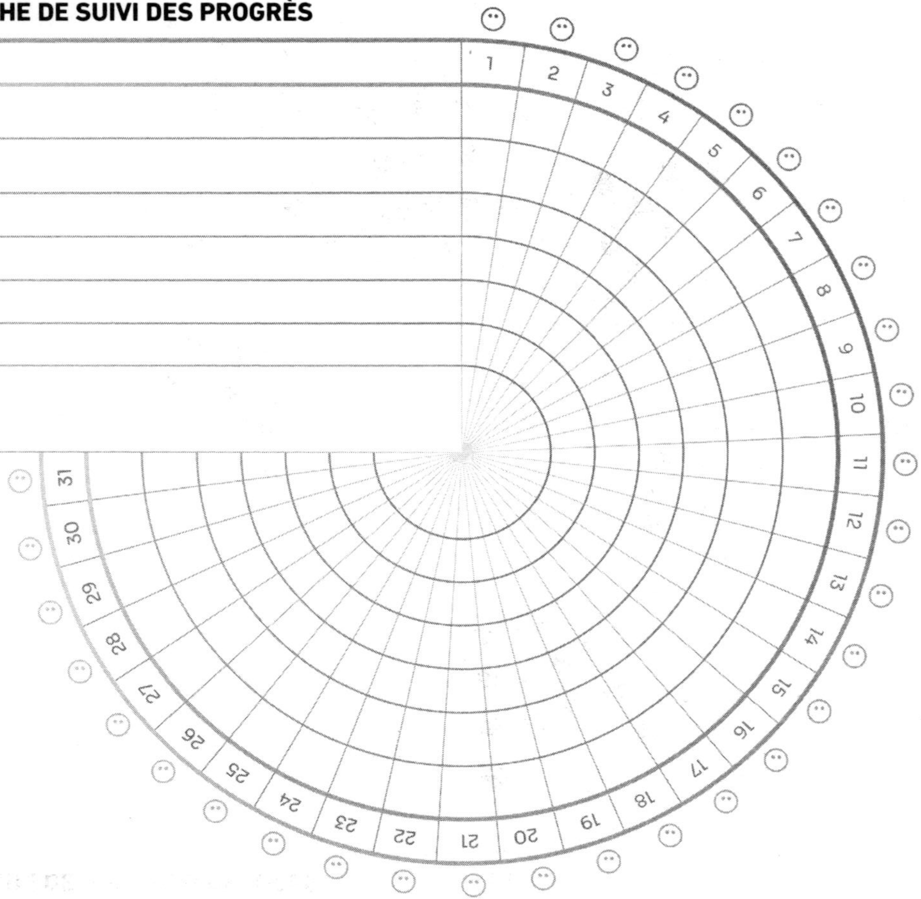

HUMEUR

CHANGEMENT 1 % – FICHE DE SUIVI DES PROGRÈS

MOIS : MARS 2021

DIX MINUTES DEXERCICE PHYSIQUE

ALLER ME COUCHER AVANT 23 HEURES

PRENDRE MON COMPLÉMENT ALIMENTAIRE

LIRE UN PARAGRAPHE DU LIVRE

HUMEUR

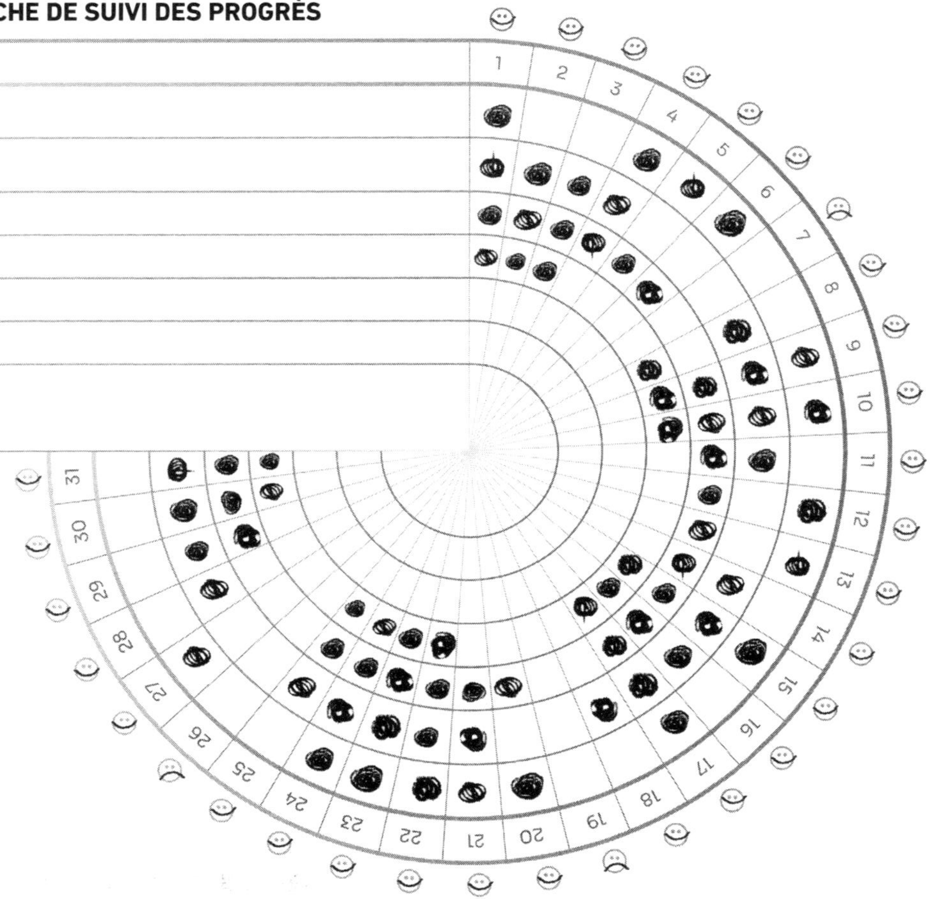

mindcenter
www.mindcenter.it

MOIS :

mindcenter
www.mindcenter.it

CHANGEMENT 1 % – FICHE DE SUIVI DES PROGRÈS

	1	2	3	4	5	6	7	8	9	10	11	12	13	14	15	16	17	18	19	20	21	22	23	24	25	26	27	28	29	30	31
HUMEUR																															

MOIS : MARS 2021

CHANGEMENT 1 % – FICHE DE SUIVI DES PROGRÈS

	1	2	3	4	5	6	7	8	9	10	11	12	13	14	15	16	17	18	19	20	21	22	23	24	25	26	27	28	29	30	31
DIX MINUTES D'EXERCICE PHYSIQUE	●	○	○	●	●	●	○	○	●	●	○	●	●	○	●	○	●	○	○	●	●	●	●	●	○	○	●	○	○	○	○
ALLER ME COUCHER AVANT 23 HEURES	●	●	●	●	○	○	○	●	●	●	●	○	○	●	●	●	●	●	○	○	●	●	●	●	●	○	○	●	●	●	●
PRENDRE MON COMPLÉMENT ALIMENTAIRE	●	●	●	●	●	●	○	○	●	●	●	●	●	●	●	●	●	○	○	●	●	●	●	●	●	○	○	○	●	●	●
LIRE UN PARAGRAPHE DU LIVRE	●	●	●	○	○	○	○	●	●	●	○	○	○	○	●	●	●	○	○	○	○	●	●	●	●	○	○	○	○	●	●
	○	○	○	○	○	○	○	○	○	○	○	○	○	○	○	○	○	○	○	○	○	○	○	○	○	○	○	○	○	○	○
	○	○	○	○	○	○	○	○	○	○	○	○	○	○	○	○	○	○	○	○	○	○	○	○	○	○	○	○	○	○	○
	○	○	○	○	○	○	○	○	○	○	○	○	○	○	○	○	○	○	○	○	○	○	○	○	○	○	○	○	○	○	○
	○	○	○	○	○	○	○	○	○	○	○	○	○	○	○	○	○	○	○	○	○	○	○	○	○	○	○	○	○	○	○
	○	○	○	○	○	○	○	○	○	○	○	○	○	○	○	○	○	○	○	○	○	○	○	○	○	○	○	○	○	○	○
	○	○	○	○	○	○	○	○	○	○	○	○	○	○	○	○	○	○	○	○	○	○	○	○	○	○	○	○	○	○	○
	○	○	○	○	○	○	○	○	○	○	○	○	○	○	○	○	○	○	○	○	○	○	○	○	○	○	○	○	○	○	○
HUMEUR	☺	☺	☺	☺	☺	☺	☹	☺	☺	☺	☺	☺	☺	☺	☺	☺	☺	☺	☹	☺	☺	☺	☺	☺	☺	☹	☺	☺	☺	☺	☺

PLAN DE RÉFÉRENCE
ACQUISITION D'UNE NOUVELLE HABITUDE

MÉTHODE 1 % EN HUIT ÉTAPES

VUE D'ENSEMBLE

LES PRÉREQUIS (premier pilier)

- **ÉTAPE 1 :** créer de la cohérence entre les valeurs et l'habitude que l'on entend acquérir
- **ÉTAPE 2 :** paramétrer son état d'esprit sur une logique 1 %

LES FONDAMENTAUX (deuxième pilier)

- **ÉTAPE 3 :** paramétrer les signaux
- **ÉTAPE 4 :** travailler sur la simplification du comportement
- **ÉTAPE 5 :** agir sur la motivation

LES COMPLÉMENTS (troisième pilier)

- **ÉTAPE 6 :** concevoir stratégiquement son environnement
- **ÉTAPE 7 :** mettre en place un système de feedback
- **ÉTAPE 8 :** analyser les éventuelles barrières biologiques et travailler sur le contexte social

PLAN DE RÉFÉRENCE
DÉCOURAGER UNE MAUVAISE HABITUDE

MÉTHODE 1 % EN HUIT ÉTAPES

VUE D'ENSEMBLE

LES PRÉREQUIS (premier pilier)

- **ÉTAPE 1 :** créer de l'incohérence entre les valeurs et l'habitude que l'on entend abandonner
- **ÉTAPE 2 :** paramétrer son état d'esprit sur une logique 1 %

LES FONDAMENTAUX (deuxième pilier)

- **ÉTAPE 3 :** rendre les signaux plus froids et plus cachés
- **ÉTAPE 4 :** travailler pour complexifier le comportement
- **ÉTAPE 5 :** réduire la motivation

LES COMPLÉMENTS (troisième pilier)

- **ÉTAPE 6 :** concevoir stratégiquement son environnement
- **ÉTAPE 7 :** mettre en place un système de feedback
- **ÉTAPE 8 :** analyser les éventuelles barrières biologiques et travailler sur le contexte social

PLAN DE RÉFÉRENCE
ACQUISITION D'UNE NOUVELLE HABITUDE

MÉTHODE 1 % EN HUIT ÉTAPES

EXEMPLE
Habitude que je veux acquérir :
Boire plus d'eau
(Objectif : deux litres par jour)

LES PRÉREQUIS

- **ÉTAPE 1 :** CRÉER DE LA COHÉRENCE ENTRE LES VALEURS ET L'HABITUDE QUE L'ON ENTEND ACQUÉRIR

  Il est nécessaire de vérifier de quelle façon le comportement que nous voulons acquérir entre en résonance avec nos valeurs fondatrices. Nous pouvons créer de la cohérence avec des valeurs déjà existantes ou bien travailler pour renforcer des valeurs spécifiques.

Dans le cas de l'augmentation de l'apport en eau, on pense immédiatement au lien entre l'habitude de boire et la valeur de la santé. Si cette valeur n'est pas bien enracinée, nous pouvons travailler à la renforcer ou trouver un moyen pour raccorder notre habitude à d'autres valeurs mieux implantées en nous.

- **ÉTAPE 2 :** PARAMÉTRER SON ÉTAT D'ESPRIT SUR UNE LOGIQUE 1 %

  Il s'agit d'avancer en étant conscient que l'acquisition du comportement automatique devra être lente et progressive, contournant ainsi la tendance de l'organisme à rétablir l'homéostasie.

Dans le cas présent, je ne peux pas m'attendre à passer d'un simple verre d'eau à deux litres en l'espace de quelques jours. Mieux vaut prévoir un parcours composé de petits pas : passer d'abord à un demi-litre, puis un litre, puis un litre et demi, etc.

LES FONDAMENTAUX

- **ÉTAPE 3 :** PARAMÉTRER LES SIGNAUX

  Les signaux sont les éléments de l'environnement qui activent des comportements donnés. Pour augmenter la probabilité qu'un comportement soit effectué, je dois insérer le plus grand nombre de signaux (chauds, idéalement) et faire en sorte qu'ils soient bien visibles.

  Exemples d'actions à mettre en œuvre :
  - Avoir toujours une bouteille d'eau sur mon bureau, de manière à me rappeler que je peux boire chaque fois que je lève les yeux.
  - Répartir, dans les zones de la maison que je fréquente le plus, des notes adhésives disant « souviens-toi de boire ».
  - Télécharger une appli me rappelant à intervalles réguliers de boire.
  - Lier l'habitude de boire à une autre action déjà habituelle, qui devient ainsi un signal. Par exemple, je me souviens de boire une gorgée d'eau chaque fois que je raccroche le téléphone ; je bois une gorgée d'eau après chaque café ; quand je rentre chez moi, je me dirige vers l'évier et je bois un verre.

- **ÉTAPE 4 :** TRAVAILLER SUR LA SIMPLIFICATION DU COMPORTEMENT

Plus un comportement « coûte », moins il sera probable qu'on le mette en œuvre. Au début, il est nécessaire de travailler afin que le comportement que j'entends acquérir soit « tellement simple que je ne peux pas dire non ». Une fois l'habitude bien en place, il sera beaucoup plus simple d'appliquer le comportement voulu.

Exemples d'actions à mettre en œuvre pour réduire les frictions :

- Se donner pour objectif de boire 0,5 litre d'eau en plus chaque jour (une petite bouteille). Si c'est encore trop, je peux réduire davantage : deux verres de plus par jour, un au réveil et un avant le coucher. Je peux aussi améliorer ma consommation de seulement 1 % : un verre de plus par jour, dès que je me lève.
- Dans un deuxième temps, quand j'ai habitué mon corps à consommer plus d'eau, je peux élaborer un programme personnalisé afin de réduire l'effort mental lié au maintien de l'habitude. Par exemple, je peux raisonner en verres et compter dix verres de 200 ml : un verre d'eau au réveil, un au petit-déjeuner, un avec le café de 11 heures, deux au déjeuner ; puis deux dans l'après-midi, deux au dîner et un au moment du coucher.

- **ÉTAPE 5 :** AGIR SUR LA MOTIVATION

Pour agir sur la motivation, je peux essayer d'augmenter l'attractivité du comportement que je souhaite acquérir, c'est-à-dire le rendre plus intéressant.

Exemples d'actions à mettre en œuvre :

a. **Travailler sur les sensations :** rendre le comportement agréable.
Exemples d'actions à mettre en œuvre :
- Ajouter des arômes naturels dans l'eau (jus de citron, gingembre, infusions, etc.).
- Acheter une marque dont je trouve le goût plus agréable.
- Essayer de répondre à mes propres préférences en ce qui concerne d'autres caractéristiques, comme la température. Vous aimez l'eau à température ambiante ? Laissez la bouteille bien en vue sur la table de la cuisine. Vous préférez la boire fraîche ? Gardez-la au frigo ou prévoyez quelques glaçons.

b. **Travailler sur les attentes :** renforcer les attentes positives envers le comportement que l'on souhaite acquérir.
Exemple d'actions à mettre en œuvre :
- Après avoir effectué des recherches sur le sujet, prendre une feuille et écrire les bénéfices à long terme d'un plus grand apport en eau, comme une amélioration de la santé physique et des performances cognitives.

c. **Travailler sur l'appartenance :** augmenter la sensation d'acceptation sociale liée à l'application du comportement à adopter.
Exemple d'actions à mettre en œuvre :
- Je rejoins un groupe de discussion sur les réseaux sociaux pour échanger avec des personnes qui essaient de prendre la même habitude que moi et qui échangent des informations utiles et s'encouragent mutuellement.

LES COMPLÉMENTS

- **ÉTAPE 6 :** CONCEVOIR STRATÉGIQUEMENT SON ENVIRONNEMENT

  Il est nécessaire de concevoir son environnement afin de rendre plus simple, voire inévitable, l'adoption de la nouvelle habitude.

  Exemples d'actions à mettre en œuvre :
  - Passer régulièrement des commandes de bouteilles, de manière à toujours avoir de l'eau à la maison et de ne pas risquer de se retrouver sans, ou bien acheter un filtre à eau.
  - Préparer un verre d'eau sur la table de chevet le soir et prendre une habitude toute simple : le matin, je vois le verre et je me souviens de boire.
  - Garder l'eau exposée à la maison au lieu de la stocker tout au fond du frigo.
  - Éviter d'acheter des boissons gazeuses ou sucrées qui pourraient me désaltérer, ou bien les ranger dans un placard, hors de ma vue.

- **ÉTAPE 7 :** METTRE EN PLACE UN SYSTÈME DE FEEDBACK

  Avoir un retour sur ce que je fais est utile pour deux raisons : d'une part, cela m'aide à savoir où je vais et si ce que je fais est correct ; d'autre part, c'est un renforcement immédiat vis-à-vis de mon action, ce qui soutient ma motivation pour poursuivre mes efforts.

  Exemples d'actions à mettre en œuvre :
  - Indiquer sur ma fiche de suivi des progrès tous les jours où j'arrive à boire la bonne quantité d'eau.

- Acheter une gourde graduée me fournissant des informations sur la quantité d'eau que j'ai déjà bue (et combien il m'en reste à boire avant d'atteindre mon objectif).

- **ÉTAPE 8 :** ANALYSER LES ÉVENTUELLES BARRIÈRES BIOLOGIQUES ET TRAVAILLER SUR LE CONTEXTE SOCIAL

Analyse des barrières biologiques

Y a-t-il des barrières biologiques s'opposant à l'acquisition de cette habitude ?

☐ OUI, je dois changer d'habitude.

Sur quelle nouvelle habitude alternative pourrais-je concentrer mes efforts ?

☒ NON, je peux continuer.

Travail sur le contexte social

Les personnes avec lesquelles nous sommes le plus en contact nous influencent de manière importante dans l'acquisition de nouvelles habitudes ; si nos fréquentations ont un certain comportement, nous serons naturellement amenés à le répliquer dans notre propre vie.

Exemples d'actions à mettre en œuvre :
- Analyser son réseau de connaissances et augmenter les contacts avec les personnes qui ont déjà pris l'habitude de boire plus d'eau. (Remarque : il peut s'agir de connaissances réelles ou virtuelles.)
- Trouver un « compagnon de changement », voire un groupe, qui vienne me soutenir dans ma nouvelle habitude de boire plus d'eau.

PLAN DE RÉFÉRENCE
ACQUISITION D'UNE NOUVELLE HABITUDE

MÉTHODE 1 % EN HUIT ÉTAPES

Habitude que je veux acquérir :
(Objectif : ....)

LES PRÉREQUIS

- **ÉTAPE 1 :** CRÉER DE LA COHÉRENCE ENTRE LES VALEURS ET L'HABITUDE QUE L'ON ENTEND ACQUÉRIR

Il est nécessaire de vérifier de quelle façon le comportement que nous voulons acquérir entre en résonance avec nos valeurs fondatrices. Nous pouvons créer de la cohérence avec des valeurs déjà existantes ou bien travailler pour renforcer des valeurs spécifiques.

Quelles sont mes valeurs actuelles et comment entrent-elles en résonance avec ce que je veux faire ?

....

....

....

....

- **ÉTAPE 2 :** PARAMÉTRER SON ÉTAT D'ESPRIT SUR UNE LOGIQUE 1 %

  Il s'agit d'avancer en étant conscient que l'acquisition du comportement automatique devra être lente et progressive, contournant ainsi la tendance de l'organisme à rétablir l'homéostasie.

Comment puis-je mettre en place un plan se déroulant par petits pas ?

....

....

....

....

....

LES FONDAMENTAUX

- **ÉTAPE 3 :** PARAMÉTRER LES SIGNAUX

  Les signaux sont les éléments de l'environnement qui activent des comportements donnés. Pour augmenter la probabilité qu'un comportement soit effectué, je dois insérer le plus grand nombre de signaux (chauds, idéalement) et faire en sorte qu'ils soient bien visibles.

  Actions à mettre en œuvre :

....

....

....

....

....

- **ÉTAPE 4 :** TRAVAILLER SUR LA SIMPLIFICATION DU COMPORTEMENT

Plus un comportement « coûte », moins il sera probable de le mettre en œuvre. Au début, il est nécessaire de travailler afin que le comportement que j'entends acquérir soit « tellement simple que je ne peux pas dire non ». Une fois l'habitude bien en place, il sera beaucoup plus simple d'appliquer le comportement voulu.

Actions à mettre en œuvre pour réduire les frictions :

....

....

....

....

....

....

....

- **ÉTAPE 5 :** AGIR SUR LA MOTIVATION

Pour agir sur la motivation, je peux essayer d'augmenter l'attractivité du comportement que je souhaite acquérir, c'est-à-dire le rendre plus intéressant.

a. **Travailler sur les sensations :** rendre le comportement agréable.
Actions à mettre en œuvre :

....

....

....

....

b. **Travailler sur les attentes :** renforcer les attentes positives envers le comportement que l'on souhaite acquérir.
Actions à mettre en œuvre :

....

....

....

....

c. **Travailler sur l'appartenance :** augmenter la sensation d'acceptation sociale liée à l'application du comportement à adopter.
Actions à mettre en œuvre :

....

....

....

....

LES COMPLÉMENTS

- **ÉTAPE 6 :** CONCEVOIR STRATÉGIQUEMENT SON ENVIRONNEMENT

Il est nécessaire de concevoir son environnement afin de rendre plus simple, voire inévitable, l'adoption de la nouvelle habitude.
Actions à mettre en œuvre :

....

....

....

....

....

- **ÉTAPE 7 :** METTRE EN PLACE UN SYSTÈME DE FEEDBACK

Avoir un retour sur ce que je fais est utile pour deux raisons : d'une part, cela m'aide à savoir où je vais et si ce que je fais est correct ; d'autre part, c'est un renforcement immédiat vis-à-vis de mon action, ce qui soutient ma motivation pour poursuivre mes efforts.
Actions à mettre en œuvre :

....

....

....

....

....

....

- **ÉTAPE 8 :** ANALYSER LES ÉVENTUELLES BARRIÈRES BIOLOGIQUES ET TRAVAILLER SUR LE CONTEXTE SOCIAL

Analyse des barrières biologiques

Y a-t-il des barrières biologiques s'opposant à l'acquisition de cette habitude ?

☐ OUI, je dois changer d'habitude.

Sur quelle nouvelle habitude alternative pourrais-je concentrer mes efforts ?

....

....

....

....

☒ NON, je peux continuer.

Travail sur le contexte social

Les personnes avec lesquelles nous sommes le plus en contact nous influencent de manière importante dans l'acquisition de nouvelles habitudes ; si nos fréquentations ont un certain comportement, nous serons naturellement amenés à le répliquer dans notre propre vie.

Actions à mettre en œuvre :

....

....

....

....

....

....

....

....

PLAN DE RÉFÉRENCE
ATTEINDRE DES OBJECTIFS COMPLEXES GRÂCE À DE PETITES HABITUDES

Nombre de personnes s'adressent aux MindCenter en nous demandant comment la méthode 1 % peut les aider à atteindre des objectifs ambitieux dans de multiples domaines de leur vie.

Qu'il s'agisse d'améliorer la vie de couple, d'affiner ses compétences de leader vis-à-vis de ses collaborateurs, de travailler son estime de soi ou de tout autre élément, le conseil opérationnel que nous donnons est d'identifier une série de « comportements cibles » qui, s'ils sont automatisés, nous approcheront de notre scène idéale.

Il s'agit un peu de ce que nous avons vu dans le chapitre « Retrouver la forme à 40 ans sans effort » : la réalisation du macro-objectif de la forme physique passe par l'automatisation d'une série de comportements relevant de domaines différents.

Si je voulais améliorer ma vie de couple, je pourrais m'interroger sur les aspects à renforcer dans ma relation sentimentale en particulier. J'en viendrais peut-être à comprendre qu'il me serait utile de prendre l'habitude de valoriser régulièrement ce que fait mon partenaire, d'écouter ses besoins au quotidien et de l'aider concrètement à atteindre ses objectifs.

Si je voulais augmenter mon estime de moi, je pourrais sonder mes fragilités et en conclure qu'il serait intéressant de tenir un journal, car cela me permettrait de mieux me connaître et de réfléchir concrètement sur moi-même. Je pourrais aussi travailler assidûment pour devenir très bon dans une compétence technique spécifique (si j'ai des compétences fortes, il est plus facile d'obtenir des résultats importants, ce qui me transmet une vision positive de ma propre valeur).

Pour renforcer mes capacités d'encadrement, je pourrais me rendre compte que je dois augmenter mon niveau d'intérêt et de curiosité envers mes collaborateurs, que je dois transmettre plus de bonne humeur au bureau et que je devrais prendre l'habitude de leur offrir plus de moments leur apportant de la valeur.

Toutes les actions correctrices que nous identifions sont des comportements. Par conséquent, ils peuvent être facilités et automatisés en appliquant la méthode en huit étapes que nous avons détaillée dans ce livre.

Nous vous proposons maintenant une version simplifiée du plan de référence pour atteindre des objectifs complexes utilisé par les professionnels des MindCenter. Il se compose de cinq étapes principales.

1. Identifiez nettement l'objectif final
2. Analysez les domaines d'amélioration
3. Pour chaque domaine d'amélioration, identifiez d'éventuels sous-domaines d'intervention
4. Hiérarchisez l'importance des domaines d'amélioration
5. Travaillez sur les comportements les plus stratégiques avec la méthode en huit étapes

---

EXEMPLE :
RETROUVER LA FORME À 40 ANS
(version synthétique)

---

1. **IDENTIFIEZ NETTEMENT L'OBJECTIF FINAL**

• *Quelle est la scène idéale que vous voudriez atteindre ?*

Vivre plus longtemps, préserver mon énergie et vieillir avec lucidité.

• *Quelles raisons vous poussent à agir ainsi ?*

Le plaisir d'apporter ma contribution à ma famille et au monde le plus longtemps possible.

• *De quelle façon vos valeurs peuvent-elles résonner avec ce que vous désirez ?*

Les valeurs de la famille, de l'aide et de la santé peuvent toutes être satisfaites et amplifiées par cette vision finale.

2. ANALYSEZ LES DOMAINES D'AMÉLIORATION

Quels domaines contribuent à créer, maintenir ou freiner votre scénario idéal[3] *?*

- Domaine nº 1 : l'alimentation
- Domaine nº 2 : le sommeil
- Domaine nº 3 : l'exercice physique
- Domaine nº 4 : prendre soin de mon corps
- Domaine nº 5 : ......

3. POUR CHAQUE DOMAINE D'AMÉLIORATION, IDENTIFIEZ D'ÉVENTUELS SOUS-DOMAINES D'INTERVENTION[4]

Domaine nº 1 Alimentation	**Domaine nº 2 Sommeil**	**Domaine nº 3 Exercice physique**	**Domaine nº 4 Soin du corps**
Complémentation alimentaire	Me coucher plus tôt	Tonifier mon corps	...
Boire plus d'eau	Augmenter la qualité du sommeil	Souplesse musculaire	
Manger plus de fruits et de légumes	...	...	
Éliminer les sucres ajoutés			
...			

[3] Pour comprendre les domaines d'amélioration sur lesquels concentrer nos efforts, il est souvent utile de s'informer sur les différentes stratégies qui peuvent nous venir en aide dans notre progression vers nos objectifs. Par exemple, pour comprendre quels points améliorer pour renforcer mon leadership, il pourrait m'être utile de lire des livres sur le sujet, de demander conseil à des responsables que j'admire, etc. Autrement, on risque d'agir au hasard. Une bonne stratégie peut vous faire gagner du temps et de l'énergie et vous éviter quelques contrariétés.

[4] Bien sûr, ce tableau sera incomplet et sommaire lors de la phase préliminaire, surtout si on travaille seul. Toutefois, comme nous l'avons déjà dit, nous n'essayons pas de commencer avec quelque chose de parfait, car nous savons que nous améliorerons notre vision dans le temps et que nous agirons de manière de moins en moins approximative.

4. HIÉRARCHISEZ L'IMPORTANCE DES DOMAINES D'AMÉLIORATION

• *Sur quel domaine vous sentez-vous le plus à même de commencer à travailler et pourquoi ?*

L'alimentation. Cela me semble moins effrayant que d'autres domaines (faire de l'exercice me coûte beaucoup) et je crois que cela pourrait avoir des résultats conséquents. En outre, je pense qu'apporter quelques modifications ne me demandera pas trop d'efforts si j'y vais progressivement.

• *Pour ce qui est des domaines d'intervention dans le sujet choisi, lesquels, selon vous, vous demanderont le moins d'efforts tout en ayant un bon impact sur votre santé (en d'autres termes, quels sont les 20 % d'efforts capables de générer 80 % des résultats) ?*

Probablement le fait de supprimer les sucres. Puis boire plus d'eau, manger plus de fruits et commencer un plan de complémentation alimentaire.

5. TRAVAILLEZ SUR LES COMPORTEMENTS LES PLUS STRATÉGIQUES AVEC LA MÉTHODE EN HUIT ÉTAPES

En fonction des résultats de cette réflexion, nous pouvons retenir une, deux ou maximum trois actions à automatiser. Le chiffre exact dépend de l'expérience de la personne dans la mise en place d'habitudes et de la complexité des comportements à appliquer. Puis on passe au travail effectif, à l'aide de la méthode en huit étapes illustrée dans cet ouvrage et résumée dans les fiches.

Guide de discussion pour un club de lecture

Maintenant que vous êtes arrivé au terme de votre lecture de *La Méthode 1 %*, il est temps de réfléchir à tout ce que vous avez appris et de le mettre en pratique. Comme je l'ai évoqué dans la troisième partie, le processus de formation des habitudes sera d'autant plus facile que vous réussirez à vous entourer de personnes qui avancent dans la même direction que vous. J'ai donc eu l'idée de vous proposer une série de questions afin de vous aider à échanger avec un ou plusieurs compagnons de route.

Exactement comme quand on voyage à plusieurs, en effet, mener des réflexions à deux ou en groupe peut représenter une opportunité de croissance et d'amélioration. Je vous conseille de ne pas sous-évaluer cet aspect : vous pourriez être étonné de voir combien il est plus facile d'appliquer un changement et de le consolider dans le temps grâce à un échange social constructif venant soutenir le parcours individuel.

Si vous ne savez pas vers qui vous tourner pour trouver votre compagnon de voyage, je vous invite à donner sa chance à Internet. Les groupes de passionnés de psychologie et de développement personnel sont nombreux sur les réseaux sociaux, par exemple. C'est justement grâce à mon propre groupe Facebook, « Libri per la mente » (« Livres pour l'esprit »), que j'ai constaté combien les personnes aiment partager leurs réflexions et leurs progrès sur ce qu'elles ont lu, appris et expérimenté. Les membres ont en effet partagé des commentaires enthousiastes après la sortie de *La Méthode 1 %* en Italie.

C'est parti.

1. Dans les premières pages du livre, nous nous sommes attardés sur le thème de la résistance au changement. Commençons par ici. Y a-t-il un aspect de votre vie que vous voudriez modifier ? Si vos tentatives n'aboutissent pas, qu'est-ce qui vous empêche de changer, selon vous ? Partagez vos réflexions avec le groupe.
2. L'idée de départ de *La Méthode 1 %* est que la motivation est surévaluée. Pour mener un changement durable, il est nécessaire de mettre en œuvre un système d'habitudes qui nous amène graduellement à atteindre nos souhaits. Prenez un instant pour repenser à au moins trois circonstances où, porté par l'enthousiasme, vous avez décidé de « vous prendre en main » et de commencer quelque chose de nouveau, de différent et d'ambitieux, puis vous avez abandonné votre bonne résolution après peu de temps. Que s'est-il passé ? Votre motivation initiale est-elle restée constante ou a-t-elle diminué au fil du temps (peut-être au fur et à mesure des inévitables petits imprévus du quotidien) ? Échangez vos expériences en groupe.
3. Nous avons vu que, avant de choisir dans quelle direction orienter nos efforts pour atteindre nos objectifs, il est nécessaire de comprendre quelles sont nos valeurs. Si cela vous convient, partagez avec le groupe vos réponses aux trois questions que j'ai soulevées dans le livre. Puis posez-vous la question suivante : pourquoi la vie vaut-elle la peine d'être vécue ?
4. Si les mauvaises habitudes commencent toujours par le 1 % auquel nous ne prêtons pas attention et si vous êtes le résultat, aujourd'hui, des habitudes que vous avez prises durant les cinq dernières années, quelles sont les habitudes négatives avec lesquelles vous luttez aujourd'hui ? Partagez vos réponses avec le groupe.
5. Quelles sont, au contraire, les habitudes positives qui font actuellement partie de votre vie ? Quelles sont les

nouvelles habitudes que vous aimeriez prendre après avoir lu *La Méthode 1 %* ? Comment pensez-vous que changera votre vie dans cinq ans si vous réussissez à leur rester fidèle ? Partagez vos réponses avec le groupe.

6. Nous avons dit que l'automatisation des comportements qui ne sont pas encore des habitudes demande de l'énergie. Prêtez donc attention à la concurrence entre les objectifs que vous vous êtes donnés. Parmi les habitudes que vous voulez atteindre, lesquelles voulez-vous rendre prioritaires et pourquoi ? Comparez vos réponses avec vos compagnons.
7. À la racine de toute grande décision et de tout grand changement se tient une émotion forte, qui nous a poussés à agir. Généralement, en effet, les processus de changement ne sont pas activés par des arguments logiques, mais par des leviers émotionnels. Entrer en contact avec ses émotions est fondamental pour faire prendre un nouveau tournant à son parcours de vie. Pensez au(x) comportement(s) que vous voulez adopter. Quelles émotions y associez-vous ? Ne vous limitez pas à répondre « j'aime ça » ou « je sais que ça me ferait du bien ». Aidez-vous les uns les autres en vous posant des questions pleines de curiosité, qui permettent d'aller au fond du ressenti de chacun vis-à-vis de l'habitude qu'il souhaite adopter. L'outil du « pourquoi » peut être une aide précieuse pour commencer. Gardez aussi à l'esprit que plus l'habitude sur laquelle vous décidez de travailler vous activera sur le plan émotionnel, plus les stratégies que vous avez apprises dans ce livre vous aideront à prendre et conserver la décision de changer.
8. Pensez maintenant à l'un de vos objectifs, qu'il soit professionnel ou personnel. Quels domaines pourriez-vous commencer à améliorer de 1 % pour aplanir votre chemin et vous rapprocher de votre destination ? Souvenez-vous qu'une croissance de 1 % a beau n'attirer guère l'attention, elle fera, sur le long terme, énormément la différence sur les résultats que vous atteindrez. Échangez sur ce point avec vos compagnons.

9. Nous avons dit qu'une habitude se forme lorsque nous répétons un comportement donné plusieurs fois au cours du temps, et que ce comportement se répète facilement s'il est activable avec un effort modeste, accessible et intéressant. L'action que vous voulez transformer en habitude possède-t-elle ces trois caractéristiques ? Échangez sur ce point avec vos compagnons.
10. Si vous essayez de répéter quotidiennement votre comportement afin de le transformer en habitude mais constatez que quelque chose ne marche pas, je vous suggère de reprendre ici :
    a. Modifiez les signaux ;
    b. Simplifiez l'action ;
    c. Travaillez sur la motivation.

    Essayez de comprendre sur quel niveau vous devriez intervenir (et comment) pour faciliter votre parcours de changement. Aidez-vous les uns les autres à trouver des idées.
11. Pensez à au moins cinq signaux chauds pouvant vous aider à activer le comportement que vous souhaitez changer en habitude. À l'inverse, pensez à une habitude que vous considérez comme négative par rapport aux objectifs de vie que vous vous êtes donnés : quels signaux pouvez-vous cacher ou éliminer pour la défavoriser ? Trouvez-en au moins cinq. Faites-vous aider par vos compagnons de voyage.
12. Comme vous l'avez sûrement déjà deviné, se fier à la motivation pour appliquer le comportement que vous voulez muer en habitude est une tentative vouée à l'échec, surtout quand ladite motivation provient de l'extérieur. Bien qu'elle ne joue qu'un petit rôle au sein de tout le processus de formation des habitudes, essayez de répondre aux questions suivantes si vous ressentez le besoin de la renforcer :
    a. Comment pouvez-vous rendre plus agréable le comportement à adopter ?
    b. Comment pouvez-vous augmenter vos attentes, votre confiance et votre espoir en l'avenir quand vous effectuez cette action ?

c. Comment pouvez-vous renforcer le sentiment d'appartenance ?

Discutez en groupe pour vous aider les uns les autres à trouver des idées intéressantes.

13. Passons maintenant à l'importance de concevoir l'environnement qui nous entoure afin qu'il favorise (ou, tout du moins, ne défavorise pas) le système d'habitudes que nous voulons mettre en place. Vous souvenez-vous du cas des soldats américains au Vietnam ? Sauriez-vous le résumer en soulignant l'importance du lien entre environnement et comportement ? Que s'est-il passé quand les vétérans sont rentrés aux États-Unis ? Ont-ils continué à consommer de l'héroïne ou non ? Pour quelle raison ? Essayez de répondre en groupe à ces questions.
14. Êtes-vous sûr que, plongé dans un contexte analogue à celui de la question précédente, vous n'auriez pas développé une dépendance à l'héroïne, vous aussi ? Comparez vos réponses au sein du groupe.
15. Vous est-il jamais arrivé de quitter votre domicile, par exemple pour des vacances ou un déplacement professionnel, et de constater que certaines de vos habitudes se sont interrompues ? Ou d'emménager dans un nouveau quartier et de vous rendre compte que vous avez adopté les habitudes de vos voisins ? Comparez vos réponses au sein du groupe.
16. Au vu de vos réflexions, comment pouvez-vous modifier votre environnement actuel pour promouvoir les bonnes habitudes que vous voulez prendre et pénaliser les négatives ? Discutez en groupe pour vous aider réciproquement à trouver des idées intéressantes.
17. Nous avons vu que les systèmes de feedback augmentent nos prestations de 10 % en moyenne. Avez-vous des idées de feedback que vous pourriez mettre en place autour de l'habitude sur laquelle vous travaillez ? Échangez sur ce point avec vos compagnons.
18. Tout au long du livre, j'ai décrit quelques bonnes habitudes que j'ai acquises au fil du temps dans l'objectif d'exploiter

pleinement mon potentiel. Lesquelles vous ont le plus marqués ? Y en a-t-il une que vous aimeriez insérer dans votre quotidien ? Pour quelle raison ? Échangez sur ce point avec vos compagnons.

19. Pouvez-vous expliquer, pas à pas, comment concrétiser l'action que vous avez identifiée à la question précédente et la répéter jusqu'à la transformer en habitude grâce à la méthode que vous avez apprise dans ce livre ? Travaillez en groupe pour reconstituer les différentes étapes de la méthode.
20. Je vous invite maintenant à faire une liste de trois habitudes maximum (il peut s'agir des habitudes prioritaires que vous avez sélectionnées à la question n° 5 ou bien d'une habitude « empruntée » aux miennes dans les deux questions précédentes). Engagez-vous à les acquérir au cours des douze prochains mois. Choisissez, au sein du groupe avec lequel vous avez travaillé, un compagnon avec qui suivre vos progrès. Prévoyez des rendez-vous réguliers pour vous rencontrer ou vous appeler et faire le point de la situation. Avoir un compagnon avec lequel partager votre voyage vers l'acquisition de vos habitudes vous donnera un élan précieux.

Si cela vous dit, partagez vos résultats sur les réseaux sociaux. Je serai ravi de découvrir votre expérience.

Remerciements

Il est difficile de remercier tous ceux qui ont contribué à la maturation des notions, des apports et des réflexions de ce livre. J'ai appris à juger la bonté d'un homme non pas aux résultats qu'il atteint dans la vie, lui, mais à ceux des gens avec lesquels il entre en contact.

Sur mon chemin, j'ai eu la chance immense de rencontrer des personnes extraordinaires, qui m'ont soutenu, se sont mises en quatre pour me faire évoluer, m'ont inspiré et m'ont enrichi avec leurs intuitions, leurs compétences et leur amour. Je n'en ai connu certaines que dans les livres, j'en ai fréquenté d'autres de près. Ma dette envers elles toutes est indescriptible. Paolo Ruggieri m'a accueilli au sein de sa société de conseil, Open Source Management, où j'ai suivi des cours sur la gestion d'entreprise, rencontré des figures exceptionnelles et recueilli de nombreux éclaircissements. Il m'a réellement fait comprendre l'importance de « donner » au lieu de « recevoir » et de poursuivre une mission sociale dans mes activités quotidiennes.

Avec ses conseils et ses apports en matière de stratégie et d'outils de communication en ligne, Marco Montemagno m'a aidé bien plus que je ne l'aurais espéré. Il m'a appris énormément et m'a fait prendre conscience de mon potentiel de communicant.

J'éprouve une gratitude particulière envers les nombreuses personnes qui se sont adressées à moi et à mes MindCenter pour demander mes conseils et mon aide. C'est grâce à nos échanges durant toutes ces années, en effet, que j'ai pu mettre au point les idées, les théories et les instruments présents dans ce livre et mes autres ouvrages.

Par-dessus tout, le fait de m'entourer des super-héros de mon groupe de travail, aussi surnommé « Mazzu-Team », a été fondamental. Sans leur amitié, leur soutien, leurs compétences et leur énergie, je n'aurais pas réalisé un dixième de ce que j'ai accompli. En particulier, l'aide d'Elettra a été, encore une fois, fondamentale dans la préparation de *La Méthode 1 %* ; c'est elle qui m'a aidé à trier mes idées et à les réunir de manière fonctionnelle et efficace.

Je tiens aussi à remercier l'ensemble de la rédaction de Giunti Psychometrics, qui a géré toutes les phases du projet avec beaucoup de professionnalisme.

J'éprouve une immense gratitude envers de nombreux psychologues et écrivains, et j'ai eu l'opportunité d'interviewer et d'« immortaliser » certains d'entre eux sur ma chaîne YouTube. Les vidéos réunies dans la playlist « Libri per la mente » (« Livres pour l'esprit ») contiennent mes recensions des textes les plus formateurs de mon parcours. Une partie des idées présentes dans ces ouvrages est inévitablement présente dans celui-ci.

Plus que tout autre auteur, B. J. Fogg, Leo Babauta, Charles Duhigg et James Clear m'ont particulièrement fourni les notions de base à partir desquelles j'ai pu concevoir mon approche personnalisée des habitudes et donc le contenu de ce livre.

Votre parcours ne s'arrête pas ici

Si vous avez acheté ce livre et que vous êtes arrivé jusqu'ici, c'est parce que vous avez décidé de vous transformer en la meilleure version de vous-même.

L'amélioration de soi n'est pas un évènement, mais un processus. Il ne s'agit pas d'une conquête qui se produit du jour au lendemain. Elle passe par une transformation quotidienne et continue.

Exactement comme une plante a besoin d'attentions au jour le jour pour pousser, votre potentiel intérieur a besoin de soutien constant pour fleurir dans toute sa splendeur.

Ma mission consiste à créer les instruments nécessaires afin que vous puissiez avancer à bon rythme. Tout ce que j'accomplis avec mes entreprises et mon temps va dans cette direction.

Suivez-moi sur les réseaux sociaux que vous utilisez le plus. De YouTube à LinkedIn, de Facebook à Instagram, des podcasts à TikTok, de Telegram à Twitter… Vous pouvez me retrouver quasiment partout. Je publie presque tous les jours et c'est un excellent moyen de vous faire « contaminer » par des idées utiles à votre croissance personnelle.

Comment vous pouvez soutenir ce livre

Si vous partagez les valeurs présentées dans ce livre et que ses informations vous ont été utiles, vous pouvez me donner un coup de main pour le faire connaître.

Chacune de ces petites actions est une aide précieuse.

- Appliquez la méthode 1 % dans votre vie et faites émerger la meilleure version de vous-même. Votre comportement et votre transformation seront la plus belle publicité que vous pourrez faire à mon ouvrage et le plus beau cadeau dont le monde a besoin.
- Laissez une note cinq étoiles sur Amazon et les autres sites de vente de livres en ligne. Ce petit geste peut faire énormément pour convaincre les indécis à faire confiance à un auteur, et donc pour aider ce dernier à faire circuler ses idées.
- Prenez le livre en photo et partagez le cliché sur les réseaux sociaux, accompagné d'une brève description de ce que vous avez aimé. Pensez à identifier mon compte : je pourrai ainsi vous lire et vous remercier en personne.
- Si vous avez chroniqué ce livre sur un blog, un podcast, une chaîne YouTube ou n'importe quel autre média, faites-nous signe via le site www.lucamazzucchelli.fr et nous essaierons de relayer la publication sur nos réseaux sociaux.
- Offrez ce livre à quelqu'un qui, selon vous, a besoin d'adopter de bonnes habitudes dans sa vie. La lecture peut vous aider à aborder des idées et des comportements de manière plus efficace que bien des discussions.

Merci du fond du cœur pour le moindre de vos efforts en faveur de la diffusion de la bonne psychologie, en France comme en Italie.

Luca Mazzucchelli

Ouvrage publié sous la direction d'Aurélie Starckmann
Réalisation éditoriale : Eulalie Chantreux, assistée de Marie Euverte et Alice Horusitzky
Traduction : Alice Gallori
Mise en pages : Ma petite FaB – Laurent Grolleau

Éditions Albin Michel
22, rue Huyghens, 75014 Paris
www.albin-michel.fr

ISBN : 978-2-226-47974-7
N° d'édition : 25239/1
Dépôt légal : avril 2023
Imprimé en Espagne par CPI Black Print.